歴史文化ライブラリー
486

海辺を行き交うお触れ書き

浦触の語る徳川情報網

水本邦彦

吉川弘文館

目　次

九州へ渡る

東海を行き交う

山陰から山陽へ

仲間を探す

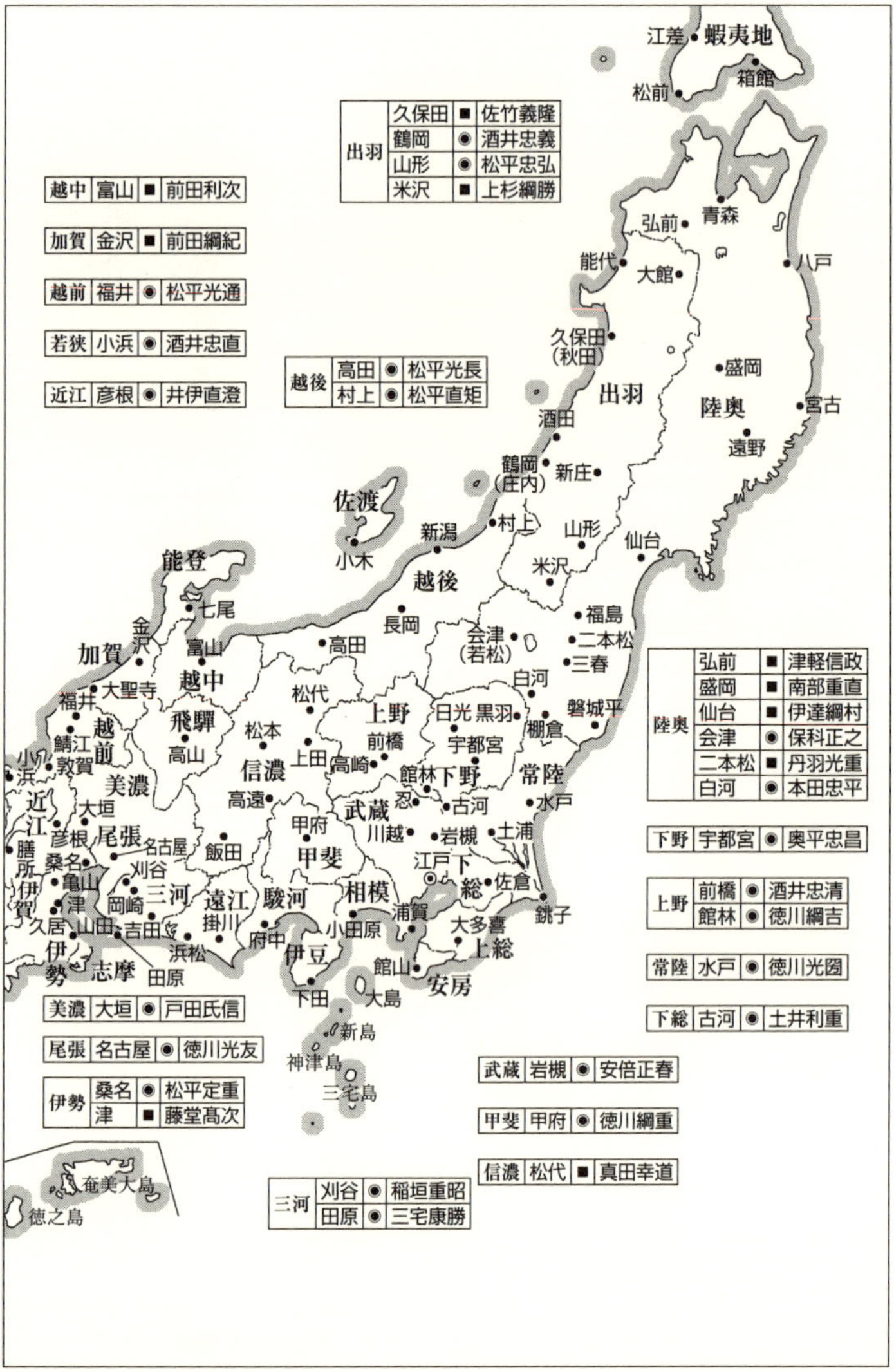

出羽 久保田 ■ 佐竹義隆
鶴岡 ◉ 酒井忠義
山形 ◉ 松平忠弘
米沢 ■ 上杉綱勝
越中 富山 ■ 前田利次
加賀 金沢 ■ 前田綱紀
越前 福井 ◉ 松平光通
若狭 小浜 ◉ 酒井忠直
近江 彦根 ◉ 井伊直澄
越後 高田 ◉ 松平光長
村上 ◉ 松平直矩
陸奥 弘前 ■ 津軽信政
盛岡 ■ 南部重直
仙台 ■ 伊達綱村
会津 ◉ 保科正之
二本松 ■ 丹羽光重
白河 ◉ 本田忠平
下野 宇都宮 ◉ 奥平忠昌
上野 前橋 ◉ 酒井忠清
館林 ◉ 徳川綱吉
常陸 水戸 ◉ 徳川光圀
下総 古河 ◉ 土井利重
美濃 大垣 ◉ 戸田氏信
尾張 名古屋 ◉ 徳川光友
伊勢 桑名 ◉ 松平定重
津 ■ 藤堂高次
武蔵 岩槻 ◉ 安倍正春
甲斐 甲府 ◉ 徳川綱重
信濃 松代 ■ 真田幸道
三河 刈谷 ◉ 稲垣重昭
田原 ◉ 三宅康勝
蝦夷地
江差
箱館
松前
青森
弘前
八戸
能代
大館
久保田
(秋田)
盛岡
出羽
陸奥
宮古
遠野
酒田
鶴岡
(庄内)
新庄
佐渡
新潟
村上
山形
仙台
小木
米沢
越後
能登
七尾
長岡
福島
金沢
加賀
富山
高田
会津
(若松)
二本松
三春
越中
大聖寺
白河
福井
松代
上野
日光
黒羽
磐城平
飛騨
越前
松本
棚倉
鯖江
前橋
宇都宮
小浜
敦賀
信濃
上田
高山
高崎
館林
下野
常陸
美濃
近江
大垣
高遠
武蔵
忍
古河
水戸
甲府
膳所
彦根
尾張
名古屋
飯田
川越
岩槻
土浦
桑名
刈谷
甲斐
江戸
下総
佐倉
伊賀
亀山
三河
遠江
駿河
相模
津
岡崎
掛川
浦賀
銚子
久居
山田
吉田
府中
小田原
大多喜
伊勢
志摩
浜松
伊豆
上総
田原
館山
安房
下田
大島
新島
神津島
三宅島
奄美大島
徳之島

旧国名とおもな大名配置（水本邦彦『徳川の国家デザイン』全集日本の歴史10，小学館，2008年を元に作成）

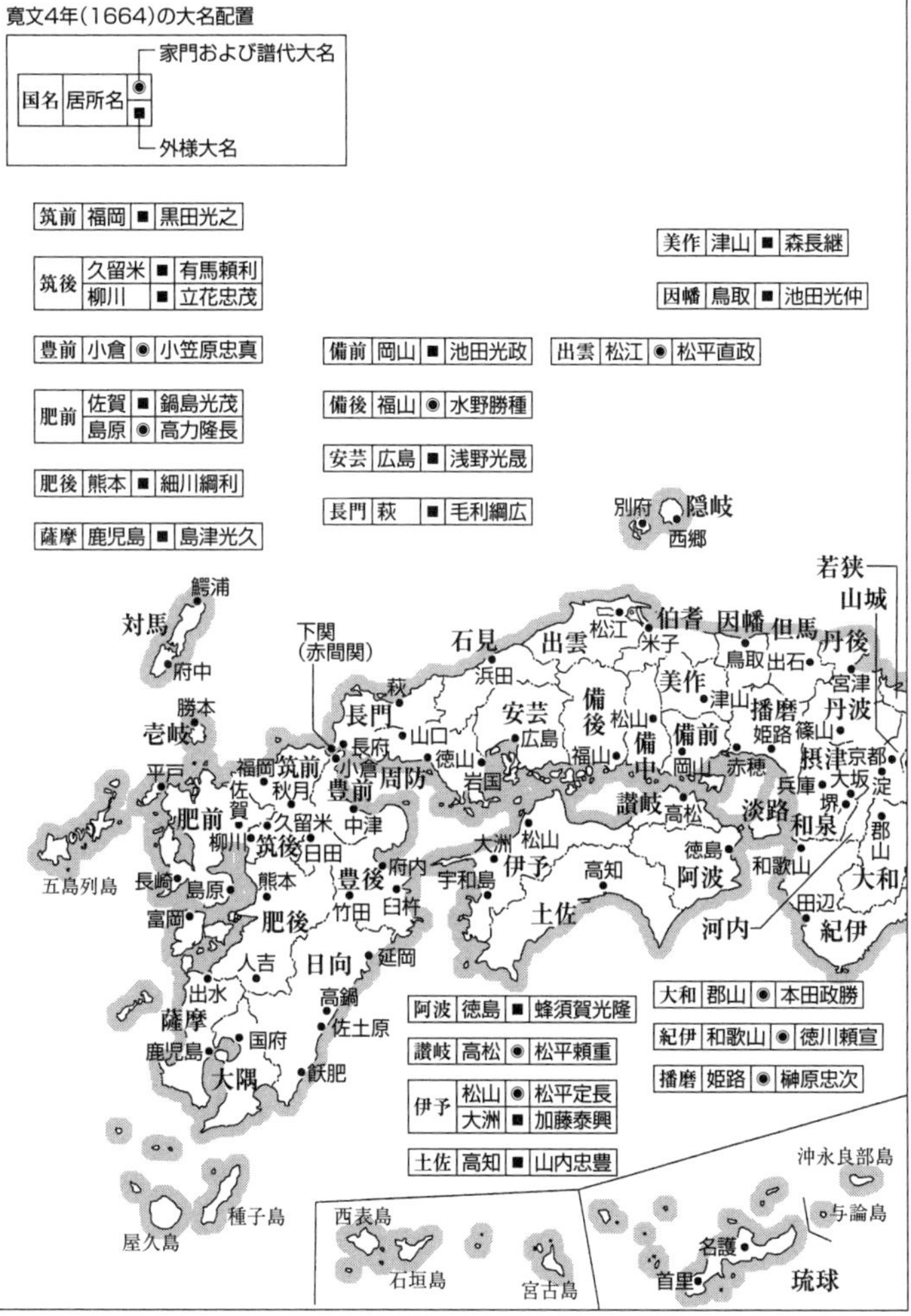

浦触と出会う——プロローグ

江戸時代（一六〇三～一八六七）、海運・海難をテーマにした御触書《おふれがき》が全国津々浦々、海辺の村や町を巡っていた。本書の主題「浦触《うらぶれ》」である。

ちなみに、御触書とは、江戸時代、幕府や大名などから関係諸方面や庶民に公布された法令・規制を伝達する文書のことである。以下、「触れ」と総称する。

愛媛の離島で

まずは筆者の思い出話から始めることにしたい。私が初めて浦触という触れに出会ったのは、今から四〇年も遡る一九七八年の夏、瀬戸内海の中島（中島本島。当時、愛媛県温泉《おんせん》郡《ぐん》中島町。現、松山市）という小島においてであった。その頃、私は愛媛大学法文学部に勤務しており、休日には県下の古文書調査に出歩いていた。この中島本島を含む睦月《むづき》島、野忽那《のぐつな》島、怒和《ぬわ》島、津和地《つわじ》島などからなる中島町では、すでに『中島町誌』が編纂されて

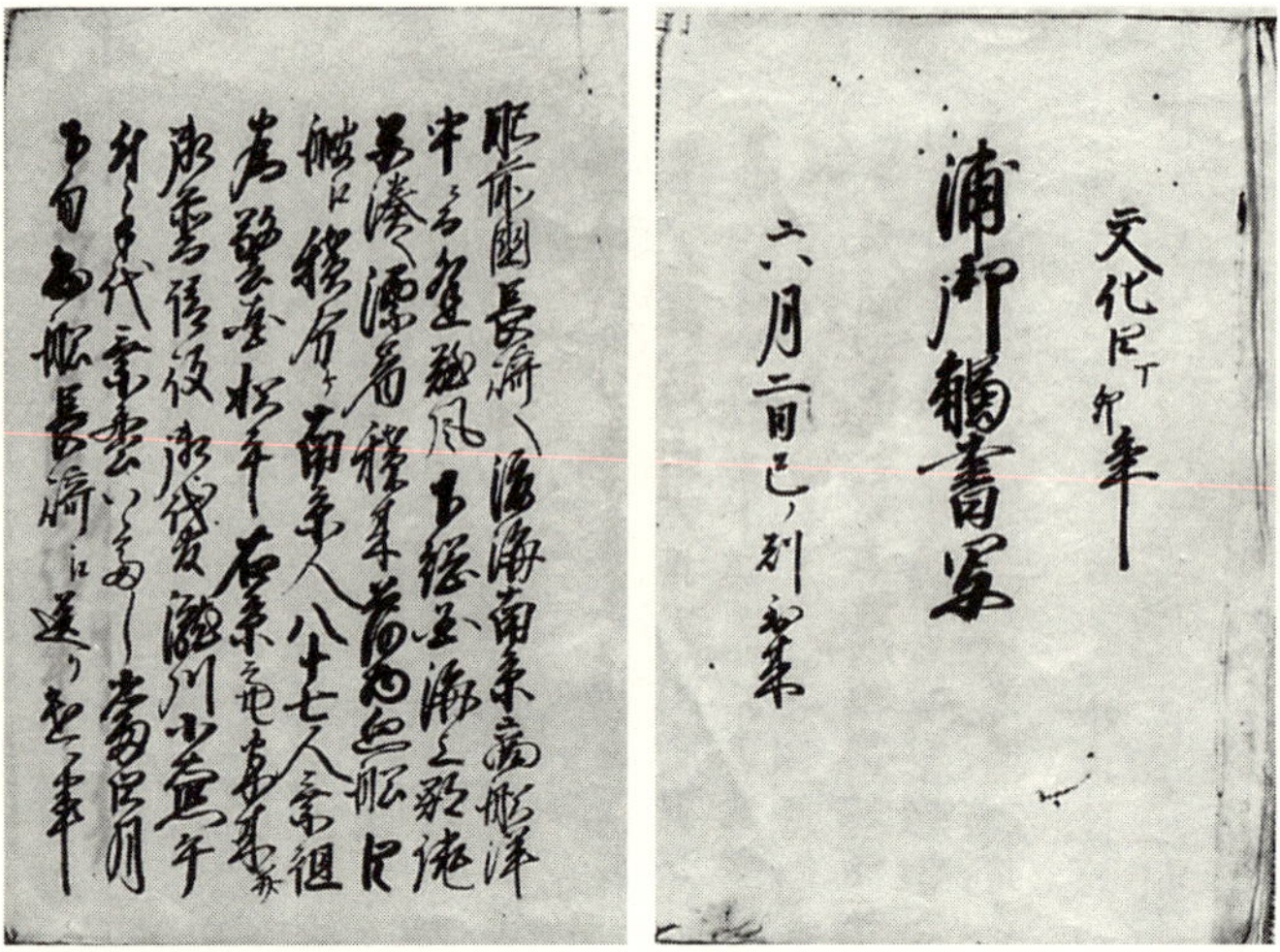

図1　文化4年浦御触書写（旧中島町役場所蔵文書）　松山市教育委員会所蔵

いたが、事業の過程で収集された古文書が未整理のまま中島大浦の離島センターに収蔵されていると聞き、学生の古文書実習を兼ねて出向いたのである。教育学部の教員だった小林昌二さん（現、新潟大学名誉教授）もお誘いし、同学部の学生も合わせた総勢一〇人ほどで、数日間同センターに泊めてもらっての合宿調査だった。

出会いはきわめて偶然的なものだった。当時私は諸藩で採用された年貢徴収法「土《つち》免《めん》」（毎年の作柄ではなく土壌の良し悪しで年貢額を決める方式）に関心を集中しており、中島での古文書整理も土免史料の収集を目的の一つとしていた。中島町内の大洲《おおず》藩《はん》領村々にこの徴租法が適用されていたからである。作業は順調にはかどり、何点かの土免関係文書も見つけて写真撮影することができた。そして、余ったフィルムで古文書の授業に使えそうな数冊の触留帳《ふれどめちょう》（御触書を書き留めた帳面）や、単独で綴じられた触書を何冊か写して帰った。

大学に戻り調べてみると、これらの史料は大洲藩預かりとなっていた中島内の一村である小浜《おばま》村の庄屋《しょうや》文書だということが判明した。小浜村は元和三年（一六一七）から外様大名加藤氏（大洲藩、六万石）の領地だったが、安永九年（一七八〇）から近隣の大浦村の一部や粟井《あわい》村とともに幕府直轄領（ただし大洲藩預かり）となっていた。数冊の触留帳の方は確かに大洲藩庁からの触書（領内触れ）や、大洲藩経由で通達された幕府発信の全国触れの留め書きだった。しかし、「浦御触書写」などと表記された単独の五冊はそうではなかった。

南京商船の漂着

やや長文だが、文化四年（一八〇七）六月二日に小浜村に通達された浦触の写一冊を示してみよう。本書の基本史料となるので現代語訳せずに、原文を読み下す形で記す。解説の便宜のために（a）～（c）の記号を付けた。

4

（表紙）

文化四丁卯年 浦御触書写 六月二日巳ノ刻到来

(a)肥前国長崎へ渡海南京商船、洋中にて難風にあい、下総国海上郡銚子《かいじょうぐんちょうし》湊へ漂着。積み来る荷物廻船《かいせん》四艘へ積み分け、南京人八十七人乗り組み、警固のため松平右京亮（輝延、幕府寺社奉行《じしゃぶぎょう》）家来ならびに御普請役《ごふしんやく》御代官滝川小右衛門手付《てつき》・手《て》代《だい》乗船いたし、当四月下旬出船、長崎へ送り遣わし候事。

一、解船《ときぶね》の檣《ほばしら》・船具なども、これまた右廻船の内へ積み乗せ候事。

一、右船、海上朱の丸御用幟《のぼり》、建て候事。

一、瀬戸内にて、海上風なぎ候節は、御料《ごりょう》・私領《しりょう》とも、乗り筋浦々より挽き船さし出し、右四艘の船挽き送り申すべく候。もし難風にて何国の浦へ漂着せしめ候とも、難船躰見請け候わば、早速小船差し出し、出精致し、浦繫ぎ致させ、船痛損も出来候わば、南京人陸上げ候儀は致さず、別船に乗せ置き、修補を加え、乗り添い候役人申す旨に随い、出帆致させ、右始末最寄り御代官・御預かり役所へあい届け申すべく候。最寄り御料所これなき所は、領主・地頭役所へあい達し、差し図を請くべき事。

一、右御用船無難にて浦繋ぎの節も、出帆までの内は番船《ばんせん》付け置き、もっとも漁船にても唐人乗り船へ堅く近寄らざるよう致すべき事。

右の通りあい心得、御用船差し支えこれなきよう取り計らうべきもの也。

卯四月十九日　惣右　印、藤右　印、左太　印、瀬兵　印、
八右　印、甚五　印
若狭　印、兵庫　印、和泉　印、主膳　印
＊原文は人名を横一列に記す。

讃岐、伊予、土佐、阿波、淡路
右国々海辺付き
御料
私領　村々　名主・組頭
寺社領

右浦触、昼夜遅滞なく順達せしめ、留まりより、最寄り御代官・御預かり役所へあい返すべく候。

(b)右浦触、御勘定所《かんじょうしょ》よりあい渡し候につき、墨付けなどこれなきため、写しあい添え、本紙と差し遣わし候あいだ、浦々において大切に取り扱い、別紙帳面へ請《うけ》印《いん》せしめ、昼夜を限らず刻付けをもって早々あい廻し、浦触本紙・請印帳・この写しとも、留まりより最寄り御代官・御預かり役所へあい返すべく候。

割印　卯
五月六日　大岡久之丞　印
中上刻
讃岐、伊予、土佐、阿波、淡路
右国々海辺付き
御料
私領　村々　名主・組頭

(c)右御浦触の趣、承知かしこみ奉り候。今二日巳ノ刻着、同午ノ刻次浦へ順達つかまつり候。これにより御請印形差し上げ申し候。以上。
加藤遠江守領分　伊与国伊与郡米湊《こみなと》村庄屋　新五郎
卯六月二日巳ノ刻
(中略：同国同郡吾川村、尾崎村、本郡村、森村)
右御浦触の趣、承知かしこみ奉り候。今三日丑ノ刻着。同寅ノ刻、次浦へ順達つかまつり候。これにより御請印形差し上げ申し候。以上。

加藤遠江守御預所《あずかりしょ》　伊与国風早郡《かざはやぐん》大浦村庄屋　堀内吉左衛門

　卯六月三日丑ノ刻

右同断　同国同郡小浜村庄屋　仙之丞

　卯六月三日寅ノ刻

右同断　同国同郡粟井村庄屋　幸右衛門

　卯六月三日卯ノ刻

（中略：加藤遠江守領分風早郡無次村、宇和間村、（元）怒和村、（上）怒和村、浮穴郡高ノ川村、上灘村、高岸村）

右同断　同国同郡大久保村庄屋　武智忠右衛門

　卯ノ六月四日申ノ刻

＊本史料にもあるように「伊予」と「伊与」はしばしば混用されるが、煩雑さを避けるため本書では「伊予」に統一する。

＊本書では、引用史料は句読点などをつけて読み下し文にするか、もしくは直訳・意訳して現代文で示し、適宜ルビを補う。

幕府勘定所の通達

（a）部分が本体で、下総の銚子に漂着した南京商船の積み荷や乗組員などを長崎まで護送するにあたり、海辺村が注意すべき事項を書き上げ援助を命じるものだった。びっくりしたのは差出人である。（a）の末尾に名を連ねた発信者、「惣右」から「主膳」までの一〇人を調べてみると、彼らは江戸幕府勘定所の勘定奉行《かんじようぶぎよう》と勘定吟味役《かんじようぎんみやく》たちであった。

勘定吟味役

惣右＝松山惣右衛門直義、藤右＝羽田藤右衛門保定、左太＝村垣左太郎定行、瀬兵＝金沢瀬兵衛千秋、八右＝岡松八右衛門久稠、甚五＝河尻甚五郎春之

勘定奉行

若狭＝水野若狭守忠通、兵庫＝松平兵庫頭信行、和泉＝小笠原和泉守長幸、主膳＝柳生主膳正久通

「瀬戸内の離島の村にまで幕府勘定所からの通達が直接届いていたとは」。まず感じたのはこの驚きだった。幕府勘定所とは、幕府財政と農政を管掌し、地方官僚の郡代《ぐんだい》や代官《だいかん》を指揮・監督して幕府領の年貢徴収や訴訟を扱う徳川幕府の中核的な役所である。この浦触は勘定所長官の勘定奉行（当初は勘定頭《かんじようがしら》）と、勘定奉行に次ぐ役職の勘定吟味役からの直々の通達だったのである。

普通、幕府からの触れは、幕府領（幕府直轄領、天領《てんりよう》、御料）であれば、その地を支配・管理する幕府の郡代や代官から領内の領民へ通達される。大名領であれば、幕府老《ろう》中《じゆう》や大目付《おおめつけ》から各大名の江戸留守居《えどるすい》へ通達され、そこから国元の藩庁へ、そして藩内機構に則り領内領民へ下達される。これがこの時代の通常の仕組みのはずである。しかし、この浦触は幕府勘定所から直接村々に廻ってきている。

（b）は、浦触本紙を大切に扱え、汚さないように写しを添えると記した添状である。差出人の「大岡久之丞」を調べると、こちらは備中《びつちゆう》や美作《みまさか》・備後《びんご》などの幕府領を管理する備中倉敷代官所《くらしきだいかんしよ》の代官大岡忠辰であった。つまり、この触れは、まず江戸から幕府出先役所の倉敷代官所に送られ、ここで代官の添状が付けられたうえで、四国に渡ってきたのだった。

幕府勘定所での発令日が四月十九日。五月六日に中継役所の倉敷代官所で添状が書かれ、讃岐国から西に向かって海辺村を辿る。伊予小浜村へは発令から一ヵ月半後の六月三日早朝の刻（午前四時頃）に、北隣の大浦村から到来。卯の刻（午前六時頃）に隣村の粟井村へ渡す。そして、それから伊予中部・南部、土佐、阿波、淡路へと順々に継ぎ送られていった。すなわち冊子の（c）部分は、この通達内容を承知し次村へ順達した旨を記した各村庄屋の請書《うけしよ》の文面である。

中島で撮影して帰ったほかの浦触冊子四冊も、みな同じ発信元から広域の海辺村々に宛てられたものだった。その概要は以下の通りである。

①寛政七年（一七九五）十二月十六日到来　幕府代官岸本弥三郎預かり所の陸奥信夫《むつしのぶ》郡《ぐん》（福島県北部）、および上杉弾正大弼（米沢藩《よねざわはん》、外様、一五万石）預かり所の出羽国《でわ》置賜郡《おきたまぐん》（山形県西部）村々の年貢米を積み、陸奥寒風沢湊《さぶさわ》（宮城県塩竈市《しおがまし》）から江戸に向けて出帆した廻米船《かいまいせん》が行方不明である。浦々に入津したか否かを報告せよ。

（勘定奉行五名・勘定吟味役四名→阿波、讃岐、伊予、土佐国宛。十一月二日発信、倉敷代官所経由）

②寛政八年（一七九六）五月二十九日到来　伊豆《いず》国の付き島（伊豆諸島）へ幕府代官三河口太忠らが見分に出向く。難風に遇うか破船した場合は引き船を出し援助せよ。

（勘定奉行五名→阿波、讃岐、伊予、土佐国宛。四月十一日発信、倉敷代官所経由）

③文化五年（一八〇八）五月十日到来　伊豆国付き島へ幕府支配勘定出役《しゅつやく》が出向く。難風に遇うか漂流などの場合は引き船を出し援助せよ。

（勘定奉行四名→阿波、讃岐、伊予、土佐宛。三月二十五日発信、倉敷代官所経由）

④文化六年（一八〇九）五月二日到来　伊豆国付き島へ幕府御徒目付《かちめつけ》らが出向く。難風に遇うか漂流した場合は引き船を出し援助せよ。

（勘定奉行四名→阿波、讃岐、伊予、土佐宛。三月八日発信、倉敷代官所経由）

通常の幕府触れルート

この触れと対比するために、通常のルートで通達された幕府触れを一点あげてみよう。撮影して帰った小浜村の文化二年（一八〇五）触留帳に収録された「唐物《からもの》（長崎貿易の舶来品）抜け荷取り締まり」を例示する（「文化二年乙丑歳　御触書控」。以下、傍線は水本による）。

（a）大目付へ

唐物抜け荷の儀につき、先年よりたびたびあい触れ候ところ、近来不正の商売致すものこれある趣あい聞こえ不届き候。以来は海陸浦方《うらかた》、村町、間道筋《かんどう》、かつは船中にても、怪しき荷物ども見かけ候わばあい糺《ただ》し、不正の荷物にこれあらば、早速荷物・人ともその所へ留め置き、荷物は所役人・荷主立ち会い、封印のうえ預かり置き、長崎奉行所、またはその所の奉行、あるいは御代官、領主・地頭へ申し出ずべく候。（中略）右の趣、御料は御代官、私領は領主・地頭より浦方村町とも洩れざるよう触れ知らすべく候。

二月

（b）わざとあい触れ候。しからば公儀《こうぎ》より唐物抜け荷御改めの儀につき、別紙の通り御触れこれあり。すなわち写し一通差し廻し候条、右の趣、その意を得、村内洩れざるよう申し聞かすべきものなり。

丑六月三日

林嘉膳

村上要人

七ヶ村宛　右村々庄屋方へ

（a）が本体で、中国船からの抜け荷（密貿易）を禁じたものである。文末に「御料は御代官、私領は領主・地頭より浦方村町とも洩れざるよう触れ知らすべく候」とあるように、御料（幕府領）は幕府代官から、私領（藩領、旗本《はたもと》領、寺社領など）は領主・地頭、すなわち大名や旗本、寺社から、それぞれの浦方町村に通達せよと命じている。冒頭に「大目付へ」とあるから、これは大名担当の幕府大目付を介して江戸から大洲藩に伝達されたものである。

幕府触れはこのように差出人名も宛所も記さず、文末に通達ルートを指示する形を典型とした。藤井譲治氏によれば、こうした「無名のお触れ」のスタイルは、四代将軍家綱《いえつな》の時代の一六五〇～六〇年代に確立したという（藤井二〇一三）。

史料の（b）部分が大洲藩郡奉行《こおりぶぎょう》の添状である。幕府からの触れを受け取った大洲藩は、地方行政担当の郡奉行などの添状をつけ、藩内統治の藩触れ（領内触れ）のルートで領民宛に通達した。林・村上は大洲藩の郡奉行、また宛所の七ヵ村は、忽那《くつな》方ないしは忽那島

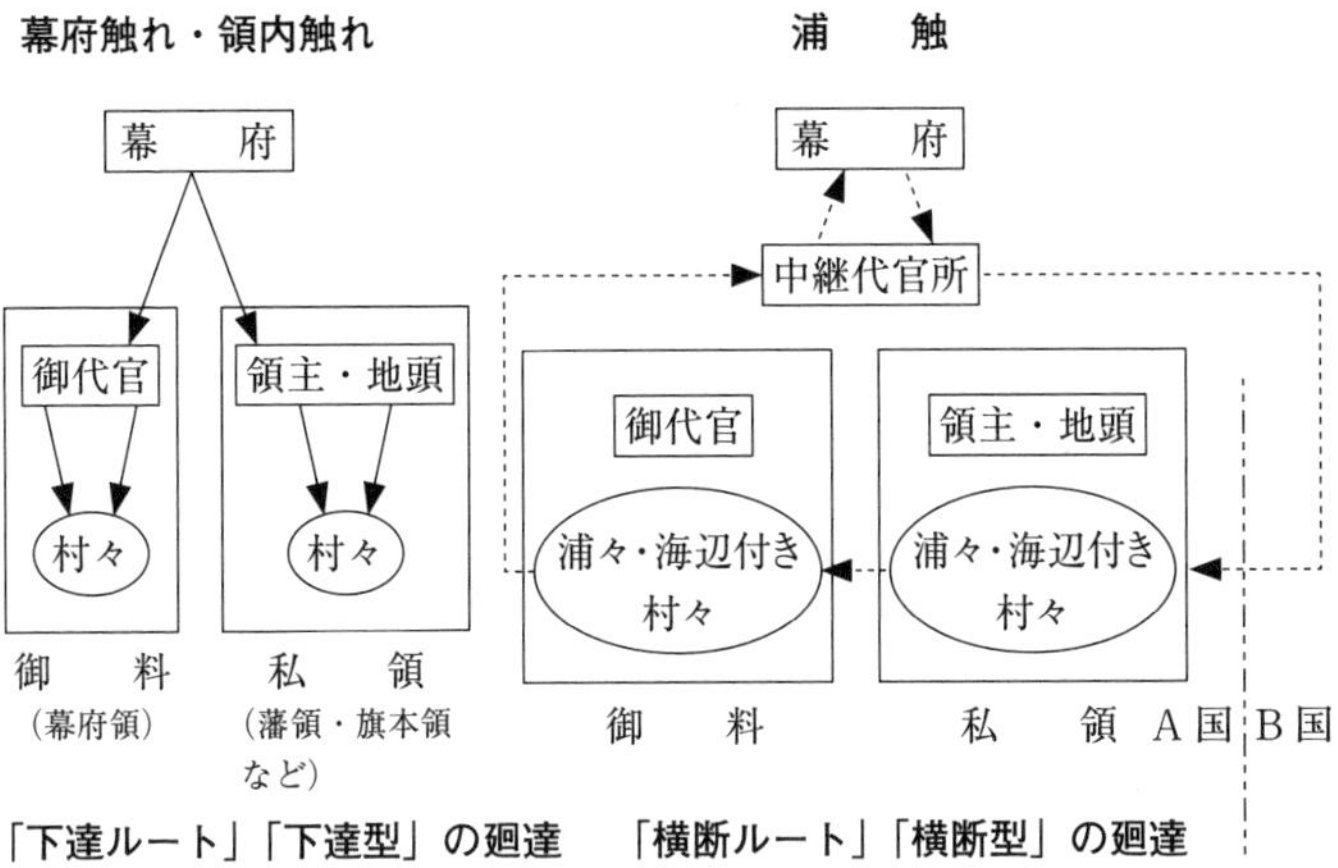

図2　幕府触れ・領内触れと浦触の廻達方式

と総称される大洲藩預かりの三ヵ村（小浜村、大浦村、粟井村）と大洲藩領の四ヵ村（睦月村、宇和間《うわま》村、上怒和村、下怒和村）を指している。幕府の全国触れは通常このような形でやってきた。

　しかし、先にみたように浦触は、対象となった国々の御料・私領・寺社領の海辺の村々、つまり海辺付きの村々すべてを直接の宛所にして、昼夜の別なく順達するように指示されているのである。両者を対比させて図示すれば、図2の形となる。

＊以下、本書では、叙述上の煩雑さを避けるため、図2に注記したように、次のような略称を用いる。

①「御代官」（幕府代官）や「領主・地頭」（大名・旗本など）が各自の所領統治のために発

した領内触れ（代官触れ、藩触れなど）、および、この機構を通じて通達される幕府触れ（いずれも海事関係を含む）の通達方式ないしはルートを「下達型」「下達ルート」の廻達と呼ぶ。

②「浦や海辺村を直接宛所に掲げ、浦継ぎ・村継ぎの順達を指示された所領横断の海事関係触れ」を「浦触」と定義し、「御料」「私領」の別なく浦々・海辺村々を順々に継ぎ送る廻達方式ないしはルートを「横断型」「横断ルート」の廻達と呼ぶ。

三河国の刈谷でも発見

広域に及ぶ海事がこれらの触れのテーマになっていることにもびっくりした。それまで京都や奈良・大阪付近の村社会や、せいぜい一藩単位での徴租法を研究テーマとしていた私にとって、銚子に漂着した南京商船の積荷や乗組員を長崎に回漕するとか、行方不明になった東北地方からの幕府年貢米回漕船の捜索を命じる浦触は、一気に私の視野を広大な海の世界へと広げてくれたのである。

そして、この出会いから数年後、先の浦触と全く同じものを東海三河の「刈谷《かりや》町庄屋留帳」のなかに見つけたことが、このテーマを長らく追いかける決定的な契機になった。それは、刈谷藩（土井氏、譜代、二万三千石）の触書に混じって書き留められていた。本文はもちろん、日付も発信者もすべて伊予中島と同じだった。ただ、宛名と添状が違っていた。

本文最後の文章から添状に至る部分を示してみよう。

（前略）右の通りあい心得、御用船差し支えこれなきよう取り計らうべきもの也。

卯四月十九日　　惣右　印　（九名、略）

武蔵・相模・伊豆・駿河・遠江・
三河・尾張・伊勢・志摩・紀伊
右国々海辺付き、御料・私領・寺社領村々　名主・組頭

右浦触昼夜遅滞なく順達せしめ、留りより最寄り御代官・御預かり役所へあい返すべく候。

覚

一、浦御触書御本紙一通　但し、損字一ヵ所、墨付き汚れござなく候。
一、右写し一通
一、御請書帳一冊
右浦御触書一通、大貫次右衛門様（関東代官）御役所より御渡しなされ候につき、則ち写しあい添え、御本紙封印のうえ順達致し候。拝見成されたき村方《むらかた》は開封の上、大切に拝見なされ、その段御請印帳へ御書き記し、御順達なさるべく候。以上。

卯四月十九日　中上刻

武州荏原郡《えばらぐん》品川浦名主　長蔵印　組頭　藤四郎印
大井村名主大野貫蔵悴　名主見習　大野五蔵

武蔵、相模、伊豆、駿河、遠江、三河、尾張、伊勢、志摩、紀伊
右国々海辺付き村々　御役人中

刈谷に通達されものは、武蔵に始まり東海から紀伊に至る一〇ヵ国の海辺村を宛所にしていた。伊予の触れにあった倉敷代官所の添状のところには、代わりに品川村（東京都品川区）と大井村（同）の名主らの文面が添えられていた。関東代官の大貫次右衛門役所から渡されたという。勘定奉行たちの作成した本紙（原本）とその写し、および請書帳がセットで廻ったことも判明する。こちらの本紙には書き損じが一文字あったようだ。

通達内容からすれば決して不思議ではないが、四国・淡路宛と全く同じものを東海三河の刈谷町でも確認できたことは、とても愉快なことであった。廻達方法の特異性と広域への廻達。この二点が興味を持続する大きな原動力になった。

本書はこうした「出会い」に端を発し、長年にわたり断続的に追いかけてきた浦触を対象にして、各地方に即して廻達の実態を観察するとともに、この触れが担った国制の上での位置や役割を考察したものである。史料収集の足跡を辿りながら章を進めることにしよう。

＊近世社会においては、行政上、海難救助や水主《かこ》業務などの浦役《うらやく》を負担する「浦」と、それ以外の

海辺村（通常の「村」）とはカテゴリーを異にする。しかし、浦触の文面では、とくに両者を区別せず、「浦々」「次浦」「海辺付き村」といった文言が併用されることが多い。そこで、以下、「浦触」の「浦」には、行政上の浦も海辺村も含まれるものとして話を進める。

＊本書で扱う「浦触」は、もっぱら浦々や海辺村など陸地を廻達された触書だが、幕府年貢米の回漕などでは、同文の触れが回漕船の船頭にも渡され、廻米《かいまい》の「送り状」や航行日記「船中日帳」などとともに、船中に携行されている（石井一九六七）。

四国を巡る

大洲藩領の継ぎ送り

奇妙な文面

出会いが伊予大洲藩《おおずはん》支配の中島であったことに因んで、大洲・伊予・四国のフィールドから始めることにしたい。

改めて中島小浜《おばま》村の南京商船一件に戻ってみる。じつはこの文面、注意深く読むと気になる箇所があった。村々庄屋《しょうや》が署名捺印した請書（c）の部分である。各村の順番と受け取り日時は次のように記されている。

伊予郡米湊《こみなと》村（六月二日巳刻）、吾川村（六月二日午刻）、尾崎村（六月二日未刻）、本郡《ほんぐ》村（六月二日申刻）、森村（六月二日酉刻）

風早《かざはや》郡大浦村（六月三日丑刻）、小浜村（六月三日寅刻）、粟井《あわい》村（六月三日卯刻）、無次喜《むづき》村（六月三日巳刻）、宇和間《うわま》村（六月三日申刻）、（上）怒和《ぬわ》村（六月三日戌刻）、

（下）怒和村（六月四日子刻）、
浮穴《うけな》郡高ノ川村（六月四日巳刻）、上灘《かみなだ》村（六月四日午刻）、高岸村（六月四日未刻）、大久保村（六月四日申刻）

これを図に示せば図3の矢印のようなルートになるが、奇妙な点が二つある。一つは海辺村々への順達が指示されているにもかかわらず、順達から外れた村がたくさんあることである。小浜村のある中島本島に限っても、粟井、大浦、小浜、宇和間のほかに、長師《ながし》、宮野、神ノ浦、熊田、吉木、饒《にょう》、畑里《はたり》といった海辺付き村があるが、連判署名には出てこない。また、隣島の怒和島には廻ったものの、隣接する津和地《つわじ》島や二神《ふたがみ》島の名は見えない。これはどういうことだろうか。

しかし、この疑問は村々の領主を調べることですぐに解決した。連判署名の村々がいずれも大洲藩領ないしは大洲藩預かり領なのに対して、長師〜二神の村々は松山藩預かりの幕府領だった。「昼夜遅滞なく順達せしめ」といっても、実態は藩領のまとまりを単位にした受け渡しだったらしい。松山藩関係の島々村々へは別ルートで廻ったのだろう。

連判署名の記事には、もう一つ奇妙な点があった。それは、小浜村より後続村の「刻付け」、すなわち受け渡し時刻が記されていることである。冒頭の米湊村から小浜村まではよいとしても、大浦村→小浜村→粟井村→無次喜村（睦月村）と送られたのならば、粟井

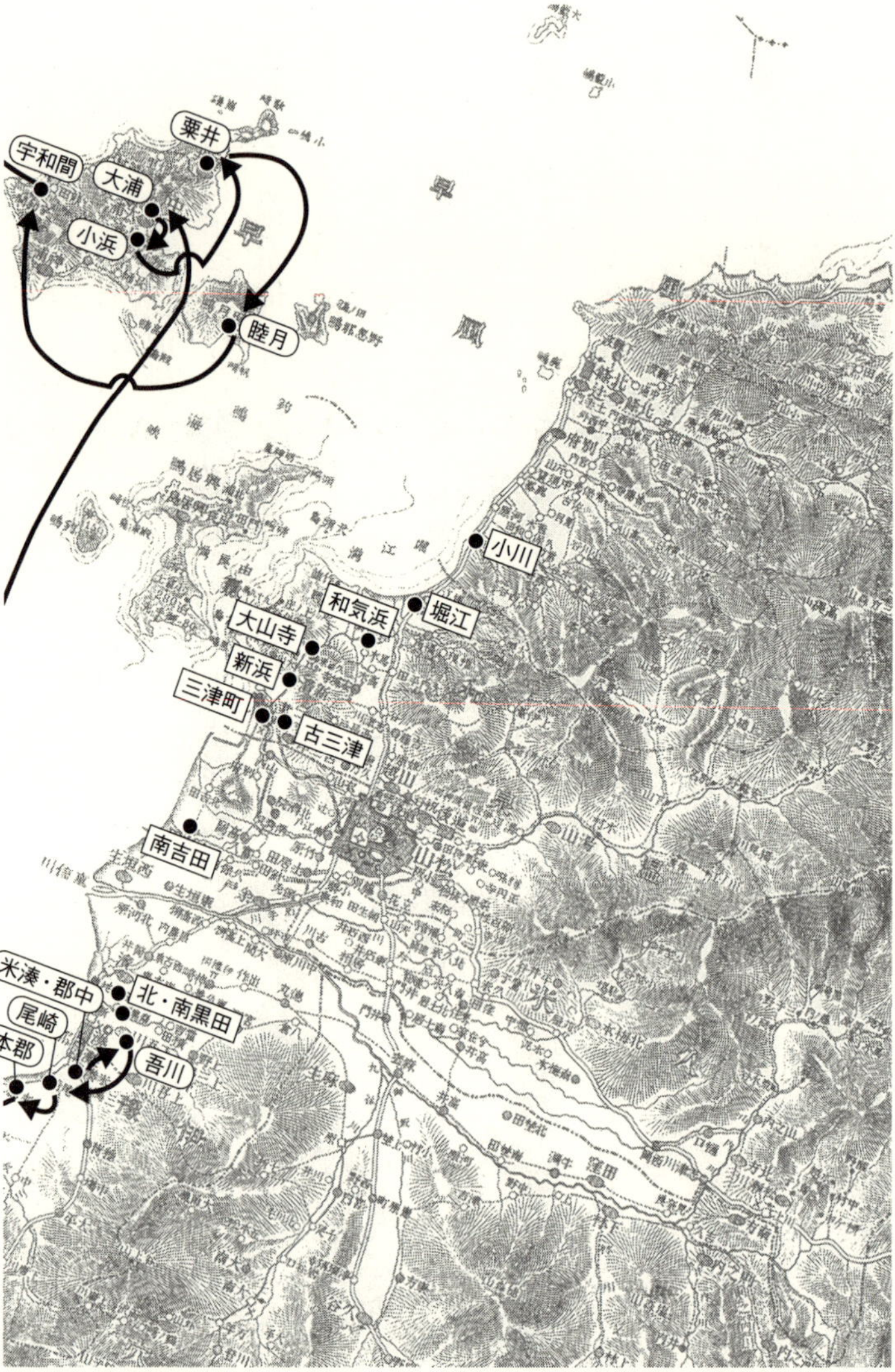
粟井
宇和間
大浦
小浜
睦月
小川
和気浜
堀江
大山寺
新浜
三津町
古三津
南吉田
米湊・郡中
北・南黒田
尾崎
本郡
吾川

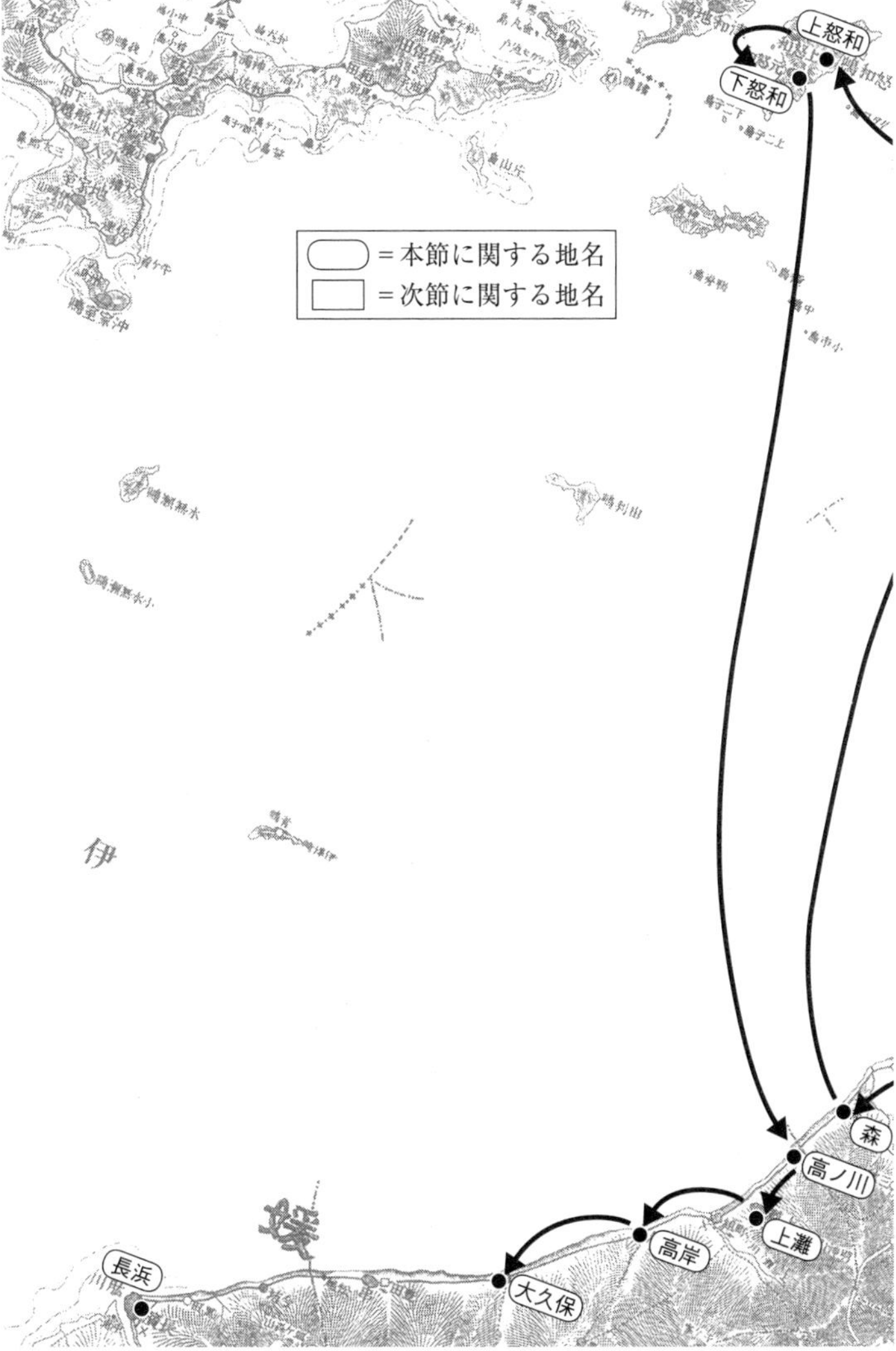

図３　大洲藩領・松山藩領関係図

村以降の村々の伝達時刻が書かれているのは不自然である。疑いの目でみると受け渡しの時刻も、巳刻、午刻、未刻、申刻などと機械的な割り振りのようにも感じられる。実際は海辺村には廻らず、時刻割りは机上のフィクションだったのではないか。

当番が出勤　そんな疑問を氷解させる史料が複数見つかった。一つは浦触冊子と一緒に撮影して帰った小浜村触留帳の一冊、天明四年（一七八四）の「御触書写控」である。ここには隣村庄屋の印鑑を預かり、当番村の庄屋が浦触伝達場所に出勤したことがはっきりと記録されていた。

①四月十二日　大洲藩大浦代官所《だいかんしょ》の手代《てだい》安川繁右衛門・木村惣次から、大浦村・小浜村・睦月村・粟井村・宇和間村に宛てた書状が届いた。

「わざと申し触れる。この度、（大洲藩庁から大浦代官所へ）浦御触の件で次のような連絡が入った。〈浦御触到来の日時はまだわからないが、わかり次第知らせるので、いつものように当番が印鑑を預かっておくように。今回は宇和島《うわじま》方面から廻ってくる〉という連絡である。怒和村両村に対しては幸便があったので、当代官所から連絡しておいた。」

②四月十二日　大浦村庄屋堀内良助から、小浜村・睦月村・粟井村・宇和間村・上怒和村・下怒和村に宛てた口上書《こうじょうがき》が届いた。

「この度の浦御触については私も当番の一人だが、家内によんどころない病人が大勢おり、お断りしたい。上怒和・睦月・粟井の三ヵ村で相談され、二人ご出勤ください。決まり次第代官所へ連絡されたし。御料《ごりよう》分村（幕府領の大浦、小浜、粟井）から一人加わる方がよいということならば、粟井村の善兵衛殿にお願いしたい。」

③五月二十七日　代官所手代安川繁右衛門から、大浦村・小浜村・睦月村・粟井村に宛てた書状が届いた。

「わざと申し遣わす。今日（藩庁から大浦代官所へ）御浦触に対する指示が来た。〈日時を知らせ次第、当番はすぐ（集合場所へ）出勤できるように準備しておけ〉との指示である。印鑑は最寄りの御当番へ差し出しておくように。」

これらの記事から対応の段取りがよくわかる。すなわち、大洲藩管轄の大浦〜宇和間の忽那方村々は、当番二名が各村庄屋の印鑑を預かって集合場所に出勤する仕組みだったのである。

では、集合場所はどこだっただろうか。それを記したメモ書きが愛媛県立図書館の伊予史談会文庫史料のなかにあった。寛政元年（一七八九）四月の継ぎ送りを記録した大洲藩領伊予郡庄屋衆の覚書《おぼえがき》である（「浦御触書写」）。この時の浦触も幕府勘定所からで、「伊勢《いせ》桑名《くわな》湊を出航した幕府年貢米積載船が、伊豆西海岸で遭難した。見かけたらすぐに救助せよ」という内容だった。

覚書は松山藩領の村から受け取るところから始まる。

①四月十九日午後　筒井村（松山藩領）の覚右衛門が下三谷村（大洲藩領）忠兵衛方へ浦御触を持参した。（大洲藩領の）森村庄屋、米湊村庄屋、本郡村庄屋が立合い、忠兵衛宅で受け取った。すぐに受理の旨を（大洲藩郡中《ぐんちゅう》湊、現、愛媛県伊予市米湊の）代官所へ届け出た。庄屋たちで時刻割りを作った。受け渡し日時の始まりは二十日の丑刻（午前二時頃）とした。

②二十日　郡中湊の「砥部屋《とべ》」に当番が集まり、代官の立合いのもとで揃って請書帳に署名捺印した。集合した当番は「郡内（浮穴郡）」から大久保村庄屋の武智忠右衛門と高ノ川村庄屋大右衛門、「忽那方」から大浦村庄屋由平と無次喜村庄屋九左衛門、「この方（伊予郡）」から森村庄屋房右衛門と本郡村庄屋仙六である。

＊「砥部屋」は、庄屋たちが宿泊や寄り合いに用いた旅籠屋《はたごや》と推定される。

③二十一日　大浦村庄屋由平と高ノ川村庄屋大右衛門が、（次の当番集合場所である）長浜（喜多郡《きたぐん》。現、大洲市）へ書類一式を持参した。

松山藩領の村から渡された浦触に対して、大洲藩領の当番庄屋たちは郡中湊の砥部屋に集まり、そこで内容承知の署名捺印をしていた。やはり、当番庄屋たちは一ヵ所に集合していた。時刻割りも机上での割り振りだった。当番はここで文面を写し取り、それぞれの地元へ持ち帰ったのである。この時、忽那方の当番は大浦村と無次喜村であった。大浦村庄屋の由平は長浜への受け渡し作業にも携わっている。

郡奉行の日記　藩側の記録も残っていた。大洲藩庁詰めの郡奉行だった大藤定馬が日々の業務を記した慶応元年（一八六五）春夏期の「覚帳」である。古書店を経由して愛媛大学教育学部日本史研究室に架蔵されていたこの帳面に、浦触関連記事があった。隣藩と情報交換を行い、また領内での円滑な継ぎ送り態勢に気を配るなど、藩側のきめ細かい対応がよくわかる。

①六月二十一日　郡中（郡中湊）詰め郡奉行の国嶋氏（六左衛門）から我が方に連絡が来た。「公儀《こうぎ》よりの浦御触が廻っているとの内通が、松山領の庄屋から大洲領庄屋に対してあった」という内容である。そこで、このことをすぐに家老中へ申し上げた。郡中から長浜までの浦方村々への連絡は、すでに国嶋氏が行ったとのことである。我が方からは宇和島領の磯崎村（同県八幡浜《やわたはま》市）に知らせるため、新谷《にいや》経由、および大洲領櫛生《くしう》村（大洲市長浜町）経由で情報を流した。領内長浜への情報提供は、ちょうど同地へ出勤する神山氏（長浜船奉行）に直接伝えた（図4）。

＊宇和島藩（伊達氏、外様、一〇万石）。新谷藩（加藤氏、外様・大洲藩支藩、一万石）。

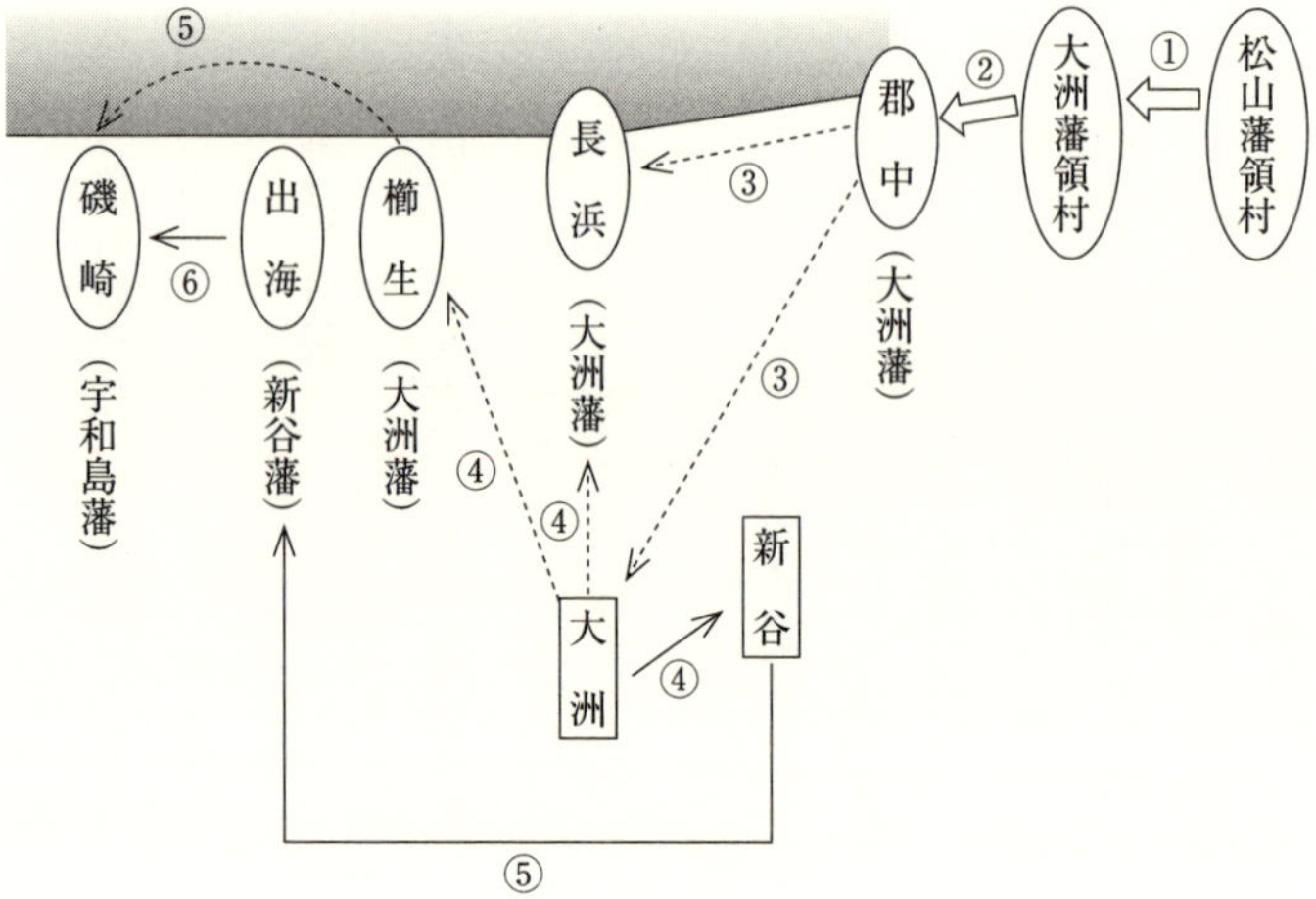

図４　情報伝達のルート

②六月二十五日　郡中の国嶋氏から手紙が来た。内容は以下の通りである。
「二十四日朝に松山領から公儀御浦触を受け取った。郡中での処理が済み次第、長浜へ渡す予定である。明二十五日夕刻までには渡せるだろう。」

　そこで、さっそく新谷・宇和島・吉田へその旨を連絡した。また新谷へは、出《いず》海《み》村（大洲市長浜町）経由で磯崎村にも内通するよう申し遣わし、また櫛生村へも磯崎村へ内通するように申し遣わした。国嶋氏の書状に添付された浦触本紙の文面は、次の通り。

「公儀の御船で諸国の御物成《おものなり》（年貢米）その他の品を積み廻すので、風向きにより浦々へ入津の節は、曳き船を差し出して支障のないように取り計らえ。右の趣をよく心得、請書を添えて、昼夜を限らず時刻を記載して早々に廻し、留りから最寄りの御代官、御預り所へ返すようにせよ。」

＊吉田藩（伊達氏、外様・宇和島藩支藩、三万石）。

③六月三十日　長浜船奉行の神山氏から以下のような報告が来た。

「かねて郡中から連絡のあった公儀御浦触が二十五日に廻ってきた。二十六日に長浜管内の浦辺庄屋どもが請印を済ませ、滞りなく宇和島領の磯崎浦へ渡した。」

このように大洲藩では、松山領の庄屋から情報が入るやいなやそのことを領内浦々および後続の近隣藩に伝え、また、出先役所（郡中と長浜）を拠点にして順達の態勢を組んでいた。領内の継ぎ送りは、藩の手厚いサポートのもとで円滑に進められていた。

松山藩や小松藩領の場合

松山藩「郡奉行日記」

庄屋が記した触留帳や郡奉行の日記から大洲藩領の様子を探ったが、他藩ではどうだっただろうか。北隣の松山藩（松平氏、家門、一五万石）の様子を調べてみよう。

藩が継ぎ送りに積極的な役割を果たしたことは、松山藩領でも同じだった。同藩の郡奉行が記した宝暦十年（一七六〇）の「郡奉行日記」（伊予史談会所蔵）から、その一端をうかがうことができる。この時は時計回りに、土佐→宇和島→新谷・大洲→松山の順で廻ってきた。

①十月十九日　公儀よりの浦御触が廻っているとの連絡が、宇和島ならびに大洲の郡奉行から入った（次の（a）（b）の文面）。ついで新谷からも連絡してきた。そこで浦方の

ある領内の代官所に対し、「大洲領から伊予郡（松山藩領の村）が受け取ったならば、これまで通り念を入れて順達するように」と申し付けた。宇和島から大洲経由で送られて来た写しは、（後続の）西条《さいじょう》・小松《こまつ》・今治《いまばり》の郡奉行へ送っておいた。

（a）宇和島藩桧垣助三郎・高倉八太夫から松山藩郡奉行への手紙（十月十四日付け）。

「今般公儀より諸国御浦触が廻っていると土佐より連絡があり、その後間もなく今十日、当領に受け取った。そこで先例通り、写しをお送りする。」

（b）大洲藩郡奉行亀田文左衛門から松山藩郡奉行への手紙（十月十八日付け）。

「公儀よりの浦御触が廻っていると、宇和島から連絡してきたのでお知らせする。宇和島からの連絡内容は、〈浦御触は去る十日に土佐より宇和島領へ廻達された。宇和島領から出海村（新谷領）に渡す頃にまたお知らせする〉とのことであった。この情報を受けて我が大洲領では準備を始めたところである。宇和島から送られてきた浦御触の写しをお送りする。当方の請印作業が済み次第、すぐにそちらへ廻すので、そのように心得られよ。」

＊西条藩（松平氏、家門、三万石）。小松藩（一柳《ひとつやなぎ》氏、外様、一万石）。今治藩（松平氏、家門、三万五千石）。

まさに先の大洲藩郡奉行日記に対応する動きである。松山藩では、宇和島藩・大洲藩・

新谷藩から情報を受け取るとすぐにそれを領内代官所へ通達し、また後続の今治藩・小松藩・西条藩に知らせている。

この時の触れも、伊予から遥か遠方、遠江国千頭《せんず》山（静岡県榛原《はいばら》郡）から伐り出し江戸へ回漕中だった幕府御用材木が、相模国三崎《みさき》沖（神奈川県三浦市付近）で流出した一件だった。幕府勘定所の本紙に大坂過書奉行《かしょぶぎょう》角倉与市の添状が付けられ、「紀伊・淡路・讃岐・阿波・土佐・伊予六ヵ国、御料・私領・寺社領村々　名主・組頭」へ廻されていた。宛所に紀伊国が入り、また中継役所が伏見《ふしみ》〜大坂間の淀川《よどがわ》舟運を管轄する過書船番所《かしょぶねばんしょ》であるなど、先の南京商船一件とは少々違いもあるが、刻付け順達や請書への押印など、基本はまったく変わらない。

さて、関連記事は、さらに「郡奉行日記」の同日十月十九日の後段および十月二十七日の二ヵ所に登場する。

②（十月十九日、後段）先に記した御浦触が領分へ入ったならば次のように順達するよう代官所へ申し聞かせ置いた。

大洲御領より、伊予郡、温泉郡、三津《みつ》方、和気《わけ》郡、但し和気郡より島方御代官所へ、上・下島、風早郡、野間《のま》郡、今治御領、越智《おち》郡、桑村《くわむら》郡、周布《しゅうふ》郡より小松御領へ。

③十月二十七日　伊予郡の村役人から郡奉行所へ届け出があった。

「十月二十五日申刻（午後四時頃）に大洲御領から伊予郡黒田村（松山藩領。愛媛県伊予郡松前《まさき》町）で受理しました。（伊予郡）村々の請印を済ませ、同日子刻（午前零時頃）に隣の温泉郡南吉田村（松山藩領。松山市）へ渡しました。御浦触一通、御添触一通、浦々御請印帳一冊で、白木箱入りです」との届け出である（二二一〜二二三頁図3参照）。

（後筆）右の御浦触は十一月九日に周布郡に至る。（松山藩領最後の）三津屋村（同県西条市）から、小松領北条《ほうじょう》村（同）へ渡した由である。

松山藩十五万石の領地は伊予国内の一〇郡にまたがり、郡ごとに代官所が置かれていた。②にあるように、触れは藩の行政単位を辿って（ただし海辺村を持つ郡々のみを）継ぎ送られていった。郡名とは別に記された「三津方」は、松山藩の外港として栄えた三津町（松山市）のことである。和気郡に含まれるものの独立した行政区として同町奉行の管轄下にあった。また、但し書きにある「上・下島」とは越智郡に属する越智上島（大三島《おおみしま》や岩城島など）と、大洲藩領忽那方村々に混じって存在した島嶼部（風早下島）を指している。これら島方村々は島方御代官所が管理していた。

郡奉行の指示ルートのなかに「今治御領」が挟み込まれていることも注目される。越智郡を中心に配された今治藩領は、松山藩領の野間郡と越智郡村々の間に位置していたから、この順番は両藩の合意のもとに設定されたものだろう。
③によれば十月二十五日に松山藩領の黒田村が受け取った浦触は、十一月九日には周布郡に至り、同藩領東端の三津屋村から小松藩領北条村へ渡されて、松山藩領内の継ぎ送りは完了した。

継ぎ送りの実際　このように松山藩においても郡奉行の指示のもとで、円滑なる送付態勢が組まれていた。しかし、大洲藩と異なる点もあった。大洲藩では、海辺付き村々を郡中や長浜に集合させ、そこで書写や請書帳への署名捺印をさせていた。しかし、松山藩領では実際に隣村から隣村へと順々に送る方式だった。このことは、和気郡堀江村（松山市）の庄屋記録や三津町に隣接する同郡古三津《ふるみつ》村（松山市）の記録に記された、宝暦三年（一七五三）の幕府勘定所浦触の受け渡しの記事からうかがえる。

この時の浦触は讃岐から伊予へと西に廻り、この地域では北から南へ順に小川村（松山市、以下同じ）→堀江村→和気浜《わけはま》村→太山寺《たいさんじ》村→新浜村→古三津村→三津町と廻った（図3参照）。堀江村では「八月三日午の上刻（午前十一時頃）、小川村から受け取る。請書帳に拝見した旨の署名捺印をした後、庄屋甚助と組頭甚八が南隣の和気浜村へ持参。また、このことを松山の代官所に届け出る」（「堀江村日記」『松山市史料集』五）。

堀江村から数えて四ヵ村後に位置した古三津村では、同日の酉の中刻（午後五時頃）に、新浜村の組頭と長百姓《おさびやくしょう》から受け取り、次の三津町へは庄屋半之助が持参した。受け渡しは三津町大年寄《おおとしより》の米屋市郎左衛門宅で行った。その旨を代官所へも報告している（「古三津村万覚帳」『松山市史料集』六）。

後に紹介する請印帳の刻付け記事からみて、同藩領にあっても島方村々は大洲藩と同様の集合・捺印形態だったと推定されるが、少なくとも陸方村々では、隣村から隣村（町）への手渡し方式がとられていた。藩により、また立地条件によって、受け渡し方式にはいろいろなバリエーションがあった。

請印帳への捺印をめぐって、享保十七年（一七三二）に古三津村で問題が生じていた。留守中だった庄屋半兵衛の代わりに倅半之助が請書をしたため、自分印を父親名の下に捺した。このことを松山藩代官に届け出たところ、代印の場合は加筆が必要との注意を受けたのである。半之助は継ぎ送られていった触れを急いで追い掛け、請印帳の父親名の肩書に「父親は印鑑持参で他郡へ出向いているので、倅半之助が捺印」との加筆を行っている（「古三津村万覚帳」）。村ごとの署名捺印がいかに重要視されていたかを語るエピソードである。

ところで、この享保十七年触れは、正徳二年（一七一二）から明和八年（一七七一）までの間、断続的に残る古三津村の庄屋御用日記類に登場する最初の浦触である。大坂町奉行と大坂船手《ふなて》の連名で、「淡路・阿波・讃岐・伊予・土佐高知まで、御料・私領津々浦々庄屋・年寄」に宛てて九月二十日に発信されている。大坂町奉行は大坂の民政や摂津・河内・和泉・播磨の広域行政を担当する幕府遠国奉行《おんごくぶぎょう》の一つ、また大坂船手は船手頭《ふなてがしら》・与《よ》力《りき》・水主同心《かこどうしん》から構成される幕府老中配下の出先役所で、大坂の港湾・船舶管理を業務としていた。触れ内容は、この年西国で発生した大飢饉（享保の飢饉）への対策として、西国・四国・中国筋へ救恤《きゅうじゅつ》米を積み下す船の出航を予告したものであった。この地方への浦触廻達の早い事例として留意しておきたい。

小松藩「会所日記」から

松山藩領東端の周布郡三津屋村は小松藩領周布郡北条村と境を接していた。小松藩領に入ってみよう。

同藩に関しては、家老や月番の奉行が書き継いだ享保元年（一七一六）に始まり幕末に及ぶ藩庁日記が残されている（「会所日記」小松温芳図書館郷土資料室保管）。藩の政務のみならず、藩士や商人・領民の動向、事件や噂などを詳細に書き留めた二百数十冊にのぼる膨大な日記である。すでにこの日記を題材にした書籍も刊行されているが（増川二〇〇一）、私にとっても、愛媛大学在職時代に閲覧したことのある思い出深い史料である。今回、郷土資料室のお世話で四十年振りに再見し、同藩領での浦触の受け渡しの実態や四国地方への廻達頻度など、たくさんの情報を得ることができた。

小松藩領においても浦触は藩のサポートのもとに廻されていた。一例として安政元年(一八五四)日記の十月十、十一日の項を要約して示してみよう。

(十月十日)

一、「浦御触が三日に大洲より到来した」との書状が松山衆(松山藩)から村継ぎで届いた。御触書と請書雛形の写しも一緒に送られてきた。

(十月十一日)

一、昨日の来書の返事をしたため、松山へ村継ぎで送達した。

一、夜九つ前(午前零時前)に北条村(小松藩領)村役人が会所へ罷《まか》り出、丹生川《にゅうがわ》村(松山藩領、西条市)から知らせがあったと申し出た。知らせの内容は「浦御触書が戌刻(午後八時頃)に到着したので、すぐに三津屋村(松山藩領)へ廻した。ほどなく三津屋村から貴村へ順達される筈だ」とのことであった。

一、そこで(藩)郡方役の森田松十郎・武司善左衛門と、下掛《したがかり》の元山岩吉、書役《かきやく》の加藤熊次などが会所に出勤した。亥下刻(午後十一時頃)に三津屋村から御触書(浦触)を受け取った北条村役人が、八つ半過ぎ(午前三時過ぎ)に会所へ持参した。(藩の月番年寄)又三郎も出席して、郡方役の立会いのもとで触れを改めた。北条・広江(西条市)・今在家(西条市)の三ヵ村(小松藩領の海辺付き村々)の村役人に刻付け、請印を致させ、また「墨付け汚れなし、十二日卯下刻（午前七時頃）渡し」との送り状をしたためさせた。広江村庄屋久米好右衛門と今在家村庄屋近藤只惣が、一式を氷見《ひみ》村（西条藩領。西条市）へ持参した。

十月十日に松山藩庁から、また翌十一日には丹生川村から浦触廻達の情報が送られてきた。そしてこの日深夜、松山藩領東端の三津屋村から小松藩領北条村へ手渡される。北条村はすぐにこれを藩会所に持参。同所で藩役人の立会いのもと、領内海辺村の村役人が請書へ押印し送り状を作成した。翌早朝に代表庄屋が西条藩領の氷見村へ持参する。関係村の村役人を藩会所に集合させ署名捺印させるという、大洲藩にも増して藩の強い関与のもとで小松領内の継ぎ送り作業は遂行されていた。

廻達の始まりと恒常化

この「会所日記」は十八世紀初めから幕末に至る長期間の記録であるため、四国地方への廻達の頻度などを概観するのにも適した史料である。ただし、起筆の享保元年（一七一六）から最初の三〇数年間は残存年度七ヵ年分に留まり、また、古三津村を通過した享保十七年飢饉に際しての浦触については「書き付け到来」とのみ記すなど、他史料からの補強が必要だが、この地方への廻達が宝暦年間（一七五一～一七六四）を画期に恒常化したことははっきりと認められる。

画期となるのは、陸奥江之網《えのあみ》浜（福島県いわき市）出航の幕府年貢米積船捜索を命じた宝暦三年（一七五三）六月二十四日付けの浦触である。七月二十八、二十九日条によれば、受け渡しの様子は次のようであった。

・二十八日　紀伊・四国・豊後・日向七ヵ国浦々に対して御勘定所より御触書が出され、備中倉敷《くらしき》御代官稲垣藤左衛門の添状付きで廻達されてきた。「公儀御用米千四百俵ほどを陸奥国で讃州舟に積み込み、旧臘（昨年十二月）二十四日に江戸に向けて積み出したところ、いまだ江戸に到着していない」との内容である。昨日暮れ合いに氷見村（西条藩領）の組頭が当町（小松町）の町年寄《まちどしより》方へ持参した。（西条藩の）郡奉行中の添状が付けられていた。触書は左の通りである。

（本紙、略）

・二十九日　巳刻（午前十時頃）今在家村、午刻（正午頃）広江村、未刻（午後二時頃）北条村の順で庄屋が印形し、北条村から三津屋村庄屋（松山藩領）へ渡した。

典型的な幕府年貢廻米《かいまい》積載船の捜索命令である。西条藩領氷見村から小松町へ、小松町から領内三ヵ村へ、三ヵ村から松山藩領三津屋村へと継ぎ送られていった。

ちなみに、これは先の松山藩領「堀江村日記」で紹介した、小川村↓堀江村↓和気浜村↓太山寺村↓新浜村↓古三津村↓三津町と順達された触れだが、元文四年（一七三九）から残存する「堀江村日記」を改めて見直してみると、こちらも浦触記事はこれが最初だっ

表1　宝暦〜明和期の浦触（伊予小松藩「会所日記」より）

到来年月日	発信者	内容
宝暦3年(1753) 7月28日	幕府勘定所	陸奥廻米積船の捜索(6月24日発信)
宝暦7年(1757) 1月23日	——	備前年貢廻米積船の捜索
宝暦7年(1757) 2月16日	——	公儀御用廻米積船の捜索
宝暦8年(1758) 3月27日	幕府勘定所	備後畳表積船の捜索
宝暦10年(1760) 12月19日	——	(浦触)
宝暦12年(1762) 5月14日	幕府勘定所	(浦触)
宝暦12年(1762) 6月20日	幕府勘定所	(浦触)
宝暦14年(1764) 4月28日	——	(浦触)
明和2年(1765) 1月25日	幕府勘定所	錫荷物積船江戸へ回漕予告
明和2年(1765) 4月11日	幕府勘定所	三河より積み出し流失材木の捜索
明和2年(1765) 5月9日	幕府勘定所	天竜川川下し流失材木の捜索
明和2年(1765) 6月16日	幕府勘定所	甲斐巨摩郡材木流失につき捜索
明和5年(1768) 2月26日	幕府勘定所	出羽年貢廻米積船の捜索

注(1)　宝暦3年触れのみ，宛所を記録する．
「紀伊．讃岐．阿波．土佐．伊予．豊後．日向」宛
注(2)　日記欠年……明和4(1767)，6(1769)，7(1770)
注(3)　日記欠月ありの年……宝暦6(1756)，13(1763)，明和8(1771)

た。また享保十七年（一七三二）触れを掲載する古三津村の方でも、その次に書き留められたのはこの触れである。どうやら四国への恒常的な廻達はここに始まるとみてよさそうである。

宝暦三年以降についてはこの小松藩「会所日記」から、どの程度の頻度でどのような内容のものが廻ったかを知ることができる。さしあたり宝暦三年（一七五三）から明和九年（一七七二）に至る二〇年を対象に整理すると表1になる。

頻度はさほど高くはなく、日記が通年で残る一四年間に合計一三通、一年平均で〇・九通強の割合である。発信者は幕府勘定所、内容はもっぱら幕府

御用の米・材木・畳表《たたみおもて》などの回漕に関わるもので、航行予告や行方不明船の捜索、流失品の回収指示などであった。宛所の国名は、唯一全文が書き留められている右の宝暦三年触れの場合は、四国四ヵ国に加えて紀伊と九州豊後・日向をあげていた。

四国の海辺村々には、江戸時代後期に差し掛かる一七五〇年代（宝暦年間）から、幕府御用をテーマにした幕府勘定所発信の浦触が、年に一通弱の割合で恒常的・継続的に廻り始めていた。

請印帳の役割

請印帳

大洲藩でも松山藩・小松藩でも、藩は領内の海辺村々に対して各種の指示を出し、円滑なる受け渡し態勢をとっていた。しかし、この触れは通常の幕府触れのように、各藩の藩庁や幕府代官所を通じて各領内に下達されるのではなく、浦々や海辺村を直接の宛所にして、浦から浦へ、海辺村から海辺村へと海岸線に沿って順達するようにと指示されていた。

この指示を担保したのが本紙と一緒に廻された「請印帳」(「請書帳」「請印形帳《うけいんぎょう》」とも)である。海辺の村々はこの帳面に触れ内容を承知した旨を記し、刻付け、署名・捺印する必要があり、それが順達の証拠とされたのである。そのため、たとえ机上の割り振りであっても受け渡し時刻は必須であり、当番による代理であっても村順に名前を書き並べ押印する必要があった。

先の松山藩領「堀江村日記」にも、本紙と一緒に廻された「請印帳」に関する記述がある。宝暦十年（一七六〇）十月の遠江国よりの伐り出し材木捜索触れで例示すると、書類は四点セットで廻っていた。

①勘定御奉行連印の浦触本紙（上包みをして袋入り）

②大坂代官内藤十右衛門の添状（上包みあり）

①②は緒付きの白木箱に入れられている。

③浦々の請印形帳　七冊

「紀州請印形帳」「淡州請印形帳」「阿洲請印形帳」「土州請印形帳」「予州宇和島吉田請印形帳」「予州大洲新谷御請印形帳」「予州松山領請印形帳」

④御触書引き渡し送り状の継ぎ延べ　七通

紀州継ぎ延べ百六十三枚・一通、淡州継ぎ延べ十一枚・一通、阿洲継ぎ延べ四十六枚・一通、土州継ぎ延べ五十四枚・一通、宇和島吉田継ぎ延べ二十三枚・一通、大洲新谷継ぎ延べ十四枚・一通、松山領継ぎ延べ九枚・一通

この時は紀伊国を起点として淡路・阿波・土佐を経て伊予に入る廻り方だったが、本紙や大坂代官添状とともに、国や藩領単位に分冊された「請印帳」七冊、および送り状の継

ぎ延べ七通が一緒に廻っていた。堀江村の庄屋源次郎は、請印帳にこう書き入れたと記録している。

右、御触書の趣拝見し承知つかまつり、かしこみ奉り候。これにより御請け印形つかまつり差上げたてまつり候。以上。

松平隠岐守領分　同国同郡堀江村庄屋　源次郎印

辰十二月九日寅刻（午前四時頃）

なお、④の「継ぎ延べ」とは、隣村に受け渡す際に各村庄屋がしたためた送り状を張り継いだものである。

＊幕府の浦触は、倉敷代官所、大坂代官所など各地の出先役所を経由するが、この場合の代官所は幕府領の管理役所としてではなく、触れ廻達の中継地としての役割である。

五五八ヵ村の請印

私が本格的に浦触の収集を始めた一九八六年の秋頃、瀬戸内海歴史民俗資料館所蔵の海事・海村関係の古文書を見せていただく機会があった。

同館の徳山久夫氏の懇切なご教示を受けながら閲覧したそれらの史料のなかに「浦触請印帳」の写しも含まれていた。幕府領讃岐国香川郡直島《なおしま》（香川県香川郡）の庄屋三宅源左衛門が安政三年（一八五六）に書き写したもので、全六〇丁、一二〇頁に及ぶ分厚い帳面である（三宅家文書）。彼は当時海岸取締役という役職にもあったから、業務の一部として書写したのであろう、複数の筆跡から何人かが分担したこともわかる。そもそも請印帳や送り状類は、すべて本紙や写しとともに中継ぎ代官所や指定された役所に戻され、順達確認の上で廃棄されたはずだから、写しであってもこれはまったくの僥倖というほかはない。

表紙には「安政三年辰九月　摂津、播磨、（淡路）、阿波、土佐、伊予、讃岐島々　御浦触請印帳写　海岸取締役　直島　三宅源左衛門」とある。冒頭と末尾部分を示してみよう。

箱館表ならびに佐渡国へお廻しあいなり候君沢形《きみさわがた》御船御運漕につき、御浦触の趣、承知かしこみ奉り候。以上。

辰八月四日午の下刻　　増田作右衛門（大坂代官）御代官所

摂州西成《にしなり》郡九条村（大阪市）庄屋　新兵衛

（五五五ヵ村、略）

右同断

辰十月三日子刻　　右同断（倉敷代官、佐々井半十郎）

同国（讃岐国）男木嶋《おぎしま》（高松市）庄屋　弥三右衛門

右同断

辰十月四日辰下刻　右同断

同国香川郡直島庄屋　三宅源左衛門

拝見、即刻小豆島土庄村《しょうどしまとのしょう》（香川県小豆郡《しょうず》）へ順達つかまつり候。

請印のための帳面という性格により本文は省略形だが、同館で閲覧した讃岐国大内郡《おおち》引田浦《ひけた》（同県東かがわ市）日下家文書から、この浦触は「君沢形」西洋式帆船《はんせん》の航行支援を命じた次のような幕府勘定所触れであることがわかった。

箱館奉行・佐渡奉行にお渡しになった船長十二間、二本の帆柱、中黒の帆印《ほじるし》、日の丸の小幟を立てた君沢形の御船が、東海・西海を回漕する。難風はもちろん、風がよろしくない時にはすぐに引き船数艘を出すようにせよ。また湊掛かりなどの時も支障がないように取り計らえ。（後略）

ここにいう「君沢形」とは、安政元年（一八五四）から伊豆国君沢郡戸田村《へだ》（静岡県沼津市）などで建造された西洋式帆船の型式である。原型は下田沖で難破したロシア船員の帰国用に建造された「ヘダ号」で、その後、戸田や江戸石川島で合わせて一一艘が作られたという。この船の航行を予告する触れが、摂津国西成郡九条村を起点に村から村へと受け渡され、二ヵ月後の十月四日辰下刻（午前九時頃）に男木島から直島に廻ったのである。

表2に、摂津九条村から直島に至る村々の領主名と村数を一覧にして示した。七ヵ国に

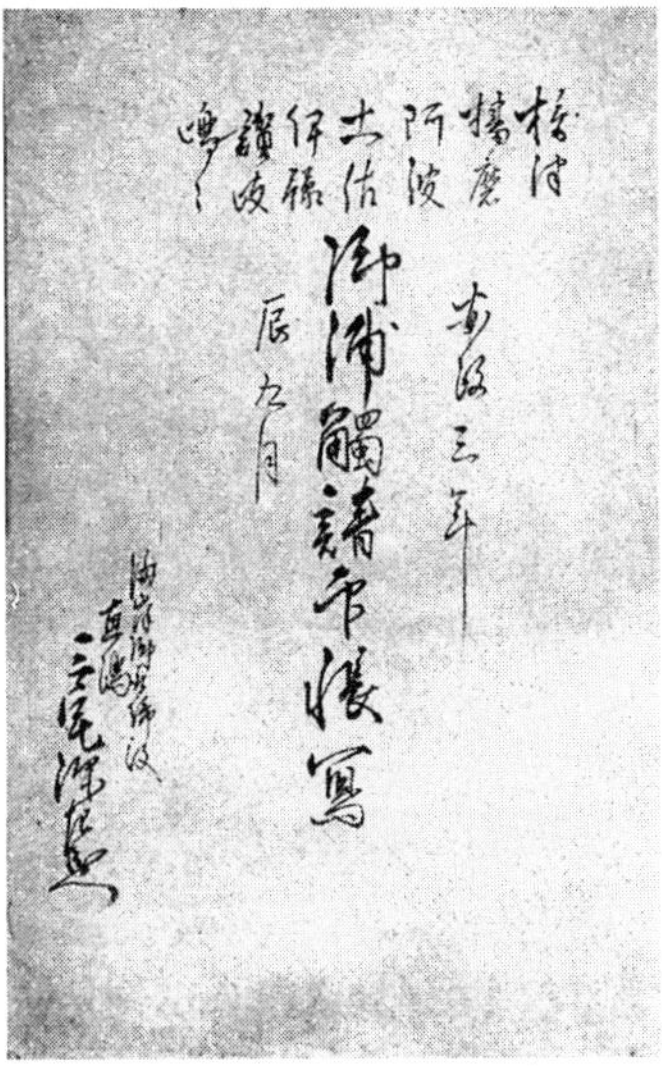

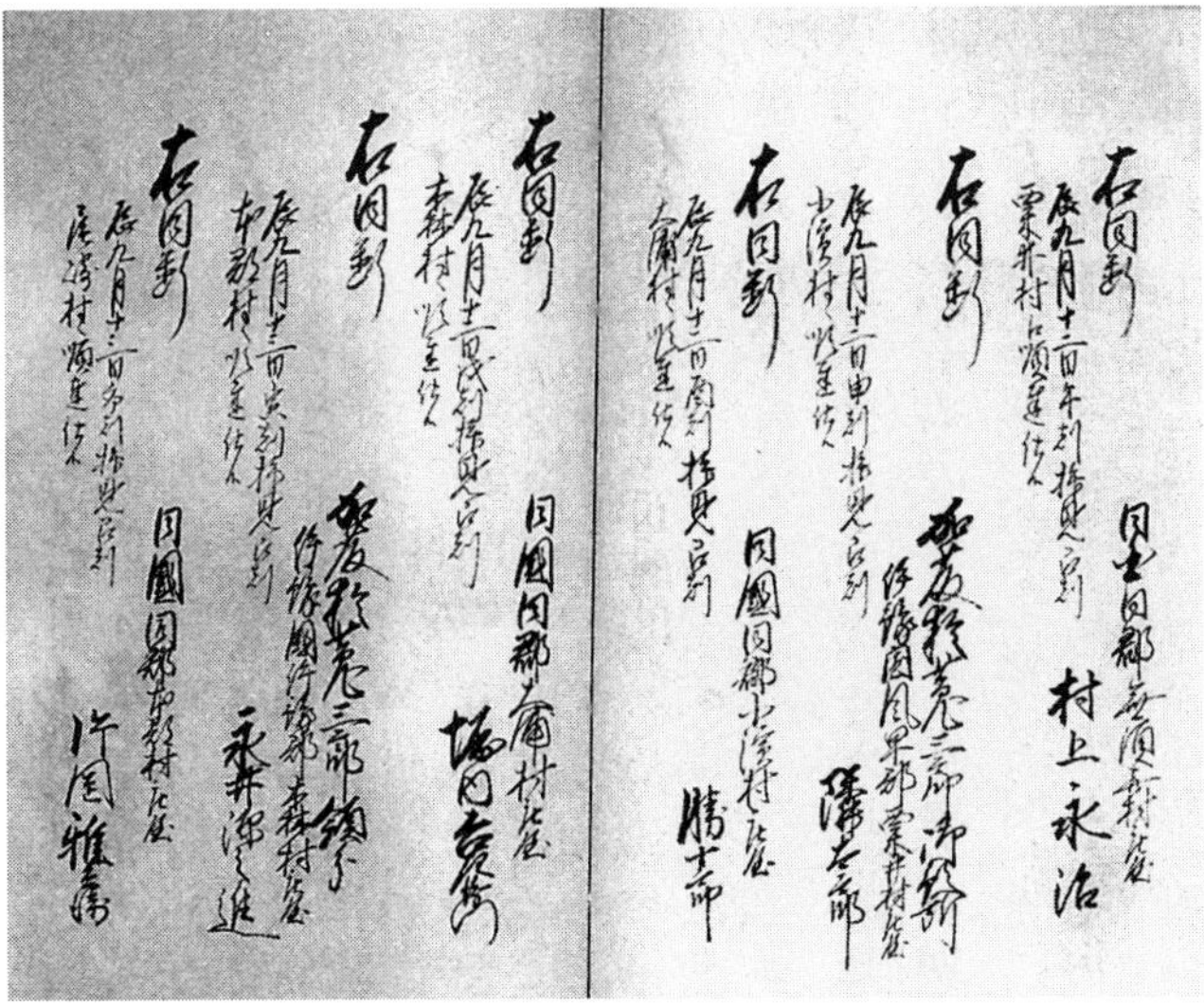

図５　安政３年辰９月　摂津播磨阿波土佐伊予讃岐嶋々御浦触請印帳写（三宅家文書）
瀬戸内海歴史民俗資料館所蔵

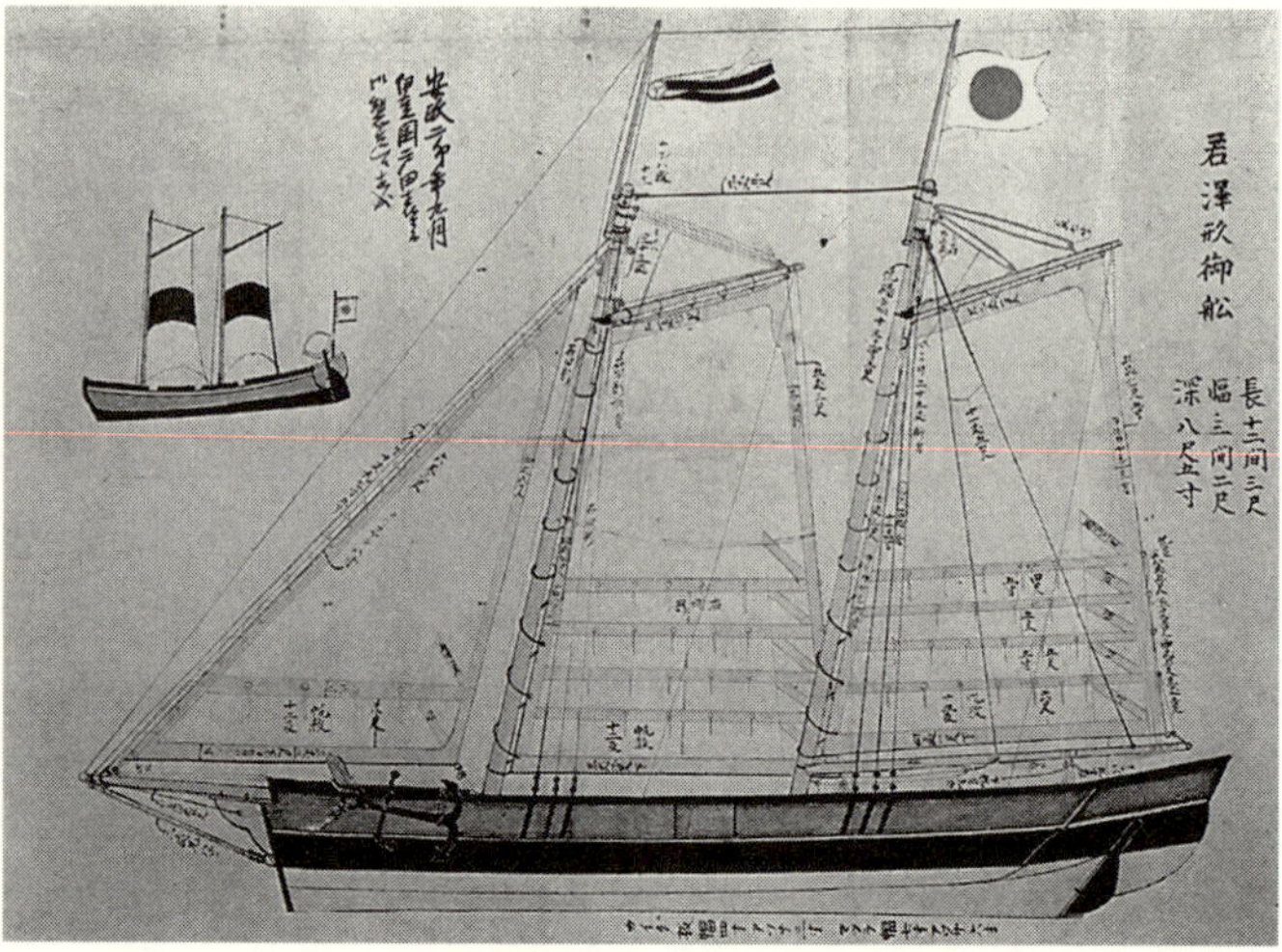

図6　君沢形御船　福井県立図書館所蔵

またがる村数は合わせて五五八ヵ村。村々は三つの幕府代官所と一五大名の支配下にあった。写本のため印は捺されていないが、原本には各村庄屋たちの自筆もしくは代筆署名と捺印があったはずである。原本はこの後、土庄村など小豆島の村々へ送られていった。

大洲藩領をはじめとするいくつかの藩領における記録や書写された請印帳から、継ぎ送られた浦触を追いかけてみた。藩のサポートを受けながら、また円滑な送付のための作為も含みながら、触れは四国の海辺村を次へ次へと廻されていた。

ところで、冒頭に紹介した文化四年（一八〇七）触れは、南京商船の乗組員

表２　請印帳の署名村（三宅家文書より）

領　主　名	村数	内　　訳
増田作右衛門代官所(幕府領)	19	摂津国西成郡九条村など19ヵ村
松平遠江守領(尼崎藩)	8	摂津国川辺郡初島新田など８ヵ村
白石忠太夫代官所(幕府領)	16	摂津国武庫郡鳴尾村など16ヵ村
松平兵部大輔領(姫路藩)	6	播磨国明石郡塩屋村など６ヵ村
(阿波藩)	22	淡路国津名郡岩屋浦など16ヵ村
(同)		淡路国三原郡福良浦など６ヵ村
松平阿波守領(阿波藩)	64	阿波国板野郡碁浦など64ヵ村
松平土佐守領(土佐藩)	151	土佐安喜郡甲浦など151ヵ村
宇和島領・吉田領	48	伊予国宇和郡外海浦など５ヵ村
同		伊予国宇和郡北灘浦など43ヵ村
大洲領・新谷領	25	伊予国喜多郡出海村など25ヵ村
松山領	71	伊予国伊予郡黒田村など５ヵ村
同		伊予国温泉郡南吉田村など４ヵ村
同		伊予国和気郡三津町
同		伊予国和気郡興居島村など９ヵ村(下島)
同		伊予国越智郡岡村など17ヵ村(上島)
同		伊予国和気郡古三津村など５ヵ村
同		伊予国風早郡小川村など16ヵ村
同		伊予国野間郡浜村など14ヵ村
今治領	29	伊予国越智郡大浜村など29ヵ村
松山領	4	伊予国越智郡桜井村など２ヵ村
同		伊予国桑村郡壬生川村など２ヵ村
小松領	4	伊予国周布郡北条村など４ヵ村
松平左京太夫領(西条藩)	22	伊予国新居郡氷見村など22ヵ村
今治領	4	伊予国宇摩郡三島浜など４ヵ村
松山領(預かり所)	7	伊予国宇摩郡川之江村など７ヵ村
京極佐渡守領(丸亀藩)	12	讃岐国豊田郡箕浦など12ヵ村
京極壱岐守領(多度津藩)	5	讃岐国三野郡松崎村浦など５ヵ村
京極佐渡守領(丸亀藩)	5	讃岐国那珂郡塩屋村など５ヵ村
松平讃岐守領(高松藩)	33	讃岐国鵜足郡宇足津村など33ヵ村
佐々井半十郎代官所(幕府領)	3	讃岐国女木島，男木島，直島 ～直島から小豆島土庄村へ
計	558	

や積荷を肥前長崎へ回漕するとしていた。また四国への恒常的な廻達の画期をなす宝暦三年（一七五三）触れは、四国に加えて九州の豊後や日向を宛名にあげていた。九州地方への浦触廻達は確実である。調査の足を九州に向けてみよう。

九州へ渡る

肥前国星賀村にて

「国継浦触御廻状」

九州大学の長沼文庫に海事史料が収集されていることを知り訪問したのは、現、九州大学附属図書館付設記録資料館九州文化史資料部門がまだ九州文化史研究施設（九州文化史研究所）と呼ばれている頃のことであった（以下、本書では九州文化史研究所の名を使わせていただく）。海辺村関係の文書を閲覧すると、期待にたがわず、九州各地を廻った浦触をあちこちで見出すことができた。

唐津《からつ》藩（水野氏、譜代、六万石）領の庄屋文書（謄写本）のなかに含まれた一冊は、ずばり「肥前国唐津領星賀《ほしか》浦　国継《くにつぎ》浦触御廻状写」という表題を与えられていた。原本の表紙は「宝暦十四年申三月十二日　国継浦触御廻状写」であったという。謄写本の末尾には「昭和十二年二月十九日　肥前国星賀村記録、謄写し畢《おわんぬ》」と記されていた。地図や地名辞典で調べてみると、肥前国松浦《まつら》郡星賀浦（佐賀県唐津市肥前町）は、東松浦半島の西の付け根に立地する村高二百五十石余の漁村である。日比水道に面して良好な湊が作られており、寛政五年（一七九三）時点で、天当船《てんとうぶね》（大型和船）一〇艘を含む一二艘を有していた（『佐賀県の地名』）。

帳面を開き読み進めていくと、差し出しや宛所の人名に「星賀村庄屋治助」と頻出することから、これは同村庄屋治助が書き記した浦触の留帳であることがわかる。内容は宝暦十四年（一七六四）に始まり安永四年（一七七五）に至る一二ヵ年、合計二〇通の写しと受け渡し関係の記録だった。一年平均一・七通弱という割合は、小松藩領で見た同時期（年平均〇・九通強）に較べて倍近い頻度であり、発信者も内容もかなり多彩であった。表3（五六～五七頁）で概観してみよう。

発信者は、①幕府勘定所（八通）、②大坂船手・町奉行（六通）、③石見国の幕府大森代官所（三通）、④石見国の浜田藩（三通）に分類できる。①のうち六通は、四国にも廻っていた幕府年貢廻米などの積載船の回漕予告や行方捜索、流失材木の捜索に係るもので、残りの二通は長崎俵物（輸出用水産物）関係である。

②大坂船手・町奉行連名六通のうち四通は、大坂から壱岐島《いきのしま》への流人船の回漕予告であった。一通例示してみよう。

京都より壱岐島への流人四人、うち女一人を乗せた松浦肥前守の迎え船が大坂を出船する。もし海上で難風に逢うか、または急用があった場合は、その浦々で滞りないように取り計らえ。この触状は浦継ぎで順々に壱岐島まで送り、肥前守家来から返却せよ。

明和元申年七月（一七六四）

永井監物（白衆・大坂船手）

鵜殿出雲守（長逵・大坂町奉行）

興津能登守（忠通・同）

大坂より壱岐島まで、御料・私領浦々　庄屋・年寄

右の御触れ状を申八月二十一日に平戸領阿翁浦《あおううら》（長崎県松浦市鷹島町）へ渡した。受取書は二十二日に御舟宮《おふなみや》（唐津藩の船方役所）へ差し上げた。

京都から壱岐島への流人四名が松浦肥前守の迎え船で大坂を出船する。沿岸浦々は難風・急用などに対応するように。触れは浦継ぎで壱岐まで廻した後大坂へ返却せよ、と命じている。

迎え船を出した松浦肥前守（誠信）は壱岐と肥前松浦・彼杵《そのき》両郡を領する平戸藩主（外様、五万千七百石）である。「御廻状写」によればこの年の四人のほか、明和七年（一七七〇）に一人（京都より）、安永二年（一七七三）五人（京都・南都より）、安永三年（一七七

四）八人（京都より）と、一〇年ほどの間に合計一八人が壱岐へ島送りになった。いずれも松浦肥前守の迎え船による護送であった。

文末の「右の御触れ状」以下の文面は星賀村庄屋の覚書である。八月二十一日に対岸鷹島の平戸藩領阿翁浦へ送り、阿翁浦の受取状は唐津の船方役所へ提出したと記している。

大坂役人の残り二通は、琉球使節の江戸上がりをテーマにして、「大坂より薩摩まで、御料・私領浦々　庄屋・年寄」宛に通達されている。明和元年（一七六四）七月には琉球使節参府の渡海船に対する援助を、また同年十二月には帰国に際しての援助を命じている。

石見国大森代官の発信もあった。三通はいずれも長崎へ廻す幕府年貢米輸送に関するものである。安永二（一七七三）、三年は予告、同四年は行方不明となった回漕船の探索となっている。

以上の三グループが幕府役所からだったのに対して、④の三通は石見浜田藩（本多氏、譜代、五万石。松平氏、家門、五万四百石）からで、同藩領内に漂着した異国船を長崎へ廻送するという内容である。明和四年（一七六七）の異国船は完全に破船し、船滓《ふねかす》を浜田藩の持ち船に積み込んでの輸送であった。このように大名が発信することもあった。ただ、その内容は異国船漂着という外交に関わる問題であり、安永三年（一七七四）の二通に「江戸表へあい窺われ候ところ、長崎へ送り遣すべきの旨、御下知により」とあることからも明らかなように、これらは江戸表（幕府）の指示に基づくものだった。

宛所の書式

宛所に目を移すと、書式には国名を列挙する方式と、起点・終点名を「○○より××まで」の形で記す二種類があった。前者は幕府勘定所による行方不明廻米船や流失材木などの捜索、あるいは海辺村への周知などに用いられ、後者はルートが明確な勘定所触れや、出先役所・大名発信に使われている。厳密にいえば「国継」は国名を列挙する前者にのみ当てはまるというべきだが、後者もまた国々を通貫して送られるところから、両者を合わせて「国継浦触」としたのであろう。この表現は肥前国

内　　容
摂津年貢江戸廻米・備後畳表積船の捜索
長崎俵物請負人名の通告
流人船の回漕予告
琉球使節渡海の予告
琉球使節渡海の予告
石見・豊後年貢長崎廻米積船の回漕予告
天竜川川下し流失材木の捜索
三河設楽郡材木流失につき捜索
甲斐巨摩郡材木流失につき捜索
鱶売買についての指示
漂着異国船の船滓の長崎回漕予告
出羽年貢江戸廻米積船の捜索
流人船の回漕予告
流人船の回漕予告
石見年貢長崎廻米積船の回漕予告
出雲へ漂着唐国船二艘の長崎回漕予告
石見年貢長崎廻米積船の回漕予告
流人船の回漕予告
出雲へ漂着異国船の長崎回漕予告
石見年貢長崎廻米積船の捜索

表3　肥前国星賀浦の浦触（長沼文庫）

発信年月日	発信者	宛　　所
宝暦14年(1764)2月5日	幕府勘定所	筑前．肥前．肥後．壱岐．対馬
――	幕府勘定所	筑前．豊前．豊後．肥前．肥後．壱岐．対馬
明和1年(1764)7月	大坂船手・町奉行	大坂～壱岐
明和1年(1764)7月22日	大坂船手・町奉行	大坂～薩摩
明和1年(1764)12月19日	大坂船手・町奉行	大坂～薩摩
明和1年(1764)閏12月	幕府勘定所	石見．長門．豊前．筑前．肥前
明和2年(1765)1月	幕府勘定所	豊前．豊後．肥前．肥後．筑前．日向．大隅．壱岐．薩摩．対馬
明和2年(1765)3月11日	幕府勘定所	豊前．豊後．肥前．肥後．筑前．日向．大隅．壱岐．薩摩．対馬
明和2年(1765)5月	幕府勘定所	豊前．豊後．肥後．筑前．日向．大隅．壱岐．薩摩．対馬．肥前
明和3年(1766)3月29日	幕府勘定所	筑前．豊前．豊後．肥前．肥後．壱岐．対馬
明和4年(1767)2月3日	浜田藩船奉行	石見国浜田～長崎
明和4年(1767)12月18日	幕府勘定所	――
明和7年(1770)5月	大坂船手・町奉行	大坂～壱岐
安永2年(1773)2月27日	大坂船手・町奉行	(大坂～壱岐)
安永2年(1773)12月23日	石見大森代官	石見大浦湊～長崎
安永3年(1774)3月7日	浜田藩	～長崎
安永3年(1774)11月25日	石見大森代官	石見大浦湊～長崎
安永3年(1774)11月	大坂船手・町奉行	大坂～壱岐
安永3年(1774)12月18日	浜田藩	――
安永4年(1775)閏12月25日	石見大森代官手代	長崎～大村領戸町浦～石見温泉津

高来《たかく》郡島原村（長崎県島原市、島原藩領）の「永代記」にもある（九州文化史研究所、元山文庫）。

国名列挙の場合、国々の組み合わせにはいくつかの類型があった。

①豊前、豊後、肥前、肥後、筑前、日向、大隅、壱岐、薩摩、対馬（一〇ヵ国）

②筑前、豊前、豊後、肥前、肥後、壱岐、対馬（七ヵ国）

③筑前、肥前、肥後、壱岐、対馬（五ヵ国）

④石見、長門、豊前、筑前、肥前（五ヵ国）

①は最も広範囲に及ぶもので、遠江国の天竜川や御前崎《おまえざき》などで流失した幕府用材の捜索がこの形をとっている。②の九州北部型は長崎の俵物関係、また③の九州北辺型は、大坂を出帆した幕府年貢米等輸送船の捜索に用いられる。③はここでは一通のみだが、次節の肥後国天草ではよく目にする組み合わせである。④は石見・豊後年貢米積載船の長崎への通船予告で、ルートの明確なもの。このように、組み合わせは内容に即して選択されている。なお、この「御廻状写」では、①〜④のいずれにも筑後国が欠けているが、他家史料によれば、もちろん筑後の海辺村へも廻っていた。欠落の理由は不明である。

日田代官所を経由

幕府勘定所の浦触は、豊後国日田《ひた》に置かれた幕府日田代官所（西国筋郡代《ぐんだい》）を中継地としていた。たとえば、長崎俵物の鱶《ふか》猟増産を命じた明和三年（一七六六）触れには、日田代官の次のような添状が付けられている。

「鱶猟をする浦々はもちろん、鱶猟に馴染みのない浦方も鱶猟稼ぎを行い、鱶干しをして長崎俵物請負人へ売り渡すようにせよ」との（幕府からの）達しである。御勘定奉行・吟味役連印の浦触本紙一通に、請書案紙一通を添えて廻す。右の書付の趣を承知し、浦役人より末々へ入念に申し聞かせよ。（中略）昼夜刻付けをもって順達し、留まりより豊後日田陣屋へ持参、返却のこと。（後略）

戌五月　　揖斐十太夫

筑前、豊前、豊後、肥後、肥前、壱岐、対馬

右七ヶ国浦付き　浦役人・庄屋・年寄・百姓代

追伸、（勘定奉行の）本紙に記された国順では不都合なので、この添状の通りの順番で廻せ。廻し落としのないように。

本紙と請書の案文を廻すので受け渡しの時刻を書いて順達し、終点より返却せよと命じている。揖斐十太夫は宝暦八年（一七五八）から安永元年（一七七二）の間、日田代官（明和四年、一七六七より西国筋郡代）を務めた揖斐政俊である。

追伸部分も興味深い。本紙に記された国順では廻しにくいので、自分の添状のように変更せよと指示している。たしかに、本紙には「筑前、豊前、豊後、肥前、肥後、壱岐、対

馬　国々海辺浦々」とあり、肥前→肥後→壱岐の順では廻しにくい。
円滑に廻せるようにと、添状に各国内の領主名が列挙されることもあった。肥後国天草崎津村（熊本県天草市河浦町）の庄屋記録「御浦触順達帳御請書」（九州文化史研究所所蔵）に収録された、嘉永七年（一八五四）八月付け触れがよい例である。松平薩摩守（薩摩藩、外様、七二万八千石）製造船の江戸回漕を予告した本紙は、「肥後、筑後、肥前、（筑前）、豊前、豊後、日向」と記すのみだが、日田《ひた》郡代池田岩之丞の添状には国別に領主名が付記されている。

日向国　飫肥《おび》領　佐土原《さどわら》領　高鍋領　御料（幕府領）　延岡《のべおか》領
豊後国　佐伯《さいき》領　同御預かり所　臼杵《うすき》領　熊本領　延岡領　岡領　府内領　森領
　　　　日出《ひじ》領　杵築《きつき》領　島原領　同預かり所　御料
豊前国　島原領　御料　中津領　小倉《こくら》領
筑前国　福岡領　中津領　御料　対州領
肥前国　対州領　唐津領　平戸領　五島領　佐賀領　大村領　御料　島原領
筑後国　久留米領　柳川領
肥後国　熊本領　人吉領　御料
右七ヶ国浦付き、御料・私領・寺社領村々　名主・組頭

延岡領が日向と豊後両国に、また島原領が豊後・豊前・肥前に重ねてあげられるなど、国ごとの領主名列挙という書式に、この触れが「国継」であったことがよく表れている。

日田への返却

九州廻達の「触れ留まり」（終点村）になったため、星賀村庄屋が書類一式を携えて日田陣屋まで返却に出向くこともあった。明和二年（一七六五）に豊前〜肥前一〇ヵ国を廻った浦触は星賀村で終点となり、庄屋治助は日田出張を命じられた。彼は次のように記録している。

・十月二十七日　申下刻（午後五時頃）に馬渡嶋《まだらしま》（唐津市鎮西町）より浦触を受け取る。

・　二十八日　朝七ツ時分（午前四時頃）に（唐津へ）罷り下り、浦触を御船宮へ持参すると、御船宮では、私に日田まで持参せよとの仰せである。病気を理由に辞退したところ、（唐津藩）代官役所へ出向くよう指示される。代官役所でも私が豊後へ参るようにと仰せられた。一人では心許ないので同行者を願ったところ、新城村庄屋宇兵衛が指名された。

・　二十九日　五つ時分（午前八時頃）、宇兵衛とともに唐津を出立。駄賃馬は利用せず。前原（福岡県糸島市）で一宿。

・　三十日　前原から大宰府に向かい、大宰府で一宿。

・十一月　朔日　大宰府から後宿（同県朝倉市甘木の後町ヵ）へ。後宿で一宿。

・十一月二日　八つ時分（午後二時頃）に豊後豆田（大分県日田市）へ到着。豆田町三松勘右衛門を介して御状箱を日田御役所へ提出する。
・　三日　日田御役所からお返事が渡される。
・　四日　日田を出発。勘右衛門の手配で駄賃馬を利用。天気（甘木宿、朝倉市）まで参り一宿。
・　五日　天気より博多へ。博多で一宿。
・　六日　今宿（福岡市西区）で一宿。
・　七日　六つ時分（午後六時頃）に唐津に着き、日田御役所のお返事箱を御船宮役所に提出。（唐津）代官役所へも報告する。
・　八日　帰村。

九泊一〇日の長旅であった。藩を通じてではなく、触れ留まり村からの直接返却という点にも、この触れの特色が表れている。

肥後国天草へ

天草で再会する

九州文化史研究所で史料を閲覧するなかで、ここでも銚子への南京商船漂着一件浦触に巡り合った。それは肥後国天草郡の本戸《ほんど》組大庄屋木山家（本戸馬場村庄屋を兼ねる。天草市）が書き留めた触留帳に収録されていた（「御用触写帳抜書」）。三河国刈谷町の庄屋留帳でもそうだったように本文は全くの同文、しかし宛所と添状が異なっていた。すなわち、こちらは「豊後、豊前、筑前、筑後、肥前、肥後、大隅、日向、薩摩、右国々海辺付き御料・私領・寺社領　名主・組頭」とあり、添状は日田の西国筋郡代の羽倉権九郎がしたためていた。末尾には「触れ留まり浦方より、右一件書物取り揃え、豊後国日田自分在勤陣屋へあい返すべく候」とある。国ごとに領主名を列挙した「国々領分、訳書付」も添えられていた。

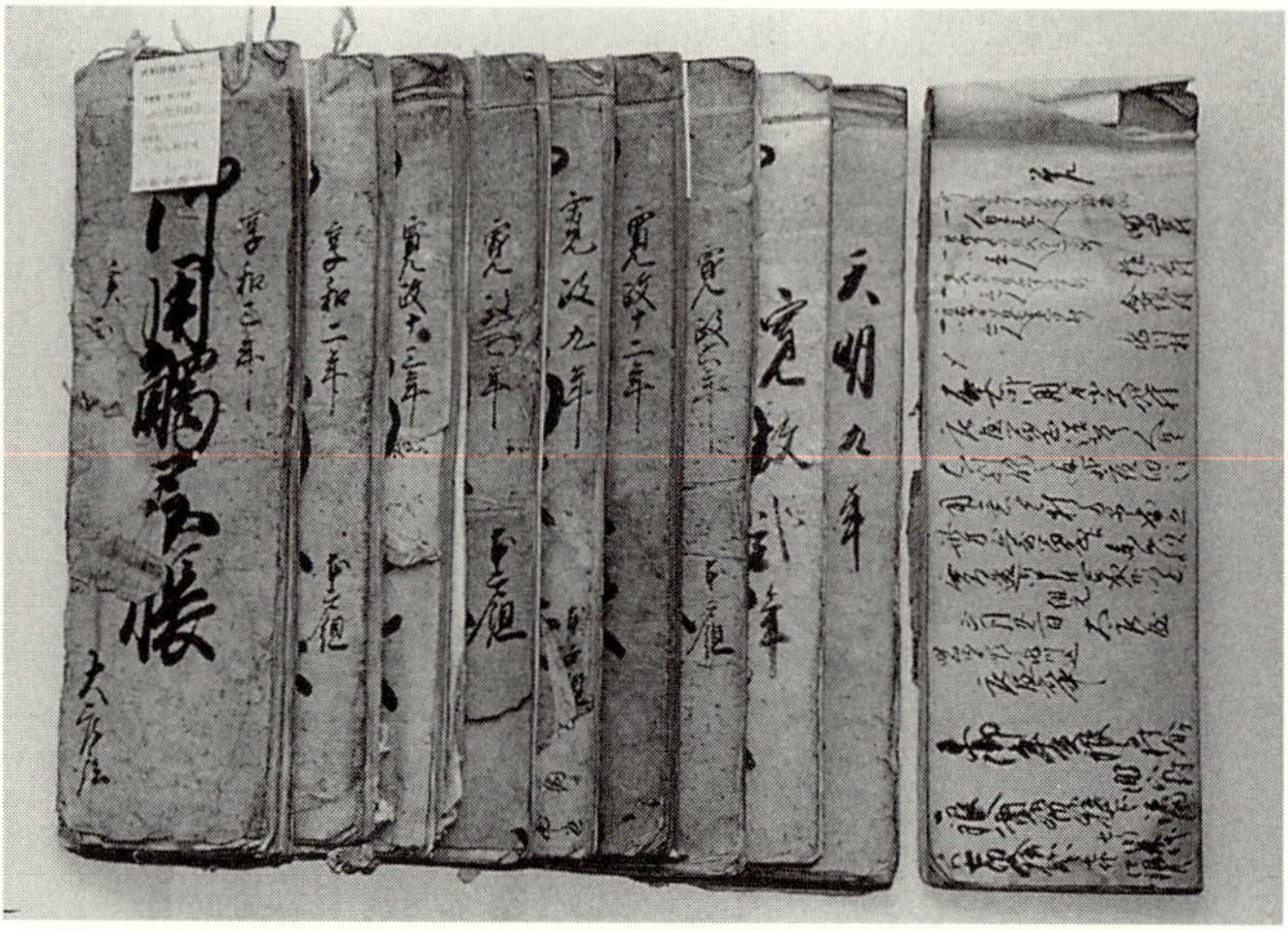

図７　御用触写帳（木山家文書）『本渡市古文書史料集　天領天草大庄屋木山家文書　御用触写帳　第１巻』より

この九州文化史研究所の「触写帳」は、「抜書」とあるように膨大な冊数の一部を抜粋して謄写したものだったが、一九九五年から九年ほどをかけ、全冊が本渡市教育委員会の手により『天領天草大庄屋木山家文書　御用触写帳　1～7』として刊行された。対象時期は天明八年（一七八八）から明治三年（一八七〇）まで、一〇〇年近くに及ぶ。

この事業によって、浦触はもちろんのこと、幕府をはじめ、幕領天草を預かる島原藩（松平氏、譜代、七万石）や富岡代官役所、長崎奉行、他国大名など各方面からの触れ類を、全体として俯瞰できるようになった。本節では刊行された『御用触写帳』を用いて肥後天草への浦触を概観し、あわせて海事に関するさまざまな触れの発信者とルートの関係を整理してみる。

天草を廻る

「御用触写帳」に記録された浦触を拾い出して、発信者別に表4を作成した。同帳での最初の浦触は寛政九年（一七九七）の大坂役人触れで、以後明治三年（一八七〇）に至るまでの七四年の間に合計二七通到来している。時期を慶応四年（一八六八）を下限にして、欠本の一八年分を差し引くと対象年数は五四年となる。この間、文政～天保年間に二六年ほどの空白期間があるが、さしあたり五四年を分母にすると年平均〇・五通、二年に一通の割合である。同じ九州の星賀村（年平均一・七通弱）や四国小松藩領（年平均〇・九通強）に比べ、相対的に低い頻度だった。

二七通のうち発信者の判明する二五通は、幕府勘定所が一三通、大坂町奉行ないし町奉行と船手の連名が九通、西国筋郡代二通、松平出羽守（松江藩、家門、一八万六千石）一通である。幕府勘定所が中心だったことは四国や肥前星賀浦と同様であり、大坂役人触れがこれに続くことも共通している。

勘定所触れの内訳は、幕府年貢米などの回漕予告・捜索が八通、君沢形などの西洋式帆船の通船関係が三通（年貢米輸送の昇平丸を加えれば四通）、漂着南京商船の護送予告が二通である。君沢形船についてはすでに讃岐直島の請印帳で知るところだが、観光丸はオランダが幕府に贈った木造外車式蒸気船、また昇平丸・旭日丸はそれぞれ薩摩藩、水戸藩が製造し幕府に献上した西洋帆船型軍艦（異国形船）である。幕末にはこうした西洋式船舶の航行予告が急増する。

このほか通数には加えなかったが、文化三年（一八〇六）には伊能忠敬の測量を通告する、陸路と海辺を混ぜ合わせた触れも廻っている。浦触とも密接に関係する面白いものだが写しの文面に省略があるので、後章、他の地方の史料で検討したい。

大坂町奉行など大坂役人からは、流人関係四通、琉球使節関係四通、朝鮮通信使関係一

内　　容
伊勢にて流出の日向国材木捜索
出羽年貢江戸廻米積船の捜索
蝦夷地御用荷積船の回漕予告
出羽年貢江戸廻米積船の捜索
漂着南京商船の長崎護送予告
蝦夷地塩引き鮭積船江戸未着の捜索
出羽年貢江戸廻米積船の捜索
下田湊へ漂着南京商船乗員長崎護送の予告
遠江年貢江戸廻米積船の捜索
観光丸の通船予告
年貢米積載昇平丸の回漕予告
大砲積載旭日丸の通船予告
君沢形船の通船予告
琉球使者渡海の予告
流人船の回漕予告
琉球使者渡海の予告
朝鮮信使御用船雇い入れ予告
流人船の回漕予告
琉球使者渡海の予告
流人船の回漕予告
琉球使者渡海の予告
流人船の回漕予告
豊後年貢長崎詰米積船の回漕予告
豊後年貢長崎詰米積船の回漕予告
漂着異国船船具など長崎回漕の予告
御浦触１通, 長崎代官高木作右衛門添状あり
御浦触１通

表4　肥後国天草の浦触（木山家文書）

発信年月日	発信者	宛　　所
寛政11年（1799）9月18日	幕府勘定所	日向国佐土原湊，蚊口湊，美々津湊，求麻川湊，肥後国八代湊〜玄界灘〜長州上関，下関〜瀬戸内兵庫
享和2年（1802）5月10日	幕府勘定所	筑前．肥前．肥後．壱岐．対馬
享和3年（1803）3月	幕府勘定所	筑前．肥前．肥後．壱岐．対馬
文化1年（1804）11月29日	幕府勘定所	筑前．肥前．肥後．壱岐．対馬
文化4年（1807）4月19日	幕府勘定所	豊後．豊前．筑前．筑後．肥前．肥後
文化5年（1808）閏6月晦日	幕府勘定所	筑前．筑後．肥前．肥後．壱岐．対馬
文化7年（1810）4月21日	幕府勘定所	筑前．肥前．肥後．壱岐．対馬
文化13年（1816）（2月8日）	（幕府勘定所）	——
嘉永4年（1851）9月20日	幕府勘定所	肥後．筑後．肥前．壱岐．対馬．筑前
安政5年（1858）6月16日	幕府勘定所	豊前．筑前．肥前．肥後．大隅．薩摩．日向
安政6年（1859）5月	幕府勘定所	肥後．筑後．肥前．壱岐．対馬．筑前
安政6年（1859）6月	幕府勘定所	肥後．筑後．肥前．壱岐．対馬．筑前
安政6年（1859）3月18日	幕府勘定所	品川〜淡路〜四国九州南海道〜長崎
寛政9年（1797）	大坂船手・町奉行	大坂〜薩摩
文化2年（1805）6月	大坂船手・町奉行	大坂〜五島
文化3年（1806）7月	大坂船手・町奉行	大坂〜薩摩
文化（7年〈1810〉）8月29日	大坂町奉行	筑前．筑後．肥前．肥後．壱岐
文化7年（1810）4月	大坂町奉行	大坂〜五島
天保13年（1842）6月	大坂船手・町奉行	大坂〜薩摩
天保15年（1844）5月	大坂船手・町奉行	大坂〜薩摩
嘉永3年（1850）12月27日	大坂船手・町奉行	大坂〜薩摩
嘉永6年（1853）6月	大坂船手・町奉行	大坂〜薩摩
元治1年（1864）11月6日	西国筋郡代	筑後右馬丞浦〜肥後天草
慶応1年（1865）11月	西国筋郡代	筑後右馬丞浦〜長崎
文化11年（1814）11月2日	松平出羽守	〜長崎
天保14年（1843）8月8日	——	——
嘉永6年（1853）9月4日	——	——

注(1)　欠本……寛政3，4，5，8，10，11，文化1，文政9，天保6，8，11，弘化2，嘉永2，安政1〜4，慶応2

注(2)　文化年間より幕藩ルートで通達の長崎奉行発信触れも「浦触」と記すが，この触れ11通は略す．

通である。流人の流刑地は五島と薩摩で、五島へは文化二年（一八〇五）に京都・大坂から一八人、文化七年（一八一〇）に京都・大坂・堺・伏見から一一人、いずれも五島氏（福江藩、外様、一万二千五百石余）の手船での護送だった。また天保十五年（一八四四）、嘉永六年（一八五三）の薩摩への流人は、前者が京都・大坂・堺から三五人、後者も同所から二九人。こちらは薩摩藩の手船で薩摩島へ護送するとしている。文化七年（一八一〇）にみえる朝鮮通信使関係は、翌年の通信使対馬来聘《らいへい》に必要な御用船を雇うため、廻船御用達が廻村するという知らせだった。

西国筋郡代が独自に発した浦触も、元治元年（一八六四）と慶応元年（一八六五）の二通が記録されている。いずれも豊後国年貢米を長崎へ回漕する旨を、筑後国右馬丞《うまのじょう》浦（若津湊、福岡県大川市）から天草ないしは長崎までの御料・私領津々浦々に知らせている。松江藩松平出羽守の浦触は、藩領内に漂着した異国船の長崎護送である。肥前星賀村の石見浜田藩発信と同様に、江戸表（幕府）の指示を受けてのものだったと推定される。

不安定な廻達

木山家文書「御用触写帳」の浦触記事は寛政九年（一七九七）からだが、この地方へはいつ頃から廻っていたのだろうか。同家文書の他の史料に手掛かりが残されていた。宝暦十四年（一七六四）に始まる願書・諸届の写し帳に記された二通の覚書である（『天領天草大庄屋木山家文書　万覚』一）。いずれからも、この時点で順達が不安定だった様子を読み取ることができる。

一通は、本戸組大庄屋（木山）恒四郎が富岡代官所に提出した宝暦十四年十一月付けの届書である。

「飯塚伊兵衛様（大坂代官）御代官所の江戸回漕年貢米に関する浦触が日田御代官所へ返却されていない。触れが廻った村、廻らなかった村を調査して届け出よ」と（富岡役所から）仰せ渡されました。本戸組村々では次の通りです。

大多尾《おおたお》村、小宮地村、大宮地村、楠浦《くすうら》村、亀川村、町山口村、本戸馬場村

右の村々は浦御触が順達されたので拝見しました。

食場《じきば》村、櫨宇土《はじうと》村

右の村々は海辺から離れており、浦御触は順達されなかったので拝見していません。

この触れは、じつは肥前国星賀村「国継浦触御廻状写」第一号の「筑前、肥前、肥後、壱岐、対馬」宛の触れだが（五六〜五七頁表3）、これがいまだ日田代官所に戻っていないという。この事態は、村継ぎ順達がいまだ定着していないことを物語っているのではないか。調査・照会が領主を通じてなされていることも、その傍証となるように思われる。

不安定さを窺わせる二つ目の史料は、右の前年の宝暦十三年（一七六三）に、浦触の受け渡しについて大庄屋木山恒四郎と砥岐《とき》組大庄屋の忠右衛門が富岡役所に提出した届書で

ある。こんな文面だった。

・宝暦十三年正月二十六日に、肥後熊本領分（細川氏、外様、五四万石）の芦北《あしきた》郡水俣浜村（熊本県水俣市）庄屋から天草郡砥岐組の樋島《ひのしま》村（同県上天草市）へ、浦触本紙と請書の案文、および日田代官揖斐十太夫様の添状と請書帳が順達されました。宝暦十二年十月付けの「御勘定御奉行様・同御吟味役様御連印の浦御触」です。

・浦触は二月十三日までに富岡町を含む天草郡内（海辺付き村）六八ヵ村を廻りました。

・私たちが「諸国請書」を改めて拝見したところ、長崎表へ順達されていないことに気付きました。

・風波が強く海上も隔たっているため、思うに任せませんでしたが、ようやく二月十七日、肥前国彼杵《そのぎ》郡長崎村庄屋周蔵方へ渡すことができました。長崎村から受け取った請取書の写しを提出します。

＊この浦触は、大坂河口を出帆後行方不明となった幕府摂津年貢米・備後畳表積載船の捜索触れである（後掲「弘前藩庁日記」などより）。

浦触は、熊本藩領水俣から不知火海《しらぬいかい》を渡り天草上島東端の樋島村へと送られてきたのだが、興味深いのは、大庄屋たちが「諸国請書」（「請印帳」）を見たうえで次の送達先を決めていることである。つまりこの時点ではいまだ肥後から肥前への廻達ルートは確定したものではなかった。

「万覚帳」に記されたこのような不安定な継ぎ送りからすれば、肥後天草地方への本格的な廻達は宝暦十年代（一七六〇〜）に始まるとみてよいのではなかろうか。先の肥前星賀村の「国継浦触御廻状写」の第一号が宝暦十四年（一七六四）だったこととも、符牒が合ってくる。この地方の江戸前期・中期の様子は、星賀村や天草の史料からはわからないが、少なくとも四国とほぼ同時期から廻達が本格化、恒常化したことは指摘できるだろう。

郡内の廻し方

天草郡に到来した浦触は、郡内をどのように廻されたであろうか。右の宝暦十三年触れは半月ほどをかけて、富岡町を含む天草郡内六八ヵ村を順番に廻っていた。

熊本藩領肥後芦北郡水俣浜村→幕府領肥後天草郡砥岐組樋島村→天草郡内の海辺付き六八ヵ村→肥前国長崎村へ

という流れである。

しかし、やがてこの方式は改められ、富岡町の郡会所詰め大庄屋の主導形態へ移行した。富岡町の郡会所とは、富岡代官所と郡内一〇組・八七ヵ村との連絡事務を司る事務所である。天明元年（一七八一）に設置され、大庄屋が交代で詰めていた。

大庄屋主導の廻達は次のいずれかの方法で行われている。

①郡内に来た浦触を郡会所に持参させる。会所詰め大庄屋の手で請印帳と送り状をしたためて次のエリアへ送達してしまう。郡内村々へは、会所で作成した写しを各大庄屋・庄屋宛に順達して周知を図る。

②右とほぼ同様だが、郡内の順達は各組大庄屋レベルに留め、村々へは各大庄屋から周知させる。

触れと一緒に廻る請印帳には各村庄屋の押印が必要だが、この方式ではあらかじめ各組大庄屋を通じて庄屋印判を郡会所に集めていた。たとえば文化十一年（一八一四）、木山十兵衛は会所詰め大庄屋から、次のような指示を受けている。

公儀から御用の触れが来るので、組中の海辺付き村々の印判を取り揃え、この者（この書状を持参した飛脚）に持たせるように。請書、送り状はこれまで通り会所でしたためる。御触れは写しを作り、おいおい差し回す。

書式上は郡内村々を順達した形式を整えつつ、実際には郡会所で一括して処理する方法が採られていたのである。

ところで、触れの受け渡しは細心の注意を払って行われるべきものであり、汚損・墨付けなどはもっての外であった。文政四年（一八二一）十月、富岡代官所は、他のエリアからの受理に際して、次の諸点に注意せよと指示している。

触書は先方の宰領《さいりょう》（送達者）に持たせたまま富岡郡会所まで案内し、大庄屋立会いのもとで受取書を作成せよ。さもないと、他領の不始末を天草方の者が負わされ、迷惑をこうむることになる。点検の項目は、墨付け、汚れ、手擦れ、しみ付き、揉め、紙の塵漉き込み、削り、文字の墨散り、御印の所の油・塵・しみ、等である。

＊近年、紀州藩領でも大庄屋主導による領内廻達のあったことが、紹介されている（糸川二〇一七）。

海事触れの諸ルート

本節の冒頭で記したように「御用触写帳」には、浦触以外にも各方面からの触れや廻状類が書き留められている。そこで、試みに天草郡が島原藩の預かり領であった天明三〜文化一〇年（一七八三〜一八一三）を対象にして、各種の海運・海難関係の触れがどのようなルートで天草郡・本戸馬場村へ届いたか整理してみた。図示すれば図8のようになる。大きくは実線の矢印で示した「下達ルート」の幕府触れ・藩触れと、破線矢印で表した「横断ルート」の浦触があった。前者は外交政策や長崎を窓口にした外国船対応、貿易品などをテーマにする幕府ないし関係役所触れと、藩領や代官所領限りの領内触れが辿るルートである。後者の「横断ルート」は、年貢米を始めとする幕府御用産品の回漕を中心に、流人船や漂着船の回漕、外交関係の下請け業務などを内容とした。幕末には異国型帆船の通航予告も加わる。

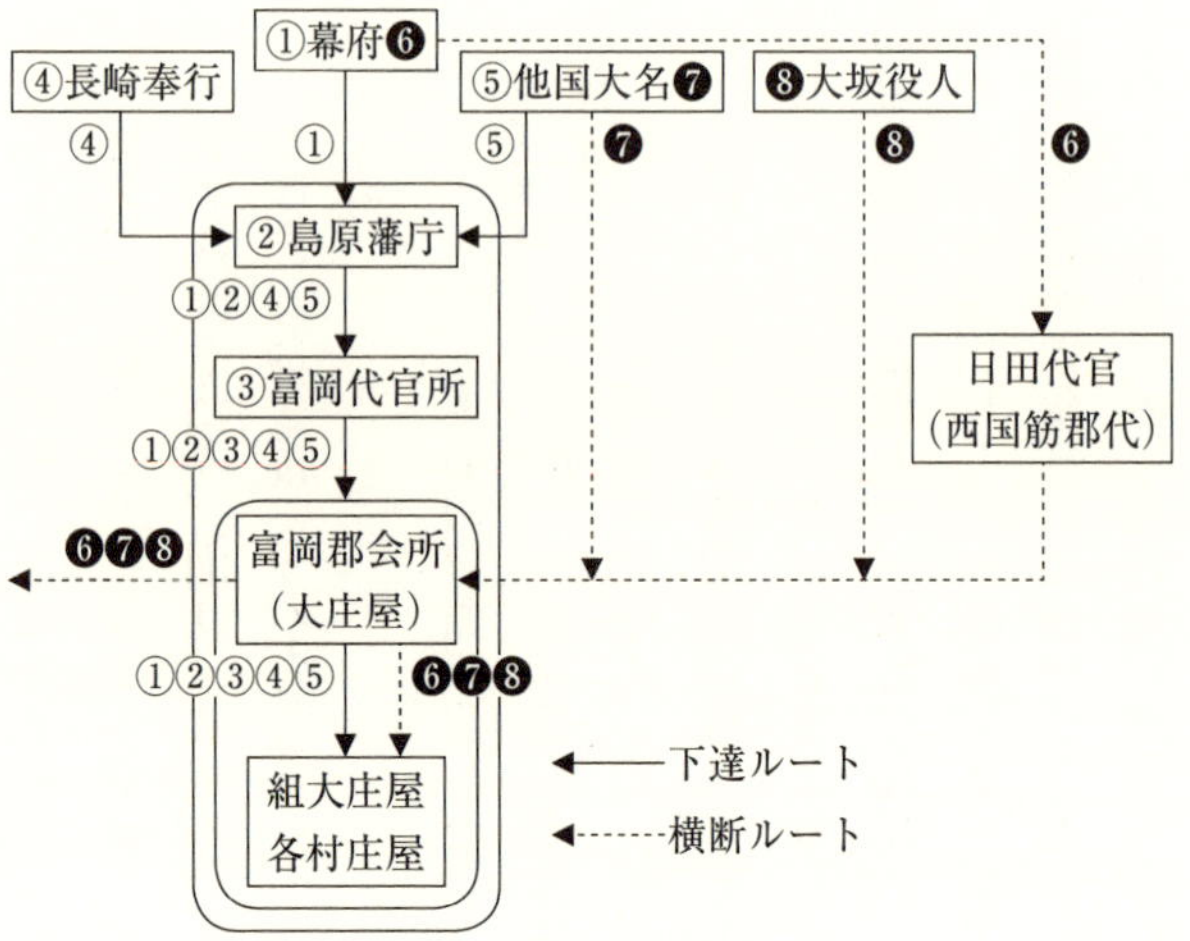

図８　天草の海事関係触れの諸ルート

浦触はすでに見たので、以下、実線矢印の前者に限って紹介してみよう。

①の事例としては、ロシア船渡来に際しての対応策を命じた文化三年（一八〇六）正月の幕府触れがあげられる。「万石以上の面々ならびにそれ以下にても、領の知行所これある面々へ洩《も》れざるようあい触れらるべく候」との指示に従い、島原藩富岡代官所の添状および会所詰め大庄屋の覚書を付けて、郡内の「組々村々大庄屋・庄屋」宛に廻達された。本戸馬場村は三月二十六日に受理、すぐに南隣の町山口村へ送っている。

②としては、文化五年（一八〇八）九月に島原藩が領内に通達した「異国船渡来の節、心得方」がある。異国人が上陸した場

合などの対応策を示したこの藩触れは、①と同じく富岡代官所および大庄屋詰め会所の添状付きで郡内の大庄屋・庄屋宛に廻された。

③は富岡代官所から郡内の海辺付き村々の大庄屋に宛てた触れである。たとえば島原で受け入れた京都・大坂流人の扱い方を示した文化五年（一八〇八）閏《うるう》六月触れがある。

わざと申し触れる。この度京都・大坂から遣わされた流人九人の名前・年齢・引き受け村は別紙のとおりである。（中略）もし、この者どもが心得違いを起こし、他出や渡海などを頼むことがあったならば、押さえ置き早々に訴え出よ。このことは船頭・漁師はもちろん、浦方の者も心得置くよう必ず申し聞かせよ。

なお、これらの廻達は、富岡郡会所の開設以後は、郡内一〇組を西筋と東筋に分けて廻されることが多かった。本戸馬場村・本戸組は西筋に属し、「富岡町、大江組、壱町田《いっちょうだ》組、久玉《くたま》組、本戸組」の組み合わせで順達されている。

④幕府長崎奉行の触れも島原藩経由で通達された。たとえば、寛政二年（一七九〇）二月に出された長崎湊での石銭《こくせん》（船舶入津税）徴収に関する触れは、島原藩富岡代官所の添状付きで郡内に廻達された。このほか、長崎奉行所からは毎年唐船の長崎湊出帆や異国船入津の知らせが出されており、天草へは島原藩庁・富岡代官所を通じて通達された。天明八年（一七八八）を例にあげると、一月と三月には唐船出帆、四月には異国船入津に関す

る知らせが入っている。村々へは富岡代官所の触れの形で下達された。なお、天草では、文化五年（一八〇八）頃からこの長崎奉行の「御触れ状」も「御浦触」と呼ぶようになる。ルートは従来通り長崎奉行→島原藩庁→富岡代官所→天草郡村々と辿る下達型であるため表4にはあげなかったが、「浦触」用語の拡張事例として留意しておきたい。

⑤は、宛名に直接浦々をあげながら、実際は島原藩を通じて下達された珍しいケースである。寛政十三年（一八〇一）正月の日向飫肥藩（伊東氏、外様、五万千石）家老作成の廻状で、宛名は「日向国市木夫婦浦《いちきめおとうら》（宮崎県串間市）より肥前国長崎まで、右浦々御役人衆中」と記されているが、実際は飫肥藩から島原藩に渡された後、富岡代官所経由で天草の村々に到来した。内容は飫肥藩領内へ漂着した中国倉州・蘇州船二艘の長崎回漕である。ちなみに「天草を廻る」の項でみた松江藩松平氏の長崎護送触れは、海辺村を順達するルートで廻っていた。

以上、本章では九州の浦触事情を、肥前星賀村や肥後天草郡の史料で観察した。九州の様子を知ることで、理解も格段に深まった。ここで明らかになった諸点を四国と対比させながら列挙してみよう。

①九州地方には幕府勘定所のみならず、幕府出先機関の奉行所や代官所、あるいは幕府

の指示を受けた大名など、いろいろな所から発信された浦触が廻っていた。
②到来の頻度は地域によって差があり、廻達範囲も九州全体を対象とするものから、地域限定のものまで、テーマに応じて広狭・長短があった。
③四国への浦触の多くが他地方で生じた幕府御用の海事をテーマにしたのに対して、九州を廻ったなかには、長崎への廻米や流人の護送、琉球使節渡海など、地元に直接関係するものも少なくなかった。
④四国への幕府浦触の多くが備中倉敷代官所を中継役所としたのに対して、九州の場合は豊後日田の幕府代官所（西国筋郡代役所）がその役割を担った。
⑤四国の廻達においては関係諸藩のサポートが顕著だったが、肥後天草郡では大庄屋レベルでの対応が特徴的だった。「村継ぎ順達」指示に対して、地方々々でさまざまの対応策が講じられていた。
⑥幕府・藩触れ＝「下達型」、浦触＝「横断型」は、やや複雑な形をとるものの九州においても該当した。
⑦九州における恒常的な廻達は、四国と同様におおむね宝暦十年代（一七六〇年～）に始まるとみられる。
これら諸点を念頭に置きながら、次の地へ向かうことにしよう。

東海を行き交う

三河国刈谷町の庄屋留帳と多彩な浦触

九州から一気に東へ向かい、東海三河国の刈谷《かりや》町（愛知県刈谷市）を訪ねてみたい。

頻繁に到来

プロローグでも少し紹介した刈谷町は、三河国の西端、知多湾に面し、境川を隔てて尾張国に接する譜代藩の城下町である。歴代藩主は江戸初期から中期にかけて、水野、松平、幕府、稲垣、阿部、本多、三浦と目まぐるしく交代したが、延享四年（一七四七）に土井氏（二万三千石）が入封《にゆうほう》して以降は安定し、廃藩まで同氏による治世が続いた。町行政は年番で庄屋役（二名）を務める草分け的な有力商家によって担われており、彼らは幕府や刈谷藩からの諸通達や、藩への願書・届書などを几帳面に「御触留帳」に書き留めていた。この帳簿は、宝永七年（一七一〇）から明治九年（一八七六）に至る一六〇年余、合計一五八冊が残存している。私たちはこの膨大な記録を、一四年の歳月をかけて刊行された刈谷市教育委員会編集『刈谷町庄屋留帳』全二〇巻（ほかに索引一巻）によってたやすく読めるようになった。

この帳簿は浦触研究にとっても宝庫であった。四国や九州とは比較にならない頻度で到来した浦触が克明に記録されていたからである。独力では手に余る分量だったが、二つとない好史料集ということから、抽出、分類作業に取り組んだ。以下、順を追ってその概要を記してみたい。

なお、この作業は、古くからの友人である宇佐美英機氏（滋賀大学名誉教授）御所蔵の『刈谷町庄屋留帳』全巻をお借りして進めることができた。氏のご厚意なくしては、この大部に及ぶ史料集の分析は叶わなかった。

総数は六三九通

まずは通数を数えるところから始める。数え上げるに際しては、表題や文中に「浦触」とあるかないかにかかわらず、幕府勘定所など刈谷藩外の諸機関から発信され、浦々・海辺村を直接の宛所にして順達された触れをカウントした。

時として同日に複数通が廻って来ることもあったが、別内容であれば二通とした。また、触れ留まり（終点）から逆ルートで返却される触れの通過は通数には加えなかった。

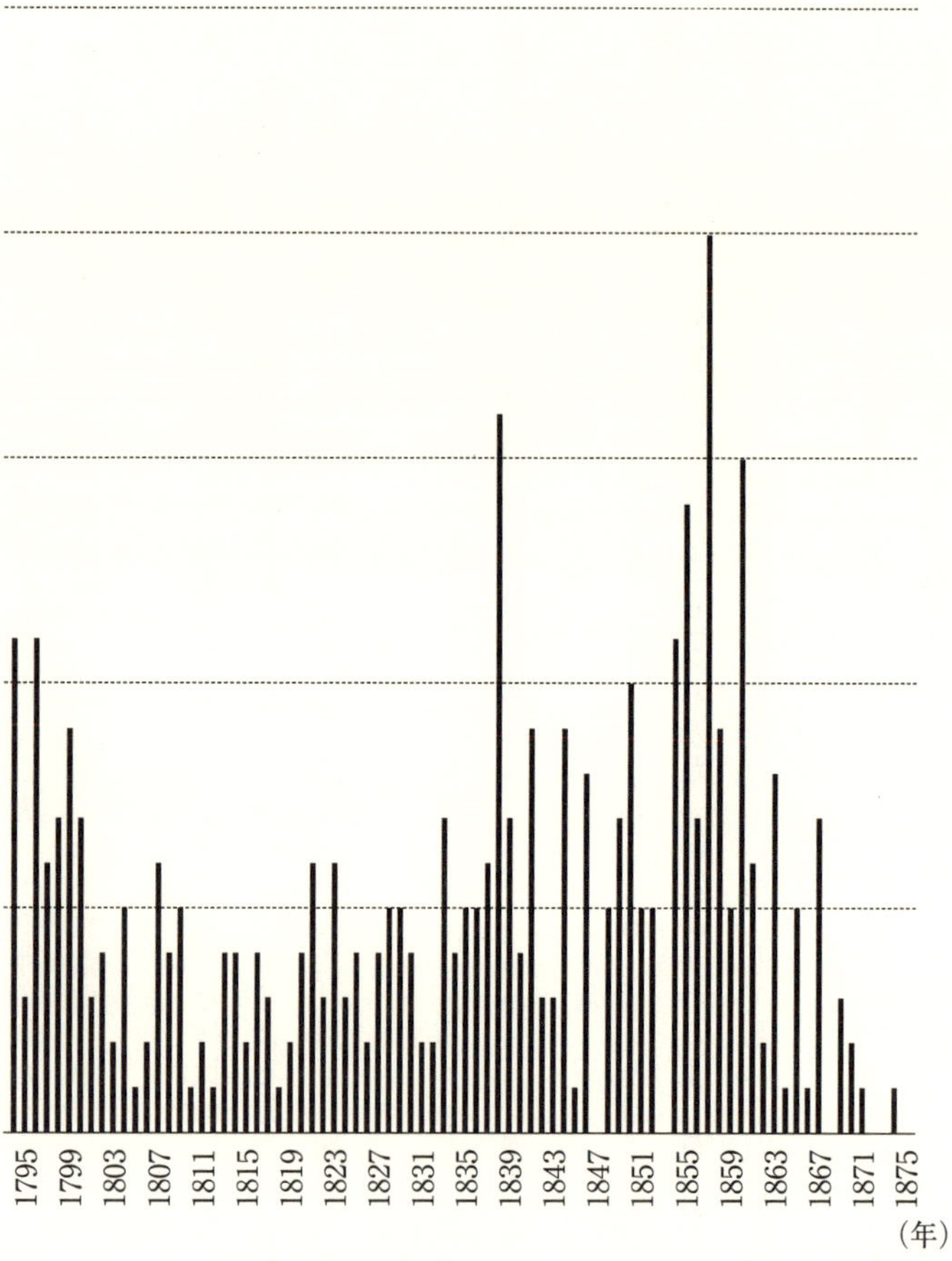
1795
1799
1803
1807
1811
1815
1819
1823
1827
1831
1835
1839
1843
1847
1851
1855
1859
1863
1867
1871
1875
(年)

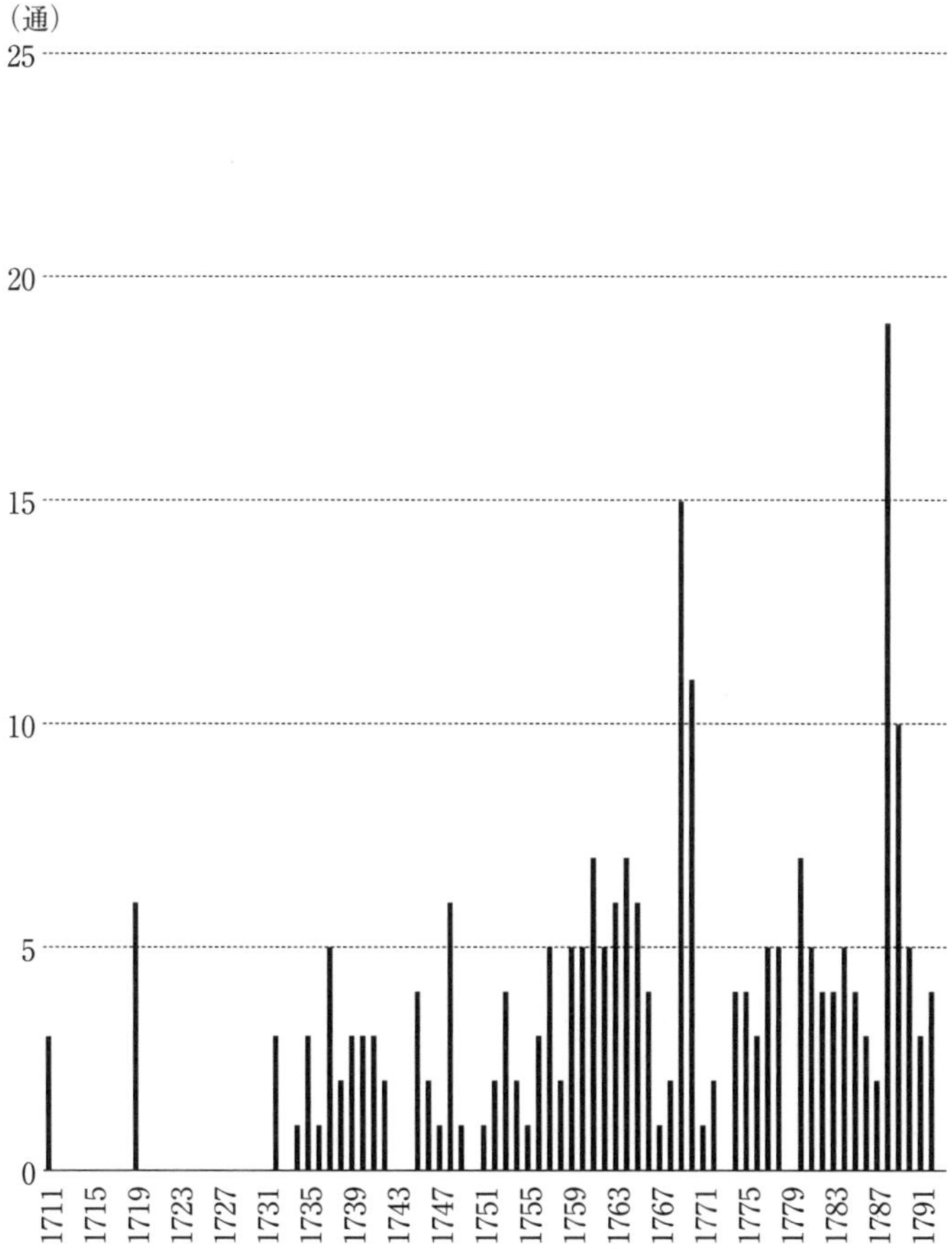

図9　刈谷町への浦触通数

こうした基準のもとに数えると、じつに六三九通にのぼった。年ごとの数量をグラフで示せば図9のようになる。欠本年や一部分のみの年を除く一四五年を分母にして除すと、年に平均四・四通という高い頻度である。ただし、図からもわかるように、年度によりかなりのバラツキもあった。平均通数を指標にすると五通以上の年度数は合わせて五七ヵ年、四通以下が八八ヵ年となる。五通以上のなかには安政四年（一八五七）の二〇通、天明八年（一七八八）の一九通、天保九年（一八三八）の一六通などと極端に多い年もあれば、他方、皆無の年も一二ヵ年あった。

時期による変化も見られた。留帳の残る一八世紀前期以降において、ピークは一八世紀の後半に二回、ついで一九世紀中葉と後半に山がある。これに対して一八世紀前半と一九世紀前半は相対的に少なかった。対象期間の中間にあたる寛政十二年（一八〇〇）を境に二分してみると、前半二八九通、後半三五〇通となり、後期に向かって増加傾向にあったことがうかがえる。

以下、留帳が途切れずに残存し始める享保十六年（一七三一）から慶応四年（一八六八）までの一三八年間を対象とし、この間に到来した六二三通を詳しく見ていくことにしよう。

表5　10年ごとのテーマ別浦触通数

年	全	年貢米	材木	代官・流人	異国船漂着	瓦・銅	異国形船	その他・不明
1731〜1740	21	3	7	0	0	11		0
1741〜1750	19	0	5	0	0	9		5
1751〜1760	30	5	7	1	0	16		1
1761〜1770	64	6	42	0	4	9		3
1771〜1780	31	3	20	0	1	4		3
1781〜1790	61	11	38	3	0	5		4
1791〜1800	61	2	25	7	4	22		1
1801〜1810	33	8	7	6	3	5		4
1811〜1820	27	4	10	3	1	7		2
1821〜1830	42	13	14	8	1	6		0
1831〜1840	58	9	23	5	0	20		1
1841〜1850	55	8	26	5	0	11		5
1851〜1860	91	19	14	6	0	15	18	19
1861〜1868	30	4	10	2	0	4	3	7
計	623	95	248	46	14	144	21	55
%	100	15.3	39.8	7.4	2.3	23.0	3.4	8.8

内容と発信者　内容を大まかに七グループに分類し、一〇年ごとの通数を表5に示した。最も多いのは材木回漕関係で二四八通（三九・八パーセント）、ついで瓦や銅の輸送関係が一四四通（二三・〇パーセント）。以下、年貢米関係、幕府代官派遣・流人関係、異国船漂着と続く。幕末には異国形船（西洋式帆船）の航行関係が急増する。

表6には発信者別の通数を示した。一番は幕府勘定所（勘定奉行衆、もしくは勘定奉行と勘定吟味役の連名）で、過半の三四

表6　10年ごとの発信者別通数

年	全	勘定所	大坂役人	その他	不明
1731～1740	21	2	9	10	0
1741～1750	19	3	10	5	1
1751～1760	30	13	17	0	0
1761～1770	64	40	8	15	1
1771～1780	31	24	4	3	0
1781～1790	61	49	4	8	0
1791～1800	61	28	23	10	0
1801～1810	33	21	5	7	0
1811～1820	27	15	7	3	2
1821～1830	42	28	6	7	1
1831～1840	58	30	21	7	0
1841～1850	55	24	11	19	1
1851～1860	91	50	23	16	2
1861～1868	30	14	5	11	0
計	623	341	153	121	8
%	100	54.7	24.6	19.4	1.3

一通（五四・七パーセント）を占め、次に江戸幕府の大坂役人（船手、町奉行）が一五三通（二四・六パーセント）、その他一二一通（一九・四パーセント）の順となっている。

四国・九州地方への浦触は幕府年貢米積船に関するものが主流だったが、ここでは材木と瓦・銅輸送が大きな特徴である。他方、発信者はここでも幕府勘定所が過半を占め、この触れの性格を大きく特色づけている。テーマ別に観察してみよう。

通数としては少数だが、伊予小浜村や九州にも廻った異国船漂着に関するものから取り上げる。

異国船漂着

江戸時代中後期、刈谷町には、先に紹介した文化四年（一八〇七）南京商船の銚子湊漂着を含め、このテーマで一四通（七件）廻っている。表7に概要を示した。最多は、武蔵～紀伊という広域に向けての乗組員や船具類の長崎送還予告である。

漂着地周辺を所領に持つ幕府代官や大名家臣が近海村々へ廻す比較的ローカルな浦触もあった。一例として寛政十二年（一八〇〇）十二月十一日触れをあげてみよう。

・本文……当月四日、遠州山名郡花房千次郎知行所の湊村（静岡県袋井《ふくろい》市）の前浦およそ十五六丁の沖に、漂流した唐船一艘が止まっていた。見届けの船を出したところ、乗り組みの唐人八六人はいずれも無事であった。長崎代官所発行の信牌《しんぱい》（貿易許可書）を持っており、長崎通船に間違いなかったので、十日、唐人たちを太田備中守領分の大島村（同県磐田《いわた》市）と西尾隠岐守領分の太郎助村（袋井市）へ上陸させた。ただし船体は同夜の風雨高波で破損してしまった。積み荷物が浦々へ流れ寄るかもしれないので浦触を出す。承知しておくように。

・発信者……花房千治郎（旗本）の家来一名、西尾隠岐守（横須賀藩、譜代、三万五千石）の家来二名、太田備中守（掛川藩、譜代、五万石）の家来二名、小野田三郎右衛門（幕府中泉代官、磐田市）の手代二名。

・宛所……「遠州、三州、志州鳥羽湊まで　海辺付き村々役人中」

漂流積荷があるので注意せよとの緊急通達である。発信者には漂着村や近隣村の領主の家来、および当該地方幕領を管理する中泉代官所の手代が名を連ねている。この後、改めて同じ趣旨の浦触が幕府中泉代官（十二月十五日付け）から遠江、三河、伊勢、志摩宛に、また幕府勘定所（同十六日付け）から三河宛に出され、さらに翌享和元年（一八〇一）二月十二日には唐人たちの長崎護送予告が、勘定所から駿河～摂津の国々宛に発せられている。

年貢米回漕船の遭難

次に、これまでもよく目にした年貢米回漕船の行方探索や漂着について。

このテーマでは全部で九五通（九六件）、そのほとんどが全国各地の幕府領から江戸に回漕する年貢米（江戸廻米、江戸城米）に関してである。内訳は、目的地に未着船の行方捜索を命じるものが三四通、漂着船の積荷捜索が三七通、ほかに回漕予告一三通、その他一一通である。

未着船はおおむね全時代にわたり、一方、漂着船は一九世紀に入り増加傾向にあった。未着船三四通のうち一通は再触れのため、件数としては三三件（うち江戸行き回漕船が三二件、長崎行き回漕船一件）となる。ま

発信者	宛　　所
幕府勘定所	興津宿～大坂河口
駿府代官手代	遠江蔵船村～大坂川口
幕府勘定所	遠江堤村～大坂河口
駿府代官手代	遠江堤村～伊勢大湊
幕府勘定所	武蔵～紀伊
幕府勘定所	武蔵～志摩
領主家来・中泉代官手代	遠江．三河．志摩鳥羽湊
中泉代官	遠江．三河．伊勢．志摩
幕府勘定所	三河
幕府勘定所	駿河～摂津
幕府勘定所	遠江～摂津大坂
幕府勘定所	武蔵～紀伊
幕府勘定所	武蔵～紀伊
幕府勘定所	武蔵～紀伊

表７　異国船の漂着関係浦触

発信年月日	遭難船	漂着地
明和７年(1770)５月22日	朝鮮船１艘	駿河国興津宿
明和７年(1770)６月13日		
明和７年(1770)６月19日		
明和７年(1770)６月27日		
安永９年(1780)６月	南京商船１艘	安房国朝夷浦
寛政８年(1796)８月	異国船１艘．14人	陸奥国本吉郡十三浜
寛政12年(1800)12月11日	唐船１艘．86人	遠江国山名郡湊村沖
寛政12年(1800)12月15日		
寛政12年(1800)12月16日		
享和１年(1801)２月12日		
享和１年(1801)12月		
文化４年(1807)４月19日	南京商船１艘．87人	下総国海上郡銚子湊
文化13年(1816)２月８日	南京商船１艘．90人	伊豆国加茂郡下田湊
文政９年(1826)２月	唐商売船１艘．115人	遠江国榛原郡下吉田村

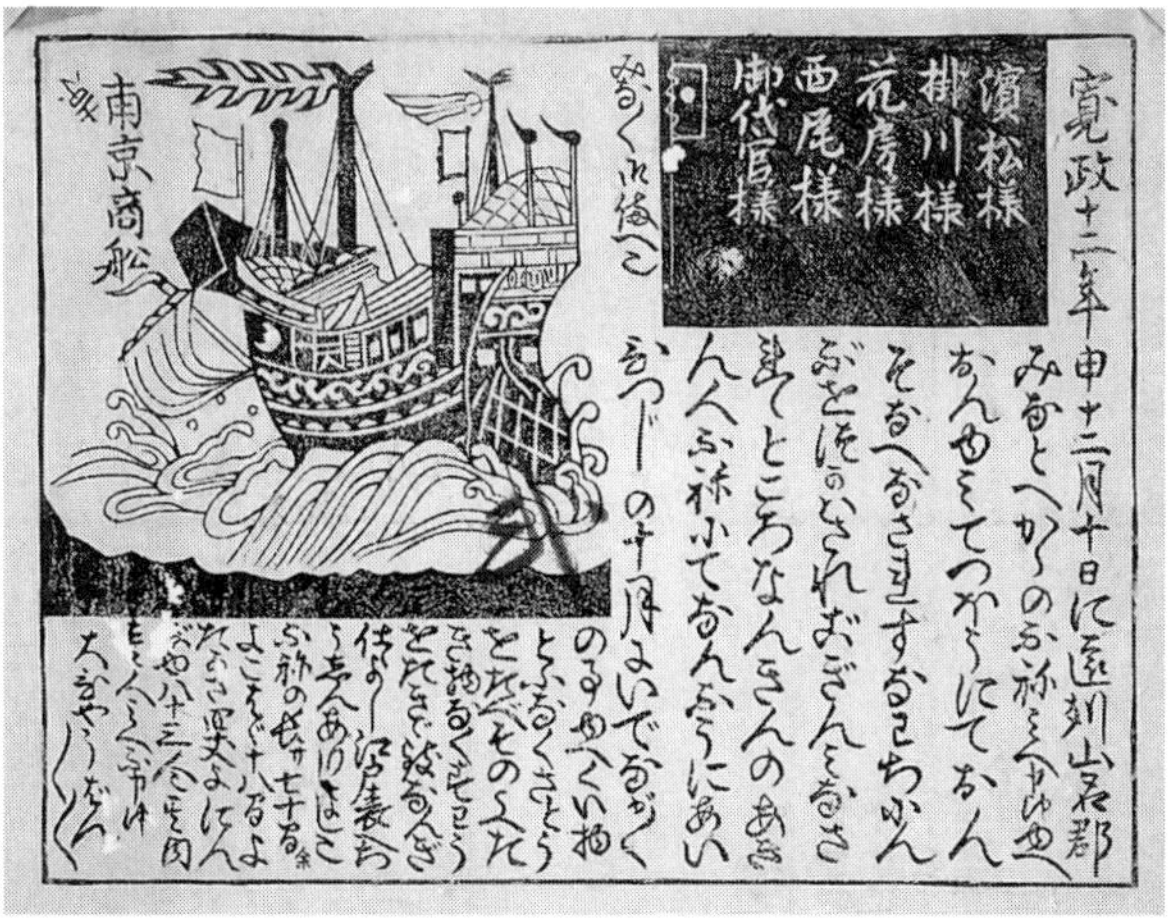

図10　寛政12年遠州漂着南京船瓦版　関西大学東西学術研究所所蔵

表8　未着船

出航湊
〈出羽〉酒田6
〈陸奥〉江之網浜4　荒浜4　寒風沢4　小渕1　小名浜1
〈越後〉新潟2
〈越前〉三国湊2
〈摂津〉大坂河口2
〈常陸〉平潟1　〈遠江〉新居1　〈播磨〉高砂1　〈備前〉金岡1
〈備中〉笠岡1　〈豊後〉右馬丞浦1　〈肥前〉浜崎・満島1
積載年貢米産地
出羽11　陸奥11　越後2　越前2　摂津2
常陸，遠江，播磨，備中，美作，筑後，豊後，肥前　各1

注(1)　33件(34通中，1通は再触れ)．米産地に複数記載あり．
注(2)　下線の湊・産地のみ長崎行き．他はすべて江戸行き．

た漂着三七通のうち、一通は二件を含むために件数としては三八件。ただし、二件は同一内容のため実件数は三六件だった。

表8に、未着船の出航湊と積載年貢米の産地を示した。出航湊では出羽国酒田湊（山形県酒田市）が六件、ついで太平洋側の江之網《えのあみ》浜（福島県いわき市）、荒浜（宮城県亘理《わたり》郡亘理町）、寒風沢《さぶさわ》（宮城県塩竈市）が各四件となっており、積載米の産地も出羽国産と陸奥国産米が各一一件と突出している。江戸時代中後期、幕府年貢米を積み行方不明となった廻米船の多くは、出羽・陸奥米を積載して同地方の湊から江戸に向け出航した船だった。

漂着船に関するものを一点、要約して掲げる。文化八年（一八一一）七月六日、志摩国郡安乗《あのり》浦（三重県志摩市阿児《あご》町）の城米役人三橋安兵衛が、志摩・伊勢・尾張・三河・遠江・駿河・伊豆の海辺付き浦々・村々の庄屋・年寄に送ったものである。

出羽国池田仙九郎様御代官所（柴橋代官所、山形県寒河江《さがえ》市）ならびに当分御預かり所の去年の御年貢米のうち、当未年に江戸廻しとなった三千七百三十一俵三斗四升、欠米（付加税）ともに三斗七升入りの俵を、摂州大坂の河内屋仁兵衛船に（中略）積み込み、四月十日に沖船頭《おきせんどう》仁作など十人乗りで酒田湊を出帆した。それより（西廻りで）段々乗り廻して、同六月二十二日、紀州由良《ゆら》湊網代浦（和歌山県日高郡由良町）へ入津し滞船していたところ、二十六日天気が良くなったので、卯刻（午前六時頃）に右浦を出帆した。（中略）南風のため進みにくく沖に漂ううち、二十九日夜五ツ時頃（十時頃）からにわかに雨が降り出し西風になり、段々大風雨になった。高波がおびただしく凌ぎがたいので御米を刎《は》ね捨て、（中略）七月朔日七つ頃（午後四時頃）ようやく志摩国安乗浦へ乗り入れた。と、このようなことである。そこで、捨て荷の御米はもちろん、縄俵に至るまで村々へ流れ寄るか沖間で見受けるか、あるいは地引網などに掛かり揚げた時はその所に留め置き、早速我ら方まで注進するように。村々はこれらの有無を請書に記して印形いたし、昼夜なく刻付けをして早々に順達し、留まり村から村継ぎでわれら方へ返却せよ。

表9　漂　着　船

出　航　地
〈出羽〉酒田3
〈陸奥〉寒風沢2　棚塩1　荒浜1
〈越後〉今町1　沼垂浦1
〈遠江〉福田1　〈伊勢〉桑名4　川崎1　〈志摩〉安乗浦1
〈大坂〉河口3　〈丹後〉岩滝1　〈播磨〉高砂1
〈備前〉金岡2　福島1　〈備中〉笠岡1　〈石見〉温泉津1　〈長門〉越ヶ浜1
〈伊予〉菊間1　〈豊後〉致部浦？1

遭難海域　(　)内は漂着地
〈上総〉上総沖
〈安房〉須崎沖(志摩安乗浦)
〈江戸〉江戸沖(伊豆岩池村)
〈伊豆〉伊豆沖　伊豆沖(子浦湊)　伊豆沖(志摩片田村)
〈遠江〉遠州灘・豆州灘(相模三崎湊)　横須賀沖(伊豆新島)　御前崎沖(志摩安乗浦)　掛塚沖(志摩宗長藻地)　？(相良浜)
〈三河〉渡間口(志摩安乗浦)　三州～遠州沖(紀伊九木浦)　三州～遠州沖(駿河清水湊)　三河(志摩国東村)　三河沖(志摩安乗浦)　？(高松村・浜田村)
〈志摩〉安乗浦沖(安乗浦)　大王崎沖(波切村)　？(安乗浦)　志和具村沖(波切村)　安乗浦(鳥羽浦)　志摩沖(安乗浦)　志摩沖(安乗浦)　波切村(同左)　片田村(同左)
〈紀伊〉紀伊～志摩沖(安乗浦)　嶋勝浦沖(同左)　紀州(安乗浦)　紀伊(同左)　紀州沖(志摩片田村)

注　出航地・漂着地の記載があるもののみ.

志摩半島中央部の的矢《まとや》湾に面するこの安乗浦は、江戸～大坂間や西廻りで日本海側から江戸に向かう航路の重要な寄港地である。幕府年貢米（御城米）輸送を扱う「御城米役人」が任命されており、触れは御城米役人三橋氏によるものであった（『新版阿児町史』）。漂着船の出航地と遭難海域および漂着地を表9に示した。遭難海域・漂着地が三河、志摩、遠江など東海地方に多いのは、出典が三河国刈谷町の留帳であることによるだろう。一方、漂着船の出航地の方は、陸奥・出羽のみならず山陽・山陰・四国・九州に広がっている。どの地方からの出航船にとっても、この海域は難所だったことがわかる。

発信者・宛所との相関　幕府年貢米回漕船の遭難という共通テーマではあるが、行方不明の未着船と、漂着船遺棄物の捜索では、発信者や宛所に大きな違いがあった。表10に未着・漂着別に整理してみた。宛所は後述テーマの分類も勘案し、次の五つに区分している。

①東海（伊豆～志摩）
②江戸（武蔵）・相模～東海
③東海プラス紀伊・和泉（・淡路）・摂津
④江戸（武蔵）・相模～東海～紀伊・和泉（・淡路）・摂津（大坂）
⑤④を越えるか、もしくは④と異なる範囲

表10　未着・漂着浦触の発信者と宛所

	未着　33						漂着　36						計
宛所区分	①	②	③	④	⑤	不明	①	②	③	④	⑤	不明	
幕府勘定所		5		24		1	1	1		4		1	37
幕府代官所				1	1		2						4
城米役人							13					1	14
大名家臣						1	1	2	1				5
庄　屋							7						7
湊年寄							1						1
不　明												1	1
計	0	5	0	25	1	2	25	3	1	4	0	3	69

本表によれば、テーマに対応して、発信者も宛所の範囲も違っていた。

未着船の場合はほとんどが幕府勘定所触れであり、多くが④を範囲とした。これとは対照的に漂着船の場合は①で、志摩国安乗浦の幕府城米役人や沿岸村庄屋からというケースが中心だった。これは先の漂着船のように、東海海上で遭難・漂流した難破船の多くが志摩半島東岸に漂着したことによるものである。他海域での漂流・漂着は、その海域を中心に廻されたことであろう。

代官派遣、流人逃亡など

幕府代官の伊豆付き島への見分予告や伊豆流刑地からの逃亡流人探索も、この地方の主要テーマだった。あわせて四六通、内訳は前者が二五通、後者が二一通ある。

一例ずつあげてみよう。

○寛政八年（一七九六）辰四月十一日。発信者は幕府勘定所。

・宛所……「武蔵、相模、伊豆、駿河、遠江、三河、尾張、伊勢、志摩、紀伊、淡路、和泉、摂津、播磨、備前、浦付き御料・私領・寺社領　名主・組頭」

・本文……この度伊豆国付き島々見分御用として、御代官三河口太忠ならびに同人の手付二人と、差し添えの御小人目付《こびとめつけ》二人を差し遣わす。万一難風に逢うか、破船した場合は、浦々から早速に引き船を差し出して援助するように。もちろん御用物が流出しないよう太忠らの指図を受けよ。海辺付き村々の百姓共へもきっと申し渡し置くこと。御用物などが流れ着いたならばその所へ留め置き、最寄りの代官所へ早々に申し出よ。もし隠し置き後日に判明した場合は刑に処する。

○文政四年（一八二一）七月。発信者は幕府勘定所。

・宛所……「江戸鉄砲洲本湊町より志州鳥羽浦まで、海辺浦々　名主・組頭」

・本文……先だって新島へ送った流人の五名、すなわち（江戸）堺町吉右衛門方に居住の入墨吉兵衛、本庄無宿半右衛門こと半兵衛、無宿の新助、下柳同朋町与八店慎太郎方の庄次郎、武蔵幡羅《はたら》郡下楢村（埼玉県熊谷市）百姓清右衛門の倅清次郎らが、当七月朔日夜、若郷《わかごう》村の浜に揚げ置いた百姓弥兵衛の漁船や帆・舟道具を盗み取り、同島から逃げ去ったという注進があった。右に該当するような怪しい者が着岸した時はその場に捕え置き、早々に杉庄兵衛（幕府伊豆代官）役所に届け出よ。

幕府代官の伊豆付き島見分は、武蔵から東海・上方の国々に加えて備前までを範囲とすることを通例とした。同じ系統の触れは「阿波、讃岐、伊予、土佐」を宛所にして伊予の小浜村にも廻っていた（「プロローグ」）。対して逃亡流人の捜索は、江戸～志摩間が範囲だった。逃亡先を江戸～東海間と想定しての地方限定版ということになる。流人逃亡二一通の島別内訳は、八丈島・三宅島が各七通、新島六通、大島一通であった。

藩領・国境を通貫

ところで、「刈谷町庄屋留帳」では、浦触の受け渡しを藩庁（刈谷藩）へ報告するとか、藩からのサポートがあったというような記事は見当たらず、また机上の時刻割り設定などの痕跡もない。この地方では特段の作為なく、指示通りに海辺村々を順達する形が常態だったと見られる。

たとえば、寛政八年（一七九六）十月十七日に受理した漂着異国船の長崎回漕触れには、次のような庄屋の覚書がある。

浦御触御本紙一通、但し封のまま。浦御触写一通。御添書一通。荒井改め書一通。村々請書（雛形）一通。〆五品。白木箱入り、ふた少々損じ。外に村々送り書二巻。右は辰中刻（午前八時前後）に、元かりや（元刈谷）村より受け取り、巳上刻（午前九時前後）、緒川《おがわ》村（愛知県知多《ちた》郡東浦町）へ遣わす。

白木箱入りの書類一式および村々送り書を元刈谷村から受け取り、すぐに緒川村に送付したとする。元刈谷村は刈谷町の南隣にある同じ刈谷藩領の村、また西隣の緒川村は国境の境川を挟んで対岸の尾張国側に位置し、名古屋藩領（六一万九千五百石）であった。自領・他領の別なく、また国境もとくに意識されずに順達されている。東から西に送られる場合はこの順で、西から東へは逆を辿った。なお、一式に含まれる「荒井改め書一通」とは新居《あらい》関所通行に関わる書類であろうか。

刈谷町に至る二〇ヵ村ほどの村継ぎ順が、漂流した飛驒国産御用材の捜索を命じた享保

表11　村継ぎ村順

郡	村	領主	現在
碧海郡《へきかい》	刈谷町	刈谷藩	刈谷市
	元刈谷村	同	同
	小垣江村	同	同
	吉浜村	同	高浜市
	高浜村	同	同
	大浜村	幕府領	碧南市
	棚尾村	旗本竹田・酒井，岡崎藩	同
幡豆郡《はず》	平七村	岡崎藩	碧南市
	鷲塚村	同	同
	平坂村	西尾藩	西尾市
	寺津村	大多喜藩	同
	巨海村	同	同
	水浜村	西尾藩	同
	北須村	同	同
	平嶋村	同	同
	中外沢村	同	同
	赤羽村	同	同
	味浜村	同	同
	一色村	同	同

注　岡崎藩（水野氏，譜代，６万石）
　　西尾藩（土井氏，譜代，２万3000石）
　　大多喜藩（大河内氏，譜代，２万石）

十七年（一七三二）触れからわかる。墨で汚されていたとして、返却先の幕府赤坂代官所（豊川市）の命令で、順路を逆に辿り犯人村探しがなされたためである。刈谷町から墨付け犯だった一色村までの村順を表11に示した。藩領の入り組みにかかわらず順達された様子がよくわかる。

刈谷地方では、四国や肥後天草のような藩のサポートや大庄屋の差配もなく、浦触は日常的に藩領や国境の壁を越え、村順に従って横断ルートで継ぎ送られていた。

瓦と材木

さて、刈谷町地域の場合、中心テーマは材木と瓦・銅の回漕であった。表5（八五頁）によれば、瓦や銅などの回漕予告は第二位の一四四通である（二三・〇パーセント）。これらは数通の例外を除いて、大坂船手と町奉行から大坂～江戸間の浦々に宛てられていた。次のような形が典型である。

瓦や銅・錫の回漕

御用瓦を大坂より江戸へ廻船にて積み下す。近日出船するので、もし海上で難風に逢うか、または急用があった場合は浦々で滞りなく応対するように。船頭に証文は持たせず、御用瓦という印を立てさせているので、心得ておくように。この触れ状は浦から浦へ順々に廻し、触れ留まりから能登守の江戸屋敷へ提出せよ。

宝暦戊寅（一七五八）（八）年七月　林藤四郎（忠久・大坂船手）

興津能登守（忠通・大坂町奉行）
岡部対馬守（元良・同）
摂州大坂より江戸品川、西葛飾郡小名木《おなぎ》村まで
御料・私領浦々　庄屋・年寄

幕府御用の瓦を江戸へ回漕する、非常時には支援せよ、船には「御用瓦」の旗印を立てる、としている。大坂船手と町奉行の連名で、出航地の大坂から目的地の江戸までの浦々宛である。延享四年（一七四七）以前は「大坂より江戸まで」と記されるのみだが、その後「品川～小名木村（江東区）」と、江戸の範囲を具体的に示すようになった。

これらの触れにも、しばしば刈谷町庄屋の覚書が付記されている。右の事例の後には次のようにある。（a）が刈谷町から元刈谷村への送り状の控、（b）が庄屋のメモ書きである。

（a）
覚
一、御用瓦のお積み下しについて、白木箱入りの御触れ状一通と村々の送り状一巻を尾州緒川村より受け取りました。貴村へ差し送りますので、先村へ御順達ください。
以上。
八月十三日夜
三州碧海郡刈谷町庄屋　太左衛門　印
同国同郡元刈谷村庄屋衆中

（b）右の御触れ、八月十三日暮れ六つ時（六時頃）に尾州緒川村より受け取る。同夜六つ時過ぎ（七時前頃）に元刈谷村へ差し送る。使い　源七・長吉

緒川村から白木箱入りの浦触と村々の送り状一巻が送り届けられた。刈谷町ではすぐに送り状をしたため、源七と長吉に持たせて書類一式を元刈谷村に送った、と記している。

この大坂役人触れでは、村々が押印する請印帳は付帯されなかったが、触れと一緒に隣村へ手渡される送り状が村継ぎの証拠になったものと思われる。

表12　大坂から江戸への回漕品目

年	全	(土)瓦	銅瓦	地丁銅など	その他
1731～1740	11	9			2
1741～1750	9	9			
1751～1760	16	16			
1761～1770	9	8			1
1771～1780	4	3		1	
1781～1790	5	4			1
1791～1800	22	12	7	3	
1801～1810	5		4		1
1811～1820	7	1	1	5	
1821～1830	6			6	
1831～1840	20	1	4	11	4
1841～1850	11	1	1	6	3
1851～1860	15	2	1.5	6.5	5
1861～1868	4			4	
計	144	66	18.5	42.5	17

銅瓦・地丁銅

大坂から江戸への幕府御用物産は瓦（土瓦）が過半を占め、ほかに「銅瓦」「地丁銅」「紅毛錫」などもあった。表12は品目別に通数を数えたも

のである。

江戸時代の瓦研究を紐解くと、江戸城など特別な建造物の御用に供する土瓦は、大坂の瓦師によって製造されていた。たとえば元禄十六年（一七〇三）十二月、御瓦師寺嶋藤左衛門は、大坂町奉行から江戸城用の瓦二八六万一千枚の注文を受け、職人六〇〇人を指揮して六〇日ほどで丸瓦、平瓦、巴瓦、長屋瓦などを製造した。翌宝永元年にかけて順次江戸へ回漕、その代銀は海上船賃を含め六〇三貫七〇九匁余に上ったという（今井一九八〇）。大坂役人の瓦触れは、こうした江戸への瓦積載船の航海安全のために発せられたものだったわけである。

ところで、表12によれば、一八世紀末期には新たに銅製瓦の回漕が始まり、またこの時期を境に「地丁銅」の輸送も急増していく。「地丁銅」とは精錬された加工用の方形の銅板で、銅瓦の原材料でもあった。この頃に幕府御用の中心が、瓦師製造の土瓦から銅吹屋製造の地丁銅・銅瓦へと大きく転換したことがよくわかる。

一八三一年以降の「その他」欄も注目される。内容は一二通のうち一一通が「紅毛錫」の回漕予告である。この時期に江戸幕府の錫需要が急増したことを示すデータとして興味深い。錫は銅とともに青銅（砲）の原料として不可欠であり、もっぱら輸入錫（紅毛錫）や薩摩産の錫が利用された。

材木の回漕

刈谷町の浦触のなかで、最多・最大のテーマが材木回漕である。幕府御用材の江戸・大坂への回漕予告や、流出した材木の探索・回収を命じる材木触れは全体の四割近くを占め、この地方の浦触を大きく特色づけるものとなっている。

一例として、材木触れが最も多かった天明八年（一七八八）を取り出してみよう（表13）。通達された一七通すべてが幕府の勘定奉行・勘定吟味役連名である。通常年に比べて著しく通数が多く、また行き先がすべて大坂なのは、この年正月に焼失した京都御所再建が理由のようだが、結果として材木産地や東海地方沿岸の積み出し湊がよくわかる年度となっている。

材木は信濃・伊豆・甲斐・駿河・遠江・三河・美濃などの山中から伐り出された桧や槻《けやき》（欅）・栂《つが》などである。それぞれの地域の河川を利用して川下しの後、駿河清水（静岡市）、同和田（静岡県焼津《やいづ》市）、遠江掛塚（同県磐田市）、三河平坂（愛知県西尾市）、同前芝（同県豊橋市）、尾張白鳥（名古屋市熱田区）などの湊から目的地（大坂安治川河口）に向かっている。宛所の範囲は、各輸送ルートにあたる河川の両側村および関係国の海辺村々である。

①の本文を示してみよう。

信州伊那《いな》郡小野川村（長野県下伊那郡阿智《あち》村）の御林から伐り出した桧・槻・栂の御

表13　天明8年（1788）材木触れ

内　容
①信濃伊那郡小野川村御林の桧・槻・栂材木
②伊勢大湊・桑名湊，尾張白鳥湊，遠江掛塚湊の桧・槻・栂材木など
③伊豆加茂郡天城山御林の槻・椴（とど）材木
④甲斐八代郡上佐野村御林の桧・栂・椴材木
⑤甲斐郡内領瀬戸村，奈良子村百姓山の槻・栂材木
⑥信濃・美濃村々よりの桧材木
⑦甲斐巨摩郡雨畑村御林・百姓山の桧・槻・栂・椴・唐松材木
⑧甲斐巨摩郡赤沢村御林の桧，槻・栂・椴・唐松材木
⑨尾張白鳥湊，三河前芝湊，遠江掛塚湊の桧・槻，三河・信濃村々桧材木
⑩遠江村々桧材木
⑪甲斐都留郡成沢村の栂材木
⑫三河・遠江村々桧材木
⑬遠江掛塚湊有木など
⑭駿河村々桧・栂材木
⑮遠江，駿河村々桧材木
⑯三河村々材木
⑰信濃・三河村々よりの桧材木

宛　所（主な河川，積み出し湊まで．その後の大坂安治河口までの国名は略）
①小野川村～天竜川～遠江掛塚湊
②伊勢大湊・桑名湊，尾張白鳥湊，遠州掛塚湊
③伊豆加茂郡川津川両側～谷津村・浜村浦
④甲斐八代郡上佐野村～佐野川～富士川～駿河清水湊
⑤甲斐都留郡瀬戸村・奈良子村～桂川～相模川～相模柳嶋
⑥美濃国恵那郡川木村～小谷川～矢作川～三河平坂湊，信濃国筑摩郡北小野村～天竜川～掛塚湊
⑦甲斐巨摩郡雨畑村～早川～富士川～駿河清水湊
⑧甲斐巨摩郡赤沢村～早川～富士川～清水湊
⑨三河八名郡長篠村～小谷川～吉田川～前芝湊，信濃伊那郡南山～天竜川～掛塚湊
⑩遠江周智郡領家村・地頭方村～天竜川～掛塚湊
⑪甲斐成沢村～駿州上井出村～宇留井（潤）川～清水湊

⑫三河設楽郡名倉村～小谷川～矢作川～平坂湊,
池端(場)村～吉田川～(前芝湊)
平山村・都具村～天竜川～掛塚湊
⑬遠江浜名郡神宮寺村～気賀川～掛塚湊
⑭駿河安部郡中平村・渡村など～安倍川～清水湊
⑮駿河志太郡桜地村～大井川～和田湊
⑯三河設楽郡田嶺村～吉田川～前芝湊, 古戸村～天竜川～掛塚湊
⑰信濃伊那郡向方村～小谷川～天竜川～掛塚湊,
三州設楽郡川田村～吉田川～前芝湊

図11　大船之図(「木曽式伐木運材図会」下巻, 林野庁中部森林管理局所蔵)

材木を、江戸霊岸島《れいがんじま》川口町の柏屋次兵衛と南八丁堀の山崎屋由兵衛に請負わせて、当年十月中に天竜川を流し、遠州掛塚湊で船積みする。不時の出水により川通りで御材木が流されるか、あるいは海上で破船して散乱することがあった時は、川通り村や海辺付き村々は総出で取り上げ置き、最寄りの代官所か御普請役の詰め場所へ早速注進して指図を受けよ。隠しおいて後日に露見した場合は処罰する。

本文の後には、材木に捺す四種類の極印《ごくいん》マークが示されている。添状は信濃国飯島陣屋（長野県上伊那郡飯島町）の幕府代官鈴木新吉がしたため、次のように命じていた。「請印帳に領主・地頭名、国郡村名を記し、村方役人が印形のうえ昼夜を限らず刻付けをもって順達せよ。留まり村から大坂谷町大屋四郎兵衛役所（大坂代官）に差し出せ。」

表14　材木触れの宛所

発信者	通数	宛所区分					
		①	②	③	④	⑤	⑥
幕府勘定所	201	19	102	30	26	6	18
その他	47	32	5	4	2	0	4
計	248	51	107	34	28	6	22

宛所の範囲

材木触れの宛所には、範囲を東海地方に限定した比較的ローカルなものから、武蔵～大坂間といった広域対象までいろいろあった（表14）。

同表によれば全二四八通のうち、②江戸（武蔵）・相模～東海地方を範囲とするものが半数近くの一〇七通（四三・一パーセント）を占め、ついで①伊豆〜志摩間、③東海〜摂津間と続く。発信者別では、幕府勘定所は圧倒的に②が多く、その他（幕府代官、藩役人、地元村役人など）は①が中心である。全国への一斉送信の一環と思われる④の江戸〜大坂間や、広域対象の⑤が相対的に少ないことからもわかるように、刈谷町地方を行き交った材木触れは、東海地方から搬出される大量の幕府御用材木回漕をテーマにした、とりわけこの地方に特徴的な浦触と評することができる。

以上、「刈谷町庄屋留帳」に書き留められた浦触を概観した。この地方では四国・九州とは比較にならない大量の浦触が、東から西へ、また西から東へと頻繁に行き交っており、内容も、材木や瓦・銅の回漕を中心に多岐にわたるものであった。

幕府触れ・藩触れと浦触

幕・藩触れとの比較

ところで、浦触は、幕府触れ・藩触れ（領内触れ）と比べた場合、数量的にどの程度の割合を占めただろうか。触れ全体の中での浦触の位置を探るために、南京商船の漂着した文化四年（一八〇七）と通数の最も多かった安政四年（一八五七）を選び、それぞれ比較してみた。

表15は、両年の触れ全体を対象に、通数と割合を示したものである。まず文化四年（一八〇七）を見ると、この年の総数は六五通。うち浦触は六通、南京商船漂着のほか、材木回漕、美濃・伊勢年貢米江戸回漕、八丈島御用船関係などであった。全体に対する割合は九・二パーセントにあたる。

刈谷藩庁を通じ下達ルートで同藩領々民に届いた幕府触れは、この年は五通あった。

・二月二十九日　琉球使節の参府・帰国費用の割り当て金（国役金《くにやく》）の提示。
・七月十二日　蝦夷に到来のロシア人の様子。
・九月十四日　孝行・奇特者の褒賞。
・十二月十三日　公儀姫君の名「安」と同名の者は改名するように。
・十二月十七日　おろしや船打ち払い令。

全体に対する比率は七・七パーセント。この年は対外関係に関わるものが多かった。

これに対して、自領主の刈谷藩からの藩触れは全体の八三・一パーセントにあたる五四

表15　幕府触れ・藩触れと浦触

文化4年(1807)

種別	項目	通数	割合(%)
刈谷藩触れ(54)	徴税	17	83.1
	見分	5	
	人事	5	
	人別	3	
	労役	3	
	呼び出し	1	
	その他	3	
	雇人足	17	
幕府触れ		5	7.7
浦触		6	9.2
計		65	100

安政4年(1857)

種別	項目	通数	割合(%)
刈谷藩触れ(51)	徴税	11	68
	見分	3	
	人事	3	
	人別	1	
	労役	5	
	呼び出し	11	
	奉加	5	
	鳴物停止	4	
	調練	3	
	その他	5	
幕府触れ		4	5.3
浦触		20	26.7
計		75	100

通を数える。内訳は年貢などの徴税関係、御普請所や作柄見分のための藩役人の廻村、藩役人や町村役人の人事、宗門人別改めなどである。通数、内容ともに、やはり江戸時代の統治システムの中核は藩であったことがよくわかる。

藩触れのうち「雇人足」一七通はやや特殊で、東海道の宿場町知立《ちりゅう》宿（刈谷藩領、愛知県知立市）に提供する五ヵ町村（刈谷、元刈谷、熊、高津波、百姓）からの人夫の徴発令である。これらの町村は、幕府老中や大坂城代、紀州藩などの通行に際して人馬提供を求められ、刈谷町へはその都度一二人ないしは一八人が割り当てられた。つまり、この触れは藩から領内町村宛という点で藩触れに含まれるが、内容的には幕府の広域道路行政に関するものであり、幕府と藩の両方に係るといってよい。ただし、この形での人夫徴発は天保六年（一八三五）を最後にしてなくなっている。この頃に何らかの制度変更があったと推測される。

安政四年の場合

同じく表15で安政四年（一八五七）分をみてみよう。こちらは全体で七五通。浦触の割合は二六・七パーセントと、文化四年に較べて高い比率を占めている。他方、藩触れは通数ではやや減少するものの、知立宿への人夫提供を除いた割合では、こちらも増加している。

二〇通にのぼる浦触の分類は表16となる。定番テーマの年貢米回漕船未着や御用材流失、地丁銅回漕のほか、異国形船の通船関係が目に付く。
一方、幕府触れは、文化四年に較べて一通減少して四通。
・四　月　諸国新田開発に関する基準の緩和。
・閏五月　鉄銭「箱館通宝」の通用範囲。
・十一月　通用停止の古金銀引き換え締切期日の変更。
・十一月　長崎・箱館にて交易許可の件。
全国統治に関する新田開発、銭貨流通、外交がテーマである。
触留帳に書き留められた触れをこのように分類し比較すると、改めて浦触の特色が明瞭になる。すなわち、最も多い割合の藩触れが藩領内の統治にかかわる諸々をテーマにし、また幕府触れが広く外交や流通問題を扱うのに対して、浦触は幕府御用の海運・海難問題を中心テーマとした特色ある触れであった。

表16　安政4年（1857）の浦触

内　　容	発　信　者	通数
異国形船などの航行	幕府勘定所	8
年貢廻米積船未着	同上	2
八丈島流人逃亡	同上	2
尾張殿献上用材流失	同上	1
伝習所観光丸航行	大坂船手・町奉行	1
地丁銅回漕	同上	1
西洋筒回漕	同上	1
飛騨御用木流失	白鳥湊御用場	1
江戸廻籾積船難破	志摩片田村庄屋	1
難破船・積荷捜索	井上河内守（浜松藩）	1
溺死者捜索	桑名湊舟年寄	1

江戸前期の浦触

老中奉書と古記録から

詳細な「刈谷町庄屋留帳」によって、東海を中心に、東は江戸から西は大坂方面に至る浦触廻達の様相がリアルに浮かび上がってきた。しかし、惜しむらくは留帳の記述は十八世紀に入ってからであった。この地方の江戸時代初期・前期の様子を知りたい。と、あちこち探し回る中で、手掛かりとなるいくつかの史料に出会うことができた。

一点は、畏友藤井譲治氏の大著『江戸幕府老中制形成過程の研究』に収録された寛永十三年（一六三六）六月一日付けの老中触れである（藤井一九九〇）。時の幕府老中四名が「江戸より大坂まで浦々湊々、給人衆・御代官衆」に宛てた、上方から江戸へ向かう米船や材木船の破船に関する指示である。

この度、上方から江戸へ廻す米船や材木船などが破損したとのことである。浦々に材木や米・船などが流れ着いたときは、その所の者が取り揚げ置くこと。今後とも承知するように湊々浦々へ十分に申し付けよ。委細は伊奈半十郎（忠治、勘定頭）・大河内金兵衛（久綱・同）から申し渡す。

宛所の「給人衆・御代官衆」がポイントである。この部分を「名主・組頭」などに書き換えれば、まさに浦触の書式・内容そのものであるが、ここでは幕府触れとして、幕府老中から「給人衆（大名や旗本）・御代官衆（幕領管理の代官）」に宛てられているのである。浦々湊々はこの指示を、自領主である大名・旗本・代官などを通じて受理する形となっている。

つまり、この触れは、江戸初期（十七世紀前期）にはいまだ浦触型は存在せず、後に浦触のテーマとなる幕府御用産品の回漕なども、幕府（老中）触れの形で個々の領主に下達されていたことを明瞭に示している。換言すれば、浦々や海辺村宛の浦触は、広く国政を対象とする老中触れの中から、公儀御用物産の回漕や流人・異国船の護送部分が分岐し独立したもの、とすることができよう。後に浦触の中心的発信主体となる勘定頭（勘定奉行）も、この段階では廻達の補助的な位置にあった。

では、海辺村を直接の宛所にした浦触はいつ頃から姿を現すのだろうか。今のところ、その初見は、紀伊国田辺藩（安藤氏、譜代、三万八千石）の大庄屋田所家の「紀伊国田辺万代記」に掲載された、万治元年（一六五八）の公儀銀回漕船援助令である。大坂町奉行二名と大坂船手の連名で出されている。

公儀御銀を大坂から江戸へ積み廻すので、難風の時は浦々から船を出し破損がないよう精を入れて援助せよ。もし船が破損した時は、所の者が立ち合い念を入れて改め、浦々御定めに従い、そのうえで浦手形を出すようにすること。船懸りの所で船頭や水主が逗留しないようにせよ。日和が悪い場合は逗留の日数を書き付けて置き、日和次第早速出航させせよ。船頭・水主が無益に浦々で日数を送り江戸へ遅参する船があった場合は、穿鑿《せんさく》のうえ、船頭・水主はもちろん、その所の者も曲事《くせごと》を申付ける。右の通り浦々はよく調べるように、あらかじめ申し置く。この状は江戸町奉行所へ提出せよ。

（万治元年、一六五八）
戌三月十四日　　民部　印判（小浜光隆・大坂船手）
　　　　　　　　隼人　印判（松平重綱・大坂町奉行）
　　　　　　　　丹波　印判（曽我古祐・同）
　　　　　　　　　　大坂より江戸まで、浦々年寄

＊浦手形＝廻船が遭難した際に、最寄りの浦の浦役人の検査を受けて作成する残存荷物や船具の目録。浦切手、浦証文とも。

「万代記」は戦国期より書き継がれた古記録である。どうやら東海地方を挟む江戸〜大坂間においては、この頃に浦触の登場があったとみられる。

「田原藩日記」

東京麻布の東京都立中央図書館で偶然に、「万代記」から「刈谷町庄屋留帳」までの間、万治元年（一六五八）から宝永七年（一七一〇）に至る五〇年ほどの空白を埋める史料に出会った。刈谷町と同じ三河国の田原藩（三宅氏、譜代、一万二千石）の藩政日記である。寛文四年（一六六四）の入封のしばらく後から維新期に至る二百余年にわたり書き継がれていた。田原町・田原町文化財保護審議会編集『田原藩日記』一〜一一巻として、現在、文政十三年（一八三〇）までが活字化されているが、この中に藩領内を通過した江戸前期の浦触がたくさん書き留められていた。

ちなみに、この日記に出会った都立中央図書館三階の人文科学系資料・閲覧室では、開架書棚から全国各地の自治体史や史料集を自由に手に取って読むことができる。とりわけ全国にまたがるようなテーマを研究する者にとっては、まことに得難い環境であり、この閲覧室がなければ、私がこの史料と巡り合うことはなかっただろう。

日記は「万留帳」「御祐筆部屋日記」「御留守居中御用日記」など、複数の部局で記された各種が混在するが、さしあたりこれらの中から、起筆の寛文十年（一六七〇）より「刈谷町庄屋留帳」が始まる宝永七年（一七一〇）までの時期に限って浦触記事を拾い、発信

内　　容
唐船作り御船を長崎より江戸へ廻す
唐船作り御船を江戸より長崎まで遣わす
唐船作り御船、長崎より江戸へ帰帆※ （幕府勘定頭・長崎代官の添状あり）
唐船作り御船を江戸より天草まで遣わす （幕府勘定頭の添状あり）
出羽御城米（年貢米）船を江戸まで回漕 （幕府勘定頭の添状あり）
隠岐への流人船を大坂まで回漕
禁中作事材木を大坂まで回漕
禁中作事材木を大坂まで回漕
安宅丸修復材を日向より江戸まで回漕※ （幕府勘定御奉行衆の添状あり）
江戸上野御用石を御影より回漕
安宅船帆柱を伊勢大湊より江戸まで回漕
日向美々津より御材木を江戸まで回漕※
遠江沖で流失の御用材木の捜索
相良遠江守進上材木を江戸まで回漕
御用木を信濃遠山より江戸まで回漕 （三島代官の添状あり）
御用木を甲斐河内山より江戸まで回漕※ （幕府勘定奉行の添状あり）

料金受取人払郵便

本郷局承認

3492

差出有効期間
2021年7月
31日まで

郵便はがき

113-8790

東京都文京区本郷7丁目2番8号

吉川弘文館 行

愛読者カード

本書をお買い上げいただきまして、まことにありがとうございました。このハガキを、小社へのご意見またはご注文にご利用下さい。

お買上**書名**

＊本書に関するご感想、ご批判をお聞かせ下さい。

＊出版を希望するテーマ・執筆者名をお聞かせ下さい。

お買上書店名　　区市町　　書店

◆新刊情報はホームページで　http://www.yoshikawa-k.co.jp/

◆ご注文、ご意見については　E-mail:sales@yoshikawa-k.co.jp

ご氏名《ふりがな》	年齢　　歳　　男・女
〒 □□□-□□□□ ご住所	電話
ご職業	所属学会等
ご購読新聞名	ご購読雑誌名

今後、吉川弘文館の「新刊案内」等をお送りいたします(年に数回を予定)。
ご承諾いただける方は右の□の中に✓をご記入ください。　□

注文書

月　　日

書　　名	定　価	部　数
	円	部
	円	部
	円	部
	円	部
	円	部

配本は、○印を付けた方法にして下さい。

イ. 下記書店へ配本して下さい。
(直接書店にお渡し下さい)

(書店・取次帖合印)

書店様へ＝書店帖合印を捺印下さい。

ロ. 直接送本して下さい。

代金(書籍代＋送料・代引手数料)は、お届けの際に現品と引換えにお支払下さい。送料・代引手数料は、1回のお届けごとに500円です(いずれも税込)。

＊お急ぎのご注文には電話、FAXをご利用ください。
電話 03−3813−9151(代)
FAX 03−3812−3544

表17　老　中　浦　触

発信年月日	宛　所
寛文10年(1670) 2月12日	江戸～大坂
寛文10年(1670) 11月15日	武蔵．相模．伊豆．駿河．遠江．三河．志摩．伊勢．紀伊．阿波．土佐．伊予．豊後．豊前．周防．長門．筑前．肥前
寛文11年(1671) 1月	長崎～江戸
寛文11年(1671) 7月	江戸～長崎
寛文11年(1671) 12月21日	江戸～出羽秋田
寛文12年(1672) 5月	江戸～大坂
延宝1年(1673) 1月4日	江戸～大坂
延宝2年(1674) 9月13日	江戸～大坂
延宝7年(1679) 11月24日	日向～江戸
延宝8年(1680) 9月15日	大坂～江戸
天和1年(1681) 12月16日	伊勢大湊～江戸
天和2年(1682) 5月14日	日向美々津～江戸
貞享3年(1686) 1月26日	相模～伊勢
貞享3年(1686) 8月4日	肥後八代～江戸
元禄2年(1689) 5月	伊勢．三河．遠江．駿河．伊豆
元禄2年(1689) 7月22日	遠江．三河．伊豆．相模

注　※印は他藩経由

内　　容
城米積船を大坂より江戸まで回漕
公儀小早船用の皆具回漕
公儀御用杉木腕木を大坂より江戸まで回漕
公儀御用桧帆柱を大坂より伊豆三崎まで回漕
公儀御用杉障子板を大坂より江戸まで回漕
公儀御用杉木腕木を大坂より江戸まで回漕
公儀御用杉大桁を大坂より江戸まで回漕
公儀御用杉障子板を大坂より江戸まで回漕
公儀御用桧帆柱を大坂より清水まで回漕
流人船を大坂まで回漕
隠岐への流人船を大坂まで回漕
流人船を大坂まで回漕
公儀御用炭を江戸まで回漕
公儀御用炭を江戸まで回漕
御用榑木を江戸まで回漕
流人船を大坂まで回漕
御用木を江戸まで回漕
江戸本丸御用瓦を江戸まで回漕
御用杉障子板を江戸まで回漕
御用瓦を江戸まで回漕
隠岐島への流人船を大坂まで回漕
薩摩島への流人船を大坂まで回漕
御用木を江戸まで回漕
御用ふのりを江戸まで回漕
御用瓦を江戸まで回漕
伊予へ御放島回船回漕
御用石を江戸まで回漕
御用大銭を江戸まで回漕

表18　大坂船手などの浦触

発信年月日	発信者	宛　　所
寛文10年(1670) 6月19日	大坂船手・町奉行	大坂～江戸
寛文12年(1672) 12月19日	同上	大坂～伊豆三崎
延宝5年(1677) 7月15日	同上	大坂～江戸
延宝5年(1677) 8月晦日	同上	大坂～伊豆三崎
延宝5年(1677) 10月11日	同上	大坂～江戸
延宝6年(1678) 11月12日	同上	同上
延宝7年(1679) 6月14日	同上	同上
延宝7年(1679) 6月14日	同上	同上
延宝9年(1681) 1月23日	同上	大坂～清水
天和3年(1683) 4月5日	幕府船手	武蔵芝浦～大坂
天和3年(1683) 12月11日	幕府船手	江戸～大坂
元禄2年(1689) 10月9日	幕府船手	武蔵芝～大坂
元禄2年(1689) 11月23日	大坂町奉行	大坂～江戸
元禄2年(1689) 12月13日	同上	同上
元禄3年(1690) 3月15日	大坂船手・町奉行	同上
元禄4年(1691) 閏8月12日	幕府船手	武蔵芝浦～大坂
元禄5年(1692) 9月11日	大坂船手・町奉行	大坂～江戸
元禄6年(1693) 10月24日	大坂町奉行	同上
元禄7年(1694) 2月12日	大坂船手・町奉行	大坂～江戸芝
元禄7年(1694) 3月26日	同上	大坂～江戸
元禄8年(1695) 7月1日	幕府船手	武蔵芝浦～大坂
元禄12年(1699) 3月1日	同上	同上
元禄16年(1703) 12月27日	大坂船手・町奉行	大坂～江戸
元禄17年(1704) 1月7日	同上	同上
元禄17年(1704) 1月7日	同上	同上
宝永2年(1705) 2月29日	幕府船手	江戸芝～大坂
宝永3年(1706) 4月25日	大坂船手・町奉行	大坂～江戸
宝永5年(1708) 6月26日	同上	同上

内　　容
出羽御城米を江戸まで回漕（大坂船手・町奉行の添状あり）
御用木を伊予宇摩郡より江戸まで回漕@
御用木を遠江より江戸まで回漕@
御用木を信濃より江戸まで回漕@
御用木を駿河より江戸まで回漕@
御用木を飛驒より江戸まで回漕
御用木を三河より江戸まで回漕@
御用木を甲斐より江戸まで回漕@
御用木を飛驒より江戸まで回漕@
御用木を信濃より江戸まで回漕@
御用木を飛驒より江戸まで回漕@
御用木を飛驒から江戸まで回漕@
公儀城米船，播磨高砂沖にて遭難
遠江沖で流失の御用材木の捜索

表19　幕府勘定所などの浦触

発信年月日	発信者	宛　　所
寛文13年(1673) 2月	勘定頭	大坂～江戸
元禄4年(1691) 3月	勘定奉行	伊予．讃岐．備前．播磨．摂津．和泉．阿波．紀伊．伊勢．尾張．三河．遠江．駿河．伊豆．相模．武蔵
元禄5年(1692) 5月	同上	伊勢．三河．遠江．駿河．伊豆．相模．武蔵
元禄5年(1692) 5月	同上	遠江．三河．伊勢．駿河．伊豆．相模．武蔵
元禄5年(1692) 5月	同上	伊勢．三河．遠江．駿河．伊豆．相模．武蔵
元禄6年(1693) 8月	同上	伊勢．尾張．三河．遠江．駿河．伊豆．相模．武蔵
元禄7年(1694)10月26日	同上	伊勢．三河．遠江．駿河．伊豆．相模．武蔵
元禄8年(1695) 7月	同上	伊勢．志摩．尾張．三河．遠江．駿河．伊豆．相模．武蔵．安房．上総．下総
元禄8年(1695) 5月	同上	尾張．三河．遠江．駿河．伊豆．相模．武蔵．上総．安房
元禄10年(1697) 8月	同上	伊勢．志摩．尾張．三河．遠江．駿河．伊豆．相模．武蔵．安房．上総．下総
元禄17年(1704) 6月	同上	伊勢．志摩．尾張．三河．遠江．駿河．伊豆．相模．安房．上総．下総．武蔵
宝永5年(1708) 2月	同上	志摩．伊勢．尾張．三河．遠江．駿河
元禄4年(1691) 4月26日	大坂代官	志摩鳥羽～三河．遠江．駿河．伊豆下田
元禄8年(1695) 7月12日	中泉代官	遠江新居村～三河伊良湖村

注　@印は請負商人経由

者別に並べてみた（表17〜19）。収録できた総数は五八通。四年間の欠本年を差し引いた三九年を分母に置くと年間一・五通弱となる。この地方では、すでに十七世紀後半には浦触は馴染みの触れだった。

五八通のうち最も多い発信者は幕府船手、および大坂の船手・町奉行で合わせて二八通。ついで幕府老中一六通と続く。「刈谷町庄屋留帳」段階で中心だった幕府勘定奉行（勘定頭）は一二通と相対的に少ない。しかも、興味深いのは三者の発信年代である。幕府船手と大坂船手・町奉行触れが継続して出されているのに対して、老中触れは元禄二年（一六八九）を最後とし、代わって元禄四年（一六九一）から、それまで老中触れの補助的位置にあった勘定奉行による独自発信が始まる。十七世紀末を境に老中浦触から勘定所浦触への移行がはっきり確認できる。

触れの内容は、中後期にも第一位を占めた幕府御用の材木関係が中心で過半の三三通、これに御用瓦や炭などの幕府御用八通を加えれば全体の七〇パーセントを超える。対して、城米《じょうまい》（年貢米）関係はいまだ少なくわずかに四通。テーマ第二位を占めた中後期とは対照的である。ほかに流人船の回漕予告が七通あり、寛文十（一六七〇）〜十一年には、長崎で製造された幕府の「唐船作り御船」の通航が合わせて四通廻った。

＊「唐船作り御船」とは、寛文十年（一六七〇）に幕府が長崎代官末次平蔵《すえつぐへいぞう》に命じて建造させた五

百石積みの唐船（ジャンク）である。同年から江戸〜九州天草間などで数度の実験航海を行い、好成績を収めた。延宝三年（一六七五）には小笠原諸島の探検・発見に貢献するなどの実績を上げたが、その後、末次失脚のため見捨てられ、天和元年（一六八一）解体という末路を辿った（『国史大辞典』石井謙治執筆）。

宛所の範囲は三一通が江戸〜大坂間で、一五通がこの区間の一部地域、また四通が上総、安房ないし下総を含む範囲となっており、これで全体の八六パーセント余を占める。他方、少数ながらより長距離・広域を対象としたものも八通あった。内訳は江戸〜九州間が六通、江戸〜出羽秋田と江戸〜四国が各一通である。

横断型の廻達

日記の最初から、浦触は横断ルートで廻っていた。寛文十年（一六七〇）十一月十五日付けの老中浦触本文の前には、こんな覚書が記されている。

（寛文十年）戌十二月二日の夜四つ時（午後十時頃）に、御老中様の御廻状が城下村（豊橋市）から久美原《ぐみわら》村（田原市六連町）に届く。浜田村（田原市赤羽根町）へ遣わした由である。同三日の七ツ半（午後五時頃）に和地《わじ》村（田原市）へ来り、小塩津《こしおづ》（田原市）へ遣わした由である。同四日七ツ半時（午後五時頃）に田原へと廻ってきた。

城下村は幕府領、久美原村は田原藩領、浜田村は幕府と田原藩の入り組み支配、和地村は田原藩領、小塩津村は幕府領であった。自領の久美浜村と和地村から逐一受け渡し時刻が田原藩庁に報告され、それが日記に記録されたのである。その後、触れは田原町へと廻って来た。

この渥美半島付近では、江戸発信のものは半島を遠州灘側（表浦）から三河湾側（裏浦）に回り込む形で、また大坂船手・町奉行など西からの場合は逆コースを辿った。こうした村順での廻達は、先代の戸田氏の時代（一六〇一～一六六四）からすでに固定していたという（寛文十一年二月二十九日条）。

藩継ぎ方式　しかし、中には異なる方式・ルートで廻るものもあった。表17の※印や表19の@印である。これらは、いずれも宛所には浦々や海辺村を掲げながらも、他藩を経由したり、伝達に商人を介在させる形で田原藩庁に到り、藩庁から領内に下達されるという方式をとっていた。

表17の※印は、他の藩庁などを経由して来た浦触である。たとえば延宝七年（一六七九）十一月二十四日付け老中浦触があげられる。幕府御用船安宅丸《あたけまる》の修復材木を日向国から江戸へ回漕する旨を通達したこの触れは、隣藩吉田藩（小笠原氏、譜代、四万石）の使者杉庄助が携行して田原藩庁に持参した。触れに添えられた吉田藩家老の手紙によれば、同藩へは三河赤坂陣屋の幕府代官鈴木八右衛門から送達されたという。これを受理した田

原藩では家老の手紙を添えて、近隣領主の中島与五郎役所（旗本）へ送っている。幕府赤坂代官所→吉田藩→田原藩と、藩から藩へ、領主役所から領主役所への継ぎ送りである。送られてきた書類一式の中に、各地の「御代官衆・私領方家老中」がしたためた「浦触拝見」の請状が一九通含まれていたことも、この触れの廻達方法をよく表している。これらの請状は日向から田原藩までの間に、一九の藩と幕府代官所を経由したことを語っているのである。オーソドックスな幕府触れのような幕府から各藩や幕府代官所への直達ではないが、各藩庁・各代官所を通じて各所領内の海辺村々へ通達される点では、下達型廻達方式に含まれる形態である。

このような他藩を経由しての廻達は、しかし、表17、18からも明らかなように、当地方においては珍しいものだった。それは、たとえば田原藩からの継ぎ送りに対して、旗本中島氏の陣屋役人が「このような触れは今まで受理したことがない」と受け取りを拒んだことからも窺える。拒否された田原藩では送り先を検討し直し、近隣に支配地を持つ幕府三河代官の鳥山牛之助方へ送達した。また、その田原藩自身が、同じ方式で到来した天和二年（一六八二）触れに対して、「いつもは村継ぎで通り申すのに今回は近隣領の侍（旗本清水政声の家来）が持参した」と訝《いぶ》しがっている。この廻達方法は当地方ではイレギュラーなものだった。

商人介在も

もう一方の@印をみてみよう。老中浦触に代わって元禄四年（一六九一）から始まる勘定奉行の材木回漕予告は、当初はほとんどがこの方式だった。最初の触れで紹介すると、

①七月二十四日　伏見屋四郎兵衛の手代と称する者二名が、田原城下町の庄屋郷左衛門宅を訪問した。彼らは幕府勘定奉行の浦触を携行していた。

②浦触の内容は、「公儀御用木の伊予から江戸への回漕を伏見屋四郎兵衛が請負った、流木が流れ寄った場合は早々に注進せよ」というものだった。

③彼らは郷左衛門に対して「田原の奉行から、触れ内容を承知した旨の請判を頂戴したい」と申した。そこで郷左衛門は彼らを藩庁に案内した。

④藩の家老の指示で村奉行（民政担当奉行）が拝見し、領内の川辺・海辺村へ周知させる旨の請書をしたためて、手代に渡した。

⑥目的を達した伏見屋手代は次の城下へと向かった。

すなわち、この浦触は「幕府勘定奉行→御用木請負商人→田原藩庁→田原藩内の川辺・海辺村」と、途中に商人を介在させながら廻達されたのである。この送り方による勘定所浦触は享保三年（一七一八）を最後に見られなくなるから、早い時期の勘定所独自触れに特有の方式といえるが、この形態もまた、受理した藩庁を経て領内の川辺・海辺村へ通達

されるという点で、下達方式の一類型である。

以上、いくつかの史料から、この地方の江戸前期の事情がかなり明らかになった。判明した点を整理しておこう。

①江戸時代初期（十七世紀前期・寛永年間）、幕府から浦々への通達は、大名や幕府代官宛の幕府触れとして発信されていた。

②江戸時代前期（十七世紀後半）に至り、幕府触れから分離して、浦々・海辺村を宛名とする浦触が登場した。その初見は今のところ万治元年（一六五八）である。

③江戸〜大坂間では、浦触登場の当初から横断ルートでの廻達を常態とし、時に「藩継ぎ」もあった。また十七世紀末には、商人が介在した勘定所浦触の廻達も始まった。これら「藩継ぎ型」「商人介在型」も、各藩庁や代官所を通じての所領内への通達という点で下達型の浦触である。

ちなみに、横断村継ぎルートではなく、藩庁経由で下達される浦触があったということの発見は、行論上とくに重要である。というのも、第一、二章や本章の「刈谷町庄屋留帳」においては、浦触を「浦々や海辺村を直接宛名にして、所領を横断して浦継ぎ・村継ぎで順達される海事触れ」と定義づけて収集してきたからである。「文面上は浦・村への順達を謳いながらも、実際には藩継ぎなどの形で到来し、藩や代官所の機構を通じ

表20　触れの分類

触　れ	発　信　者	対　象	通達ルート
幕府触れ	幕府老中など	全　国*	下達ルート
領内触れ	代官(幕府)，領主(藩)，地頭(旗本など)	所領内の町村	同上
浦触　横断型	幕府勘定所など	浦々，海辺村	横断ルート
浦触　下達型	**同上**	**同上**	**下達ルート**

注　*特定地方限定もあり

て領内に通達される下達型」の発見によって、これ以前の「浦触」概念は修正を余儀なくされることになった。

これを踏まえて幕府触れ、幕府代官領・藩領などの領内触れ、浦触の三者の関係を整理すれば表20のような四類型、すなわち、「幕府触れ」「領内触れ」「浦触横断型」「浦触下達型」になる。以後の調査研究はこの整理、分類に従って進めることになった。

＊前章の図8（七四頁）で珍しいと評した⑤のルートは、この「浦触下達型」に該当する。

＊糸川風太氏は、正徳年間（一七一一〜一七一六）に紀州藩・鳥羽藩領内で藩庁主導の下に廻達された浦触の事例を紹介している（糸川二〇一七）。

九州・四国との比較

「島原藩日記」

ところで、「田原藩日記」は、第一、二章で観察した四国・九州地方に対しても貴重な情報をもたらす史料だった。表17、19にあるように、九州日向～江戸間を廻った浦触や、四国・九州の国々を宛所に含む浦触も記録されていたからである。第一、二章では史料不足のため確認できなかったが、この日記によりこの地方にも江戸前期からすでに浦触廻達のあったことが判明した。

では、それらはどのような方法で廻っていたのか。下達型か、それとも横断型か。「田原藩日記」から二種類の廻達方式を発見してしまったために、四国・九州の前期浦触に対しても、この問いが投げかけられることになった。東海地方を主題とする本章からは外れるが、第一、二章の続編・補足として、以下、調査結果を記しておきたい。

この問いに答えてくれる史料も、偶然、都立中央図書館で見つけた。前章で訪れた肥後天草の対岸にあり、一時期天草を預かり地として管理した肥前島原藩の藩政日記である。寛文九年（一六六九）に松平氏（譜代、六万五千九百石）が島原に入封した時代から書き継がれていた。起筆は「田原藩日記」と一年違いの寛文十一年（一六七一）。現在、享保三年次（一七一八）までの分が、『島原藩日記』（松尾司郎解説、島原市教育委員会発行）として刊行されている。

二つの下達ルート

日記を読み始めてすぐにわかった。九州地方を廻った前期の浦触は、江戸から九州へのもの、逆に九州から江戸へ向かった場合のいずれもが、下達ルートでの廻達であった。

「田原藩日記」でも紹介した幕府唐船作り御船の通船予告一件を例にしてみよう。「島原藩日記」には、この件に関して、長崎から江戸に向かった寛文十一年一月触れと、江戸から長崎宛の同年七月触れに関する記事が収録されている。まず、後者から紹介すると、八月四日の条に、同藩の大坂留守居から写しが届いたとして、次のように記している。

大坂役人（島原藩の大坂留守居役）から手紙が来た。手紙と一緒に御老中の御証文と御勘定御奉行衆の添状の写しも送られてきた。内容は「唐船作り御船が江戸往還の節、浦々で難風にあった場合は浦々より出合い、破損しないよう援助せよ」というものである。船の航行先の浦々を領地に持つ大名衆の大坂留守居たちが、石丸石見守（定次、大坂町奉行）に召集されて仰せ渡された、ということである。

船の航路沿いに藩領を持つ西国大名の大坂留守居たちが大坂町奉行所に呼ばれ、町奉行から老中浦触と勘定奉行添状が伝達されたというのである。ここでは触れの原文は割愛されているが、「田原藩日記」の方でみてみると、幕府老中が「江戸より長崎までの浦々御領・私領中」に対して、「風波の節は船の航行を援助せよ、この証文（浦触）を郷次で長崎まで廻せ」と命じたものであった。そして、これを承けて勘定奉行が添状（七月九日付け）に、宛所の国名を列挙していた。

武蔵、相模、伊豆、駿河、遠江、三河、志摩、伊勢、紀伊、阿波、土佐、伊予、豊後、日向、大隅、薩摩、肥後、筑後、肥前天草

四国の三ヵ国、および九州地方の七ヵ国も廻達対象に含まれている。

島原藩の大坂留守居はこの老中浦触と勘定奉行添状を飛脚で国元へ伝えたのである。「幕府→大坂町奉行→（大坂の）各藩留守居へ通達→留守居から国元へ報告→国元領内へ下達」というルートである。中間に大坂町奉行を挟むものの、まさに典型的な下達型での通達である。別の日の条によれば、豊前宇佐郡・豊後国東郡にある同藩の飛び地領を管理する豊州陣屋役人（大分県豊後高田市）へも、同じく大坂留守居から写しが送付されてい

る。

ちなみに三河田原藩地域では、この触れは七月二十七日申下刻（午後四時頃）に幕府領の城下村から田原藩領久美原村に到り、その後いつもの横断ルートで渥美半島を継ぎ送られている。田原（東海）と西国（この場合は阿波以西か）では異なる廻達方式だったわけである。なお、田原藩地域への廻達日（七月二十七日）と島原藩の写し受理日（八月四日頃）の間にさほどの時間差がないことに注目すれば、刈谷に順達されたのとは別の一式が江戸から直接大坂町奉行へ送られ、西国大名留守居用に使われた可能性が高い。

ところで、この触れは、じつはその後、九州地方へ藩継ぎの形でも廻ってきた。一ヵ月半ほど後の「島原藩日記」九月十七日の条に、「同じ内容の触れが藩継ぎで廻って来たとの報告が豊後高田の陣屋役人からあった」と記されているのである。それは、

豊後府内（松平氏、譜代、二万二千二百石）→日出《ひじ》（木下氏、外様、二万五千石）→杵築《きつき》（松平氏、譜代、三万二千石）→島原藩飛び地陣屋→久留島信濃守（森藩、外様、一万二千五百石）→日田山田清左衛門（幕府日田陣屋）→

という順序での廻達だったという。豊後府内に至るまでの様子は記されていないが、想像をたくましくすれば、田原藩領を横断していった方の触れが、時を経て「藩継ぎ」でこの地方まで廻って来たのかもしれない。

いずれにしても、田原藩領を横断型で廻った同じものが、西国へは大坂町奉行経由ないしは藩継ぎで廻され、そこからそれぞれの領内へ下達されたことは確実である。

この後、元禄元年（一六八八）や同四年（一六九一）に、大坂より薩摩への流人回漕触れが島原藩領を通過するが、これらも肥後藩経由の藩継ぎ廻達だったとみられる。

九州から江戸へ

九州を起点に江戸に向かった浦触の様子も、「島原藩日記」から明らかとなる。寛文十一年（一六七一）一月に幕府老中が作成し、四月に長崎代官末次平蔵の添状付きで天草から江戸に向け送信された老中触れで見てみよう。これは薩摩・大隅廻りで東進したため、直接は島原藩には廻らなかったのだが、豊州陣屋役人からの届けにより、藩継ぎでの廻達だったことがわかる。日記の五月二十六〜二十七日、六月三日の条を要約すればこんな経緯だった。

当御領地（島原藩領）の大竹吉右衛門・小倉太郎兵衛（豊州陣屋役人）方へ、松平市正殿（杵築藩）の使者が書付を持参した。書付は長崎唐船作りの御船に関する老中様の国々御触れ状と末次平蔵殿からの書状であった。しかし、大竹と小倉は、島原に伺を立てないと受け取れない書付だと受理を辞退した。そのため、触れは島原藩領を飛ばして杵築から伊予に渡された由である。ただし領内（湊町の）豊前長洲村（大分県宇佐市）と豊後高田村に対しては、二人から触れ内容を知らせ、よく心得置くよう申し渡したとのことである。

隣接する杵築藩の使者が老中浦触ならびに末次平蔵の添状を島原藩の陣屋へ持参。しかし、島原藩役人が、受理する立場にないとして受け取りを辞退したため、触れは改めて杵築藩から伊予へと送られたという。なお、島原藩ではこの後しばらくして、陣屋役人の一存での受け渡し権限が認められることになった。

念のためこの触れも「田原藩日記」で探してみると、同年六月中旬に通例の横断ルートで廻っていた。つまり、九州においては藩継ぎの下達ルート、三河田原藩付近では横断型での廻達だった。先に見た江戸からの廻達が西国では方式を異にしたことに鑑みれば、逆方向の場合もまた、途中で同様の切り替えがあったものと判断される。

江戸に向かう浦触がこの地方で藩継ぎだったことは、日向美々津《みみつ》(宮崎県日向市)から江戸への材木回漕を予告した天和二年(一六八二)の老中浦触の場合、一層明瞭である。肥後藩家老から島原藩家老に届いた手紙に、幕府老中からのルートが詳しく記されている。

老中大久保加賀守⇩秋月佐渡守(日向高鍋藩、外様、三万石)→有馬周防守(日向延岡藩、外様、五万石)→毛利靫負(豊後佐伯藩、外様、二万石)→稲葉右京亮(豊後臼杵藩、外様、五万石)→肥後藩領豊後鶴崎(熊本藩御茶屋)→伊達遠江守(伊予宇和島藩、外様、七万石)

↓島原藩（ただし、写し）

浦触は江戸から日向に下達され、そこから日向、豊後の諸藩を経由して四国の宇和島藩へと送られている。

四国・土佐藩付近の研究

このように三河田原藩と肥前島原藩の日記を対比させ、両地方の浦触廻達方法の違いを確認した段階で、改めて先行研究を捜したところ、貴重な成果を見落としていることに気付いた。寛文十（一六七〇）～十一年（一六七一）に発信された唐船作り御船に関する浦触が、土佐藩領付近でどのように廻達されたかを明らかにした論考である（山下二〇〇二）。土佐藩領を挟む四国・九州の藩領の間では、浦触は藩の家老から隣藩家老へ送られる藩継ぎ（この地方では「国次」といわれた）による受け渡しだったこと。また、紀伊（紀州藩領）と淡路（阿波藩領）の間で村継ぎから藩継ぎへの切り替えが生じていたこと、などが指摘されていた。藩継ぎでの廻達は、島原藩・九州の動向とも合致する。廻達方法の切り替えが紀伊～阿波間で行われたという点も田原藩、島原藩の日記記事と照らし合わせ、納得がいく。

三通の老中浦触は次のような順序での廻達だったという。

・寛文十年十一月十五日触れ　紀伊国賀多浦（和歌山市）↓淡路国由良浦（兵庫県洲本市）↓阿波藩（蜂須賀氏、外様、二五万七千石）↓土佐藩（山内氏、外様、一七万二千

六百石）↓宇和島藩↓臼杵藩

・寛文十一年一月触れ　日出藩↓杵築藩↓（島原藩豊州陣屋）↓杵築藩↓宇和島藩↓土佐藩↓阿波藩

・寛文十一年七月触れ　紀伊国大川浦（和歌山市）↓阿波国津田浦（徳島市）↓阿波藩↓土佐藩↓宇和島藩

寛文十一年一月触れは、島原藩豊州陣屋が受け取りを辞退したあの触れである。寛文十一年七月触れのうち、大坂町奉行から西国諸藩への通達については土佐藩では記録されていない模様だが、藩継ぎでの受け渡しについては、島原藩日記に記されていた豊後付近での動向にスムーズに接続するものである。テーマと時期を絞っての考察ではあったが、ここで明らかにされていた諸点は、田原藩と島原藩を繋ぎ、また江戸前期の四国の浦触事情を教えてくれる貴重な成果であった。

以上、島原藩や土佐藩付近の様子をもとに、まとめておこう。浦触は江戸時代前期から九州・四国にも廻っていた。しかし、その廻達方法は、村継ぎ所領横断型ではなく、「藩継ぎ」や「留守居↓国元」ルートでの下達型であった。

東北・北陸を旅する

「弘前藩庁日記」を読む

浦触は東北地方や北陸海岸にも廻っていた。本章では、弘前《ひろさき》藩領や出羽酒田湊、および加賀藩領付近を調査地点に選び、観察することにしよう。

受け渡しの報告

最初に訪ねるのは本州の最北端に位置する弘前藩領である。この地方について、私はこれまでまったくかかわりを持つ機会がなかったが、幸い同学の三浦泰之氏（北海道博物館）が収集された史料から多くを知ることができた。丹念に集められた膨大な史料を自由に使わせてくださった氏の懇情に深謝しながら、同藩領の様子を概観してみたい。

さて、陸奥湾から日本海側に及ぶ地域を領有した弘前藩（津軽氏、外様、幕末に九万四千石）には、十七世紀後期から幕末までの長期にわたる藩政記録「国日記」「江戸日記」が

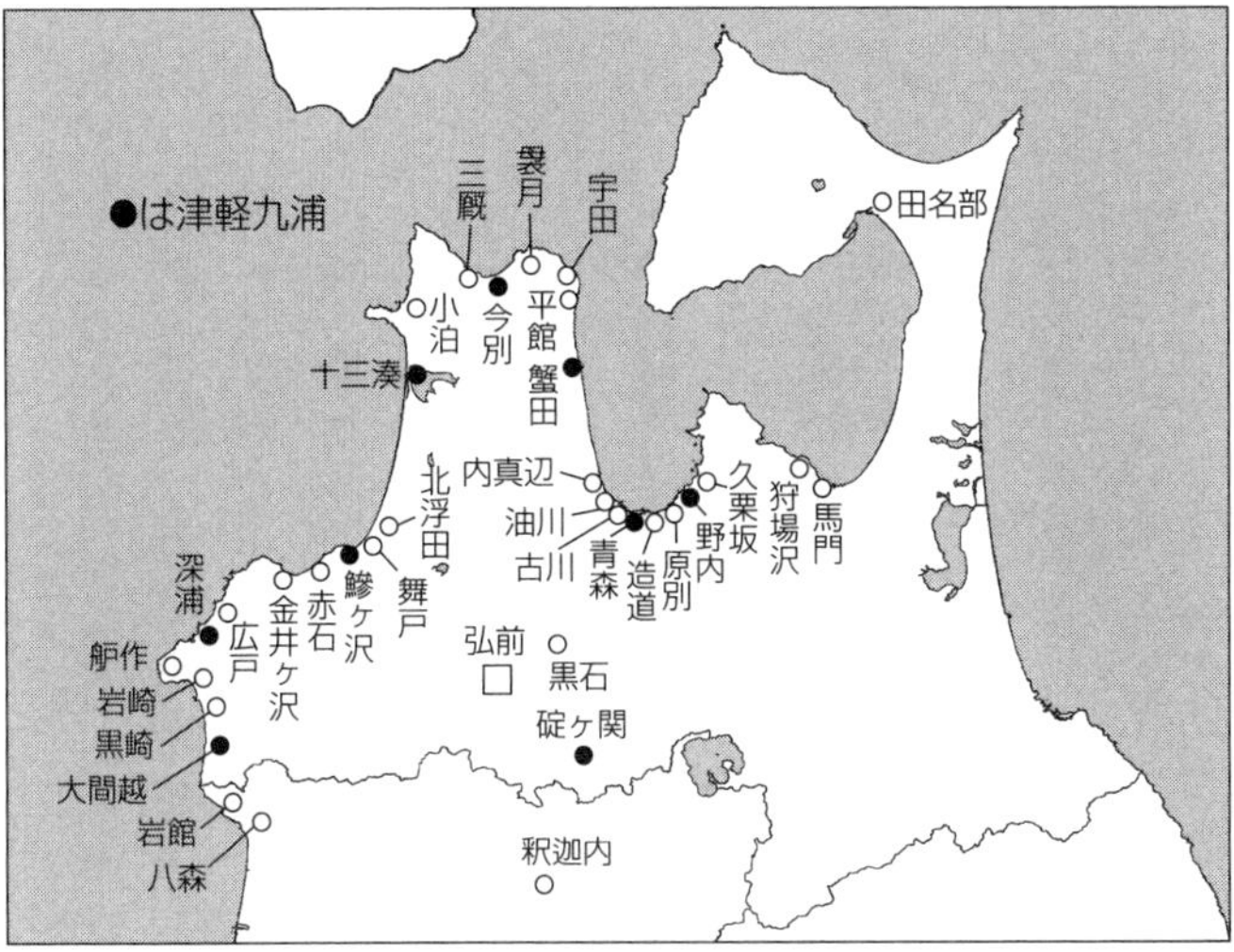

図12　「弘前日記」の関係地名

残されている（弘前市立弘前図書館蔵）。国元や江戸藩邸で藩政を担った各部署の記録を、「日記方」と呼ばれる役人が日付ごとに抜き書きしたものだが、このうち「国日記」（以下「弘前日記」とする）には藩内出先の奉行所や代官所からの報告として、浦触のことも書き留められている。たとえばこんな文面である。

・弘化三年（一八四六）六月四日　野《の》内《ない》町奉行（青森市）から藩庁への届け出。

「公儀御浦触が今日（五月二十九日）昼四つ時ころ（午前十時頃）に、久栗坂《くぐりざか》村から（野内町へ）送られて来た。請書を記して即刻原《はら》別《べつ》村へ送った。」

＊「日記」では次の青森町奉行の届け出を先に記すが、廻達順に並べ直した。

・同日　青森町奉行（青森市）から藩庁への届け出。
「公儀御浦触が今日二十九日未の下刻（午後三時頃）に、造道《つくりみち》村から（青森町に）届いた。即刻古川へ送った。御浦触の文面は以下の通りである。（省略）」

・七日　鰺ヶ沢《あじがさわ》町奉行（西津軽郡鰺ヶ沢町）から藩庁への届け出。
「公儀御浦触一通が今朝（五日）五つ半時（午前九時頃）に、舞戸《まいど》村から（鰺ヶ沢町に）届けられた。即刻写し取り、名主が請印を捺して赤石村へ送った。」

・十日　大間越《おおまごし》町奉行（西津軽郡深浦町）から藩庁への届け出。
「公儀御浦触は当所が触れ留まりである。御本紙、御写し書、御請書帳は（幕府御勘定所へ返却せよとの指示なので、その手配をする。」

・十二日　深浦町奉行（西津軽郡深浦町）から藩庁への届け出。
「公儀浦御触書が六日昼八つ時ころ（午後二時頃）に広戸村から（深浦町へ）送られてきた。写し取り請印を捺して即刻艫作《へなし》村へ送った。」

＊深浦町奉行からの届け出が遅かったためか、順路では後続の大間越町奉行の報告が二日前に記されている。

浦触は「久栗坂村（青森市）→野内町→原別村（同）……→造道村（同）→青森町→古

図13　鰺ヶ沢湊図絵馬　白八幡宮所蔵

川村（同）……→舞戸村（西津軽郡鰺ヶ沢町）→鰺ヶ沢町→赤石村（同）……→広戸村（西津軽郡深浦町）→深浦町→艫作村（同）……→大間越」と、藩領内の海辺町村を東部から西南端の大間越へと順を追って送られている。鰺ヶ沢町奉行の届け出に「名主が請印を捺して赤石村へ送った」とあるように、触れは海辺村伝いに受け渡されている。各地の町奉行はその様子を藩庁へ報告したのである。

この時の触れ内容は、青森町奉行の届けによれば、幕府代官江川英龍の伊豆国付き島見分予告であった。宛所は「安房、上総、下総、常陸、陸奥、右浦付き御料・私領・寺社領　名主・組頭」で、江戸から房総半島を廻り三陸海岸を経て陸奥国に至るルートである。同年四月九日の発信日から二ヵ月をかけて陸奥弘前藩領に廻って来たのだった。この触れを先の「刈谷町庄屋留帳」で探すと、三河刈谷町へは五月十八日に到着している。こちらは四月十一日付けで、「武蔵、相模、伊豆、駿河、遠江、三河、尾張、伊勢、志摩、紀伊、淡路、和泉、摂津、播磨、備前、右浦付き御料・私領・寺社領　名主・与頭（組頭）」宛である。

ちなみに、「弘前日記」のこうした記述から判断すると、同藩領内での受け渡しは海辺村の並び順に従って進められており、ここでは架空の受け渡し時刻割りや、集合しての押印などの作為はとくに見られない。

通数と内容　「弘前日記」から浦触記事を拾い出し、十年ごとに集計して表21を作成した。寛文元年（一六六一）に始まる日記のなかで、浦触が初めて登場するのは元禄十五年（一七〇二）である。以後、元治元年（一八六四）に至る一六〇余年の間に、合わせて七六通を確認できた。享保十六（一七三一）〜寛延三年（一七五〇）の空白期も分母に加えたままの平均では年に〇・四六通。廻達が恒常化する一七五〇年代以降に限っても年平均〇・六四通程度と、九州天草に似た頻度である。

内容に目を移すと、半数近くの三六通が幕府年貢廻米積船の未着・漂着に関してである。そのうち年貢米の産地を記すものが二三通あり、一一通が陸奥・出羽国産、四通が越後・越前・能登米であった。当地に廻った浦触の主なテーマは、陸奥国の湊から、ないしは陸奥沖を航行して江戸に向かう東廻り航路を用いた幕府年貢米積船に関するものだったとい

表21　弘前藩領の浦触（「弘前日記」より）

年	全	年貢米	材木	代官・流人	異国船漂着	瓦・銅	その他	内容不明
1701～1710	2	1	1					
1711～1720	3	2					1	
1721～1730	1			1				
1731～1740								
1741～1750								
1751～1760	10	5	2		1		2	
1761～1770	15	4	8				2	1
1771～1780	7	5					2	
1781～1790	10	5		1		1		3
1791～1800	4	2		1				1
1801～1810								
1811～1820	1	1						
1821～1830	9	4		1		1		3
1831～1840	4	3						1
1841～1850	4			1				3
1851～1860	6	4						2
1861～1864	1	1						
計	76	36	11	5	1	2	7	14
%	100	47.3	14.5	6.6	1.3	2.6	9.2	18.4

える。

東海地方で最も多かった材木回漕は、ここでも第二位の一一通にのぼるが、しかし、そのほとんどは東海地方で流失した材木の捜索である。五通ある代官・流人関係も、伊豆付き島関連であった。ほかに八丈島に漂着した南京商船の長崎護送が一通ある。一方、刈谷町・東海地方を頻繁に廻った瓦や銅輸送予告は、この地方ではわずか二通に過ぎなかった（青森灰吹銀《はいふきぎん》の江戸回漕予告、公儀御用銅回漕船の大坂未着）。

整理すると、①四国・九州や東海地方と同様に弘前藩領・陸奥地方にも浦触の廻達があった。②テーマの中心は、東北・北陸を産地とする幕府年貢米の回漕関係だった。③十八世紀初頭に廻達が始まり、その後しばらくの空白期間を経て、宝暦期（一七五一～六四）から恒常的となる。④頻度はさほど高くない。

出先奉行所からの通過の報告ということで、日記記事は触れ本文の省略が多いが、それでも二五通は全文が収録されている。その概要を表22に示した。十八世紀前半の六通は次節で検討することにして、ここでは到来が恒常化する宝暦三年（一七五三）以後の発信者と宛所についてみておこう。

内　容
弥彦明神社修復材木回漕予告
酒田より年貢米江戸回漕覚書
浦々へ添え高札案文の送付
陸奥・出羽年貢米東廻り覚書
越後・越前・能登年貢米東廻り覚書
大島逃亡流人の捜索
陸奥年貢廻米積船の捜索
漂着南京商船の長崎回漕予告
御朱印船破船，流失物捜索
越前年貢廻米積船の捜索
上記の再触れ
陸奥年貢廻米積船流失物の捜索
遠江材木の流失
上記一部発見
公儀御用材木流失の捜査
摂津年貢米・備後畳表積船の捜索
三河材木の流失
信濃材木の流失
甲斐材木の流失
鱶売買について指示
佐渡証文船流失物の捜査
上記触れ書の返却がない
灰吹銀の回漕予告
廻米船濡沢手米の扱いについて
伊豆付き島へ代官見分予告

表22　弘前藩領の浦触（「弘前日記」に本文掲載分のみ）

発信年月日	発　信　者	宛　　所
元禄15年(1702) 3月	幕府勘定所	陸奥田名部浦～越後新潟湊
宝永1年(1704) 5月*	同上	酒田～江戸
正徳2年(1712) 9月	大目付・勘定奉行	陸奥国，松前（ほかに江戸→国元）
正徳4年(1714) 2月	幕府勘定所	酒田～江戸
享保4年(1719) 11月	同上	大坂～越後，越前，能登～江戸
享保6年(1721) 5月1日	伊豆代官	(伊豆宇佐美村より)浦々
宝暦3年(1753) 2月20日	幕府勘定所	出羽，陸奥，常陸，下総，上総，安房
宝暦4年(1754) 5月	同上	安房，上総，下総，常陸，陸奥(以下5ヵ国と略す)
宝暦5年(1755) 5月26日	御朱印船船頭	秋田能代～津軽鯵ヶ沢
宝暦6年(1756) 12月20日	幕府勘定所	下総，上総，安房，常陸，陸奥，出羽(以下6ヵ国と略す)
宝暦7年(1757) 1月12日	同上	6ヵ国
宝暦7年(1757) 6月22日	松平肥後守(会津藩)	仙台領小渕浦～南部領，津軽領
宝暦10年(1760) 8月19日	幕府勘定所	6ヵ国
宝暦10年(1760) 10月	同	6ヵ国
宝暦11年(1761) 8月2日	越後刈羽郡庄屋など	石地(柏崎市)～
明和2年(1764) 5月	幕府勘定所	5ヵ国
明和2年(1765) 3月11日	同上	6ヵ国
明和2年(1765) 4月	同上	6ヵ国
明和2年(1765) 5月	同上	6ヵ国
明和3年(1766) 3月29日	同上	常陸，陸奥，出羽
安永4年(1775) 閏12月4日	尼瀬村・出雲崎名主	出雲崎より下
安永5年(1776) 3月29日	陸奥城米懸浦役人	陸奥相馬領原釜浦～越後出雲崎
天明3年(1783) 5月27日	幕府勘定所	武蔵品川～相模～5ヵ国
寛政3年(1791) 10月18日	——	——
弘化3年(1846) 4月9日	幕府勘定所	5ヵ国

注　*宝永1年(1704) 5月は本文未掲載

発信者では、一部に大名や浦役人、関係地の庄屋・名主などもあるが、多くは他地方と同様に幕府勘定所であった。多国を通貫する広域対象が多い。幕府勘定所触れでは、出羽までを含む六ヵ国型、陸奥留まりの五ヵ国型、常陸・陸奥・出羽宛の三ヵ国型などがあった。本節冒頭にあげた弘化三年（一八四六）触れは陸奥国（大間越村）で留まりだったが、たとえば「常陸・陸奥・出羽国々、海辺浦々」宛の明和三年（一七六六）触れは、弘前藩領内を順達された後、国境・領境を越えて出羽国秋田藩領岩館《いわだて》村（秋田県山本郡八峰《はっぽう》町八森）へと送られていった。赤石組代官は藩庁へ次のように報告している。

六月二十五日夜九つ時（零時頃）に、藤代組の北浮田《きたうきた》村（鯵ヶ沢町）から赤石組舞戸村へ順達されてきた。それより海辺村を廻し、同二十九日に大間越村へ継ぎ送った。

内容
肥前年貢廻米積船の捜索
遠江年貢廻米積船の捜索
江戸より箱館表へ筒輸送予告
長崎より江戸へ蘭製筒輸送予告
陸奥年貢廻米積船の探索
昇平丸の回航予告
松平出羽守異国形船の通船予告
伊達遠江守異国形船の通船予告
君沢形船の通船予告

その日のうちに、大間越村から秋田領（久保田藩。佐竹氏、外様、二〇万五千八百石）の岩館村肝煎《きもいり》藤左衛門方へ送られた。

大間越町奉行の記録

国境・藩領境の大間越村に置かれた町奉行所の帳簿「公儀御浦触一件覚」が、同じく弘前図書館に収蔵されている（八木橋文庫）。これも三浦氏の収集され

表23　大間越の浦触（八木橋文庫）

発信年月日	発信者	宛　　所
天保14年(1843) 6月	幕府勘定所	安房．上総．下総．常陸．陸奥（以下5ヵ国と略す）
嘉永4年(1851) 9月16日	同上	5ヵ国
安政2年(1855)	同上	常陸．陸奥
安政2年(1855) 3月5日	長崎奉行	大坂～
安政2年(1855) 8月	幕府勘定所	5ヵ国
安政2年(1855) 11月6日	長崎奉行	津々浦々
安政3年(1856) 2月	幕府勘定所	武蔵越中島新田～下総．上総．安房．上総．下総．常陸．陸奥．出羽酒田
安政3年(1856) 2月29日	同上	同上
安政3年(1856) 7月	同上	同上

たものだが、内容は天保十四年（一八四三）から安政三年（一八五六）の間に廻った九通の本文と、それらの送達に関する記録である。「弘前日記」を補うデータとして表23に示した。

この地方への主流であった幕府年貢廻米積船の江戸未着・行方捜索に加え、幕末期に固有の異国形船や君沢形船の通船も収録されている。最下段、安政三年（一八五六）七月の君沢形通船予告は、「四国を巡る」の章で紹介した、摂津九条村から讃岐直島に至る庄屋たちが請印帳に名前を連ねたあの浦触である。同文のものが陸奥にも来ており、大間越村へは十月九日夜九つ頃（夜零時頃）に届いた。触れ始めの武蔵国越中島《えっちゅうじま》新田（東京都江東区）年寄の添状や請印帳とセットだった。覚帳には、大間越での受け渡し関連の書類も記録されている。

①大間越村名主の越後屋彦吉から大間越町年寄の

川村喜左衛門への届（十月十日）。

「昨九日夜九つ時頃、黒崎村（深浦町）から公儀御浦触と御写し書が廻りましたので、即刻秋田岩館村へ順達しました。写しを届け出ます。」

②町年寄川村喜左衛門から町奉行（諏訪喜太郎、長尾貞蔵）への届（同日）。

「前書の通り申し出てきましたので、いちいち吟味しましたところ、申し出の通り相違ありませんでした。この段お届けします。」

③町奉行（長尾貞蔵）から弘前藩庁への届（同日）。

「公儀御浦触が黒崎村より参った旨、町年寄川村喜左衛門から申し出がありました。文面の趣をとくと拝見したところ、出羽酒田までの御触れでしたので、請書を添え即刻秋田岩館村へ継ぎ送りました。別紙の写しを添えてお届けします。」

本紙、写しと一緒に廻った請印帳には、武蔵越中島新田から大間越に至る房総半島～常陸・三陸海岸村々の名前が延々と連ねられていたはずである。五五八ヵ村連署の讃岐直島の請印帳と比較して、どちらが分厚かっただろうか。

下達型から横断型へ

幕府代官手代の送信

ところで、先の表21、22を改めて眺めると、廻達が恒常化する一七五〇年代より以前に、初出の元禄十五年（一七〇二）から享保六年（一七二一）に至る一段階のあったことが見て取れる。この時期は、東海地方と四国・九州では廻達方式に違いがあり、また幕府勘定所の単独浦触の開始期にもあたっていた。はたしてこの地方ではどうだったのか。

少々こみ入った紹介になるが、本節では、十八世紀初めに到来した六通に関する記事を一通ずつ読み、この地方の浦触開始期の様子を探ってみたい。寛永二十一年（一六四四）起筆の陸奥国盛岡藩（南部藩。南部氏、外様、一〇万石）の家老日記「南部藩雑書」（盛岡市教育委員会『盛岡藩雑書』）も横に置き、参照しながら作業を進める。

さて、寛文元年（一六六一）から始まる「弘前日記」に登場する最初の浦触は、荻原重秀《おぎわらしげひで》以下四名の幕府勘定奉行がしたため、「奥州田名部浦《たなぶ》（青森県むつ市）より越後国新潟湊まで、右浦々村々」に宛てた元禄十五年（一七〇二）三月付け「浦触御証文」である。内容は越後の弥彦《いやひこ》明神社（新潟県西蒲原《にしかんばら》郡弥彦《やひこ》村）修復に用いる材木を、盛岡藩領の田名部湊から回漕する旨の予告であった。江戸から幕府越後代官所に送られた触れの写しを携行した代官手代の中村与右衛門が、現地の田名部湊から酒田方面に向けて送信している。写しのほか回漕材木に捺された極印の印影、および「弘前名主」「秋田名主」「酒田名主」宛の代官書状が添えられていた。

触れ一式は、宿場を伝う宿継ぎで街道を送られてきた。「弘前日記」六月四日条によれば、まず経路途中の青森町奉行から弘前の藩庁へ浦触通過の情報が入り、その後、現物が宿継ぎで弘前城下の町年寄方に到着した。町年寄からすぐに弘前町奉行へ、町奉行から藩庁へ届けられる。家老衆は弘前町奉行に対し、次の秋田への円滑なる送付を指示するとともに、浦触や極印の写しを作成して藩領内の町奉行・湊目付に下付し、材木船遭難時の援助を命じている。

「浦々村々」を直接の宛所とするにもかかわらず、実際には藩の対応を当て込んでの廻達であり、藩内の「浦々村々」は、藩庁経由の下達によって触れ内容を知らされたのであった。なお、代官手代の中村はこの二ヵ月ほど前の四月、田名部湊への旅中で青森町年寄方に立ち寄り、あらかじめ回漕材木の極印写しを手渡している。こうした送達の手法は「田原藩日記」にあった請負商人介在方式にも似たところがあり、初期の幕府勘定所浦触の廻達・周知方法という点でも注目される。

町奉行の継ぎ送り

次の宝永元年（一七〇四）触れは、出羽国酒田湊から江戸へ向かう幕府年貢米積船の援助を命じたものである。「酒田より江戸まで、御料・私領浦々中」宛のこの触れは、幕府関東代官を通じて、まず酒田湊の領主庄内藩の江戸屋敷（江戸留守居役）に渡され、そこから同藩の国元藩庁へ、そして、その後時計回りに各藩城下の町奉行を順々に辿り仙台へと送られた。「島原藩日記」にあった「留守居↓国元」と「藩継ぎ」を合体させた廻達方式である。

「弘前日記」と「南部藩雑書」を突き合わせると、仙台までは次のような経路だった。

幕府勘定所⇩幕府代官諸星内蔵助（江戸）⇩酒井左衛門尉（庄内藩・江戸屋敷）⇩（同藩・国元）↓鶴岡町奉行（庄内藩）↓本庄町奉行（本庄藩）↓亀田町奉行（亀田藩）↓久保田町奉行（秋田藩）↓弘前町奉行（津軽藩）↓松前町奉行（松前藩）↓盛岡町奉行（南部藩）↓仙台町奉行（仙台藩）……↓幕府代官諸星内蔵助（江戸）

＊代官諸星の添状には「常陸の水戸藩へは別途通知済み」とある（「南部藩雑書」）。

＊庄内藩（鶴岡藩。酒井氏、譜代、一四万石）。本庄藩（六郷氏、外様、二万石）。亀田藩（岩城氏、外様、二万石）。松前藩（松前氏、外様）。仙台藩（伊達氏、外様、六二万五千石）。

幕府から庄内藩へはオーソドックスな幕府触れのルートで、そこからは各藩町奉行間での受け渡しという「藩継ぎ」での廻達である。弘前へは秋田藩久保田町奉行から届けられた。「弘前日記」は次のように書き留めている。

・久保田町奉行から弘前町奉行へ飛脚二名が触れを持参した。六月三日に久保田出立、六月五日弘前到着。

・弘前町奉行から松前へ足軽の飛脚を派遣した。六月六日出立。領内の今別《いまべつ》（東津軽郡）から「舁送船《かきおくりふね》」（帆走・漕走併用の小型高速船。押送船とも）で松前へ渡海。十五日に足軽帰国。

元禄十五年時と同様に、弘前藩庁では受理した浦触の写しを作成し、青森・鰺ヶ沢・深浦・十三《とさ》（青森県五所川原市《ごしょがわら》）・野内・大間越・蟹田《かにた》（東津軽郡外ヶ浜《そとがはま》町）・今別の領内町奉行所や、金井ヶ沢《かねいがさわ》湊（西津軽郡深浦町）・小泊《こどまり》湊（北津軽郡中泊町）・油川《あぶらかわ》湊（青森市）・三馬屋《みんまや》湊（東津軽郡外ヶ浜町三厩《みんまや》）・袰月《ほろづき》湊（東津軽郡今別町）・宇田湊（東津軽郡外ヶ浜町）・平舘《ひらだて》湊（同）・内真辺《うちまんべ》湊（青森市）などへ送付している。

南部藩でも対応は同じで、領内の宮古（岩手県宮古市）、野田（同県九戸郡野田村）、大槌《おおつち》

（同県上閉伊《かみへい》郡大槌町）、野戸地《のへじ》（青森県上北郡野辺地町）、田名部、五戸《ごのへ》（同県三戸郡五戸町）、七戸《しちのへ》（同県上北郡七戸町）の代官所に宛てて写しを送達し、関係浦々への周知を図っていた。

「浦々添え高札」

正徳二年（一七一二）触れは、従来の浦高札に添えて立てるように命じた「添え高札」文面の通達であり、幕府大目付横田備中守と勘定奉行大久保大隅守の連名で発信された。

浦高札とは幕府が海難救助や浦の取り締まりを高札にして海浜村々に掲示させたもので、元和七年（一六二一）令を嚆矢《こうし》とし、次の寛永十三年令（一六三六）を踏まえ制定された寛文七年（一六六七）令・七ヵ条で形が整った。寛文令は延宝八年（一六八〇）、正徳元年（一七一一）にも再交付される。この正徳二年の浦触は、高札文の補足として発せられた「添え高札案文」を周知させることが目的だった。

この触れは弘前藩領へは二つの下達ルートで到来した。一つは「江戸→国元」型で、もう一つは「藩継ぎ」での到来だった。前者は次のような手順だった。

①十月十九日　大目付横田備中守の屋敷で、弘前藩の聞き役（江戸留守居）長尾只左衛門が添え高札案文と書き付け一通を受け取る。
②十月十二日発足、二十日到着の飛脚で国元に届く。受理の届けを横田、大久保に提出。

③十二月二十一日　添え高札を立てた浦々のリストをしたため江戸に送る。

二つ目の藩継ぎによる触れは、仙台藩から始まり三陸諸藩を北上するルートで、翌正徳三年四月に廻ってきた。書類一式は「諸国浦々添え高札案文」と「大目付・勘定奉行の廻状」および「印形帳」二冊だった。

松平陸奥守（仙台藩）→相馬讃岐守（中村藩、外様、六万石）→岩城（磐城平藩、内藤氏、譜代、七万石）→内藤主殿頭（湯長屋《ゆながや》藩、譜代、一万五千石）→板倉伊予守（泉藩、譜代、一万五千石）→南部大膳亮（盛岡藩）→南部遠江守（八戸《はちのへ》藩、外様、二万石）→津軽采女（旗本、四千石）→弘前（津軽土佐守）→松前へ

先の宝永元年（一七〇四）触れが各藩の町奉行間の受け渡しだったのに対して、今回は隣り合う藩や旗本領の担当役人が直接領境で落ち合い手渡す方式がとられた。八戸藩から旗本津軽采女領へ、そして弘前藩への受け渡しは次のように行われている。

・正徳三年三月十五日　津軽領狩場沢《かりばさわ》村（東津軽郡平内町）で、南部遠江守家来二八名から津軽采女家来八名へ受け渡しが行われた。南部家来の二名は裃《かみしも》・駕籠《かご》、三名は袴《はかま》・羽織《はおり》・馬（騎乗）だった。

・四月三日　弘前領の野内で、津軽采女家来から津軽土佐守家来へ渡された。

藩役人同士の厳格な受け渡しは、この触れが浦々への高札建造という幕府の浦支配の根

幹にかかわる通達だったからだと考えられる。弘前藩から松前藩への送達も、藩役人一行三六人が携行して渡海し、松前の町奉行所で受け渡すというものだった。

なお、高札を立てた村々名主の「印形帳」への請印については、弘前藩では名主の印鑑を町奉行や郡奉行が取り集めて一括押印している。肥後天草の富岡会所詰め大庄屋がとった手法を、ここでは藩庁自らが行っていた。

このように正徳二年触れは、弘前藩領へは「江戸→国元」型と「藩継ぎ」型で到来した。なぜ二段構えの下達だったかについては今のところ不明だが、後者が当該村名主の請印を要求していることに鑑みれば、より徹底した政策貫徹の意図があったとも考えられる。

ちなみに、この正徳二年触れは、伊豆国の西浦筋では三島代官小林又左衛門の添書を付けて村継ぎで廻達されており（『豆州内浦漁民史料』上）、他方、紀伊国では紀州藩権力を活用した廻達の可能性が指摘されている（糸川二〇一七）。どうやら江戸〜大坂間でも地域によって異なる方式が採用されていた模様である。

城下町年寄の受け渡し

正徳四年（一七一四）二月触れは、先の宝永元年（一七〇四）触れと同じく、陸奥・出羽年貢米の江戸回漕に関するもので、宛所も同じ「酒田より江戸まで、御料・私領浦々中」だった。しかし、宝永元年が各藩の町奉行同士での受け渡しだったのに対して、今回は、より下位のレベルの城下町町年寄の間での受け渡し方式がとられた。

触れは同年三月、出羽国釈迦内《しやかない》村（秋田藩領、大館市）から陸奥国碇《いかり》ヶ関《がせき》村（弘前藩領、青森県平川市）に到り、同村庄屋から弘前町年寄へ届けられた。釈迦内村、碇ヶ関村はともに内陸部に位置する羽州街道の宿場であることから、秋田城下の町年寄からは宿駅伝いの宿継ぎ送付とみられる。触れを受理した弘前町年寄はこれを同町奉行に届けた後、次の旗本・津軽釆女領の黒石町年寄へ送達した。

黒石町年寄の受取状には触れ一式の形状が記されていた。

・浦触本紙は程村《ほどむら》半切紙で三継ぎ半。継ぎ目ごとに裏判、年号の上に押切判あり。

＊程村紙＝下野国那須郡程村（栃木県那須烏山市下境）原産の那須楮《こうぞ》を原料とする厚手で高品質の和紙。

・上包は美濃紙半枚。上書きに「酒田より江戸まで　御料・私領浦々」と記す。

＊美濃紙＝美濃国産出の楮製和紙。紙質が強く、半紙より大判。

・白木の状箱入り。状箱の上に「御城米東廻りにつき、浦々へあい廻す御証文」とある。

・その他は別の無地の白木の状箱入り。

・全体を油紙で包み、染糸縄で結ぶ。差し札に「御城米東廻りにつき、浦々へ御廻しなされ候御証文入れ」と記す。

藩庁で写し取られたこの浦触は、即日「支配の浦々へ早々あい触れ候ように」との指示のもとに、碇ヶ関を除く藩内八ヵ所の町奉行所などへ申し付けられた。

試しに東海三河の「田原藩日記」で探してみると、同年六月二十六日条に同じ文面が掲載されており、この触れは酒田から西廻りでも廻ったことがわかる。ただし、こちらは幕府領城下村から田原藩領久美原村へ村継ぎで送られている。

横断型の始まり

藩庁への到来の仕方は少しずつ異なるものの、以上の四通がいずれも藩庁経由で領内海辺村々に通達されたのに対して、享保四年（一七一九）触れは、直接海辺村を順達する横断ルートで廻ってきた。

享保四年十一月付けのこの触れは、宝永元年（一七〇四）や正徳四年（一七一四）と同じく幕府年貢米江戸回漕に関する内容だったが、今回は「摂州大坂より越後・越前・能登ならびに江戸まで、御料・私領浦々中」宛に、大坂から瀬戸内海を経由して日本海沿岸を北上して来た。

弘前藩領へは、翌五年七月二十八日に、秋田藩領八森村庄屋から大間越村庄屋に届けられた。八森村庄屋の観察によれば、この浦触はひどく傷んでおり、上包みの美濃紙は汚れ下半分は擦り破れ、状箱の蓋は二ヵ所が破損し、ところどころ釘も抜けているという状態だった。

大間越庄屋からの届けを受け、大間越町奉行は弘前藩庁に次のように報告した。

（享保五年）七月二十八日の昼、秋田八森村庄屋の須藤与次右衛門と須藤与五右衛門が持参した触れを、大間越庄屋の惣右衛門方で受け取った。（中略）。この触れは諸国浦々を村送りされてきたので、早速に大間越村の庄屋・五人組が深浦湊支配の岩崎村へ持参した。町同心（町奉行所同心）も付き添った。

傍線部分の「この触れは諸国浦々を村送りされてきたので」というくだりに注目したい。〈秋田藩領八森村庄屋→弘前藩領大間越村庄屋→同藩領岩崎村庄屋〉と、海辺村伝いでの受け渡しである。ここに至りようやく横断ルートが出現した。

大間越町奉行から写しを受け取った弘前藩庁では、改めてこの内容を領内の郡奉行や勘定奉行、町奉行に伝え、関係町村への周知徹底を図った。横断ルートを基本にして、これを藩がサポートするという江戸後期の四国や九州でよくあった形が、当地方ではここから始まったと見てよいだろう。

島抜けの捜索

享保七年（一七二二）二月には、伊豆大島逃亡流人の捜索触れが横断ルートで廻った。前年五月に幕府伊豆代官の手代が発信したもので、島抜けの流人を発見したら搦《から》めとれとの指示であった。小舟を盗み逃亡した流人は、宝永六年（一七〇九）流罪の信州無宿の伊兵衛や、享保三年（一七一八）流罪の江戸小網町船頭又兵衛など八人だという。

享保六年（一七二一）五月一日付け「浦々名主中」宛の浦触は、まず大島から伊豆東海岸の網代《あじろ》村（静岡県熱海市）に渡され、同村名主の平蔵と七右衛門筆の添状が付けられて継ぎ送りが始まった。原本の方は江戸へ向けて廻され、西国方面へは写しが送られた。弘前藩領へは翌年の二月、発信から一〇ヵ月後の到来である（享保六年は閏七月あり）。

・大間越町奉行から藩庁への届け出。

「昨四日七つ時（午後四時頃）に、秋田八森村庄屋石崎佐左衛門・須藤庄右衛門と岩館村庄屋小川藤左衛門が人足二人を連れて（大間越村へ）持参した。そこで、写しと八森村庄屋の請取り手形を藩庁に提出する。」

・鰺ヶ沢町奉行から藩庁への届け出。

「触れが赤石村から鰺ヶ沢へ届いたので報告する。」

・今別町奉行から藩庁への届け出。

「浦触が廻ったので写しを藩庁に提出する。浦々名主、五人組の請取手形付きで廻って来たので、二月十六日、今別町年寄が手形を書き、次（東隣の袰月村）へ送った。」

秋田藩領八森村から受け取った箱入りの本紙と村々の請取手形五巻は、大間越村から順々に藩領内の海辺村へ送られていった。横断ルートの定着である。なお、これに関して

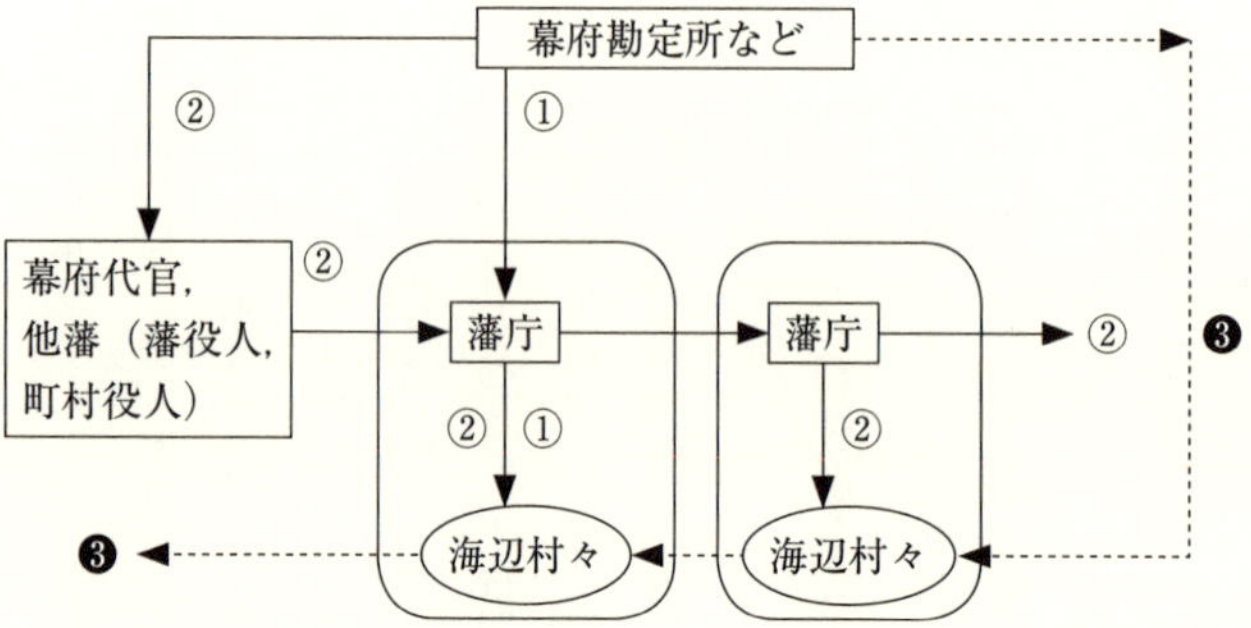

①下達型浦触（江戸→国元経由）
②同上（幕府代官・他藩経由）
❸横断型浦触

図14　浦触廻達の諸ルート（「弘前日記」「南部藩雑書」より）

は、とくに藩庁から領内への指示は出ていない。

以上、一八世紀前半期の浦触を廻達方法に注意しながら読み込んでみた。六通のルートを整理し図示すれば図14のようになるだろう。

- 十八世紀初頭には、浦触は通常の幕府触れが辿る「江戸→国元」ルート、ないしは幕府代官・隣藩（藩役人、町村役人）経由で各藩庁に届けられ、藩庁から海辺村領民へ下達されていた（①、②）。
- 一七二〇年前後を画期として、藩領を越えて海辺村を順送りされる横断ルートでの廻達が見られるようになった（❸）。

松前藩・蝦夷地へ

弘前藩領・陸奥地方の調査の最後に、松前・

蝦夷地への送達についてみておきたい。

すでに散見されたように、浦触は津軽海峡を渡り松前藩領にまで廻っていた。しかし、よく調べてみると、時期により二つの形態があった。一つは、浦触原本が松前ないしは箱館に向けて直接送られる形態であり、他は、弘前藩で写しが作成され、それが松前へ渡される間接的な形態である。

十八世紀前半、陸奥地方への浦触が下達ルートで通達されていた時代、松前も宛名に名を連ね、実際に送られていた。たとえば、酒田・江戸間の年貢米回漕を記した宝永元年触れ（一七〇四）は、弘前町奉行→松前町奉行→盛岡町奉行のルートだった。また、浦々添え高札を通達した正徳二年触れ（一七一二）は、弘前藩役人が直々に渡海して松前町奉行へ手渡していた。

ところが、原本の松前への廻達は十八世紀後半以後には稀となり、宛所に松前があげられることも少なくなった（表22、次節表24）。ただし、この時期にあっても、浦触の内容がまったく松前に伝えられないわけではなかった。弘前藩庁で写しが作られ、青森町奉行ないしは今別町奉行、あるいは三厩の湊目付を通じて松前に送られ、松前藩領内に廻されていた。

この間接的方式は、陸奥地方への到来が恒常化し始める寛延四年（宝暦元年、一七五一）に、触れの廻達順路が混乱したことを契機に考案されたものである。すなわち、この時廻った幕府年貢廻米船遭難触れは、いったん弘前藩領から秋田藩領へ渡されたにもかかわらず、弘前藩庁の判断で取り戻され改めて松前へ送付された。原文が「弘前日記」に未掲載のため詳細は不明だが、恐らく宛所に松前の名がなかったことが原因と見られる。

こうした混乱を避けるべく、弘前藩はその後、次のような取り扱い規則を定めた（「弘前日記」八月八日条）。

公儀より浦触が到来した時、松前の所付け（宛名）がない場合は、松前への順達には及ばない。ただし、内容によって、国元（弘前藩）から（松前に）連絡することもある。その場合は写しを作成し、（弘前藩）町奉行から松前へ知らせることにする。

以後はこの基準での対応となった。一例をあげておこう。明和二年（一七六五）五月、甲州材木流失に関する六ヵ国宛（下総・上総・安房・常陸・陸奥・出羽）の浦触に関する記事である（「弘前日記」）。

九月二十六日　青森町奉行より（藩庁へ）次のような届け出があった。

「先達て御報告申し上げた公儀浦々御触書の写しを、私どもより松前町奉行へ通達しました。この度、返札（返書）が届きましたので、差し上げお目に懸けます。」

この届けを作兵衛（弘前藩家老の棟方作兵衛）へ報告し、松前奉行の返札は青森町奉行へ返却した。

しかし、このような間接的な廻達形態は、蝦夷地が幕府領直轄地となるに及んで変更され、再び触れ原本が直接蝦夷地に渡るようになった。

＊蝦夷地幕領化。第一次＝寛政十一（一七九九）・文化四（一八〇七）～文政四年（一八二一）。第二次＝安政二年（一八五五）～。

北海道立文書館所蔵の箱館奉行所文書（同館デジタルアーカイブ）に、第二次幕領化後に廻った二通が収録されている。

・安政四年（一八五七）八月十四日　幕府勘定所発信。松平阿波守製造異国形船の通船予告。宛所は「武蔵越中島新田より、安房、上総、下総、常陸、陸奥、津軽三厩まで、それより松前・箱館まで　右海岸付き村々名主・組頭」

・安政六年（一八五九）三月十八日　幕府勘定所発信。君沢形御船の品川より長崎までの通船予告。宛所は「武州深川より東海通り箱館まで　海岸付き御料・私領・寺社領名主・組頭」

安政四年触れの廻達ルートが弘前藩領三厩経由だったことからすれば、後者も同様のルートだっただろう。

これらは蝦夷地内においては、箱館奉行を通じて領内へ下達された。幕府の「モンベツ

（紋別）御用所」経由で通達された安政四年触れに対して、地元モンベツの支配人代の清兵衛や惣乙名へイシユク等の提出した請書が残されている。幕領化の中で一部残存した松前藩領でも同様の方式だったと推測される。

出羽国酒田湊の記録

陸奥弘前藩領から国境を越え、浦触の後を追って出羽の酒田湊（山形県酒田市）まで行ってみた。北前船の寄港地として栄えた庄内藩領のこの町にも、浦触を書き留めた古記録が残されていた。町の運営を担った「酒田三十六人」の正徳六年（一七一六）から明治五年（一八七二）に至る業務記録「御用帳」である（『酒田市史　史料篇第一集・第二集』）。途中に欠本年や補遺のみの年があり、また収録に際して取捨選択もあるようだが、長期に及ぶ帳面には浦触がたくさん書き留められていた。収集できた三四通の概要を表24、表25に示した。

「三十六人御用帳」

最初に目を引くのは、日本海を北上し出羽国を終点にした七ヵ国宛の幕府勘定所浦触である。先の弘前藩領でも見たように、三陸経由で廻るコースもあったが、出羽での主流はこちらだった。一例として、文政十三年（一八三〇）七月中旬に到来した浦触を要約して示してみよう。

①浦触本紙

寺西蔵太御代官の管理する陸奥国村々年貢米七百五十石を江戸に送るため、乗り組み員十人の船が正月七日奥州寒風沢《さぶさわ》（宮城県塩竈市）を出帆した。ところが、上総国の沖合で難船してしまった。米九十八石のみ陸揚げできたものの、残りは船もろとも漂流し、いまだ江戸に到着していない。そこで浦々に対して漂着の有無を糺すものである。請書を添えて廻すので昼夜なく刻付けを記して送り、触れ留まりより最寄り御代

内　　容
飛驒材木の流失
長崎俵物請負人名の通告
長崎会所三国丸の通船予告
陸奥年貢廻米積船の捜索
廻米廻船請負人仰せ付け
出羽年貢廻米積船の捜索
蝦夷地御用船通船予告
出羽年貢廻米積船出帆案内
出羽年貢廻米積船の捜索
越前年貢廻米積船の捜索
秋田御用銅積船の捜索
美濃年貢廻米積船の捜索
出羽年貢廻米積船の捜索
陸奥年貢廻米積船の捜索
陸奥年貢廻米積船の捜索
陸奥年貢廻米積船の捜索
豊後年貢廻米積船の捜索
佐竹氏上納鉦銅通船予告
城米備船の案内
肥前年貢廻米積船の
陸奥年貢廻米積船の捜索
昇平丸の通船予告
松平出羽守異国形船の通船予告
伊達遠江守異国形船の通船予告
(同上・同文)
君沢形船の通船予告
藤堂和泉守異国形船の通船予告

表24　酒田湊の浦触

発信年月日	発信者	宛　　所
元文４年(1739)８月８日	幕府勘定所	出羽
安永７年(1778)５月	幕府勘定所	常陸．陸奥．出羽
天明６年(1786)11月	幕府勘定所	大坂河口～長門赤間関．陸奥．松前
天明６年(1786)11月18日	同上	越前．加賀．能登．越中．越後．佐渡．出羽(以下７ヵ国と略す)
天明８年(1788)７月19日	同上	７ヵ国
享和２年(1802)５月10日	幕府勘定所	７ヵ国
享和３年(1803)３月６日	同上	同上
享和３年(1803)４月26日	庄内藩大庄屋	鼠ヶ関～酒田
文政５年(1822)閏１月12日	幕府勘定所	７ヵ国
文政６年(1823)12月	同上	同上
文政６年(1823)11月16日	同上	出羽．陸奥．松前．越後．佐渡
文政10年(1827)６月６日	同上	７ヵ国
文政10年(1827)12月27日	同上	同上
文政13年(1830)５月６日	同上	同上
文政13年(1830)６月26日	同上	同上
天保３年(1832)５月12日	幕府勘定所	７ヵ国
天保９年(1838)３月27日	同上	同上
天保９年(1838)５月３日	同上	出羽土崎湊・能代湊～西海廻り品川湊
天保13年(1842)７月	幕府勘定所	７ヵ国
天保14年(1843)６月	同上	同上
安政２年(1855)８月	幕府勘定所	７ヵ国
安政２年(1855)11月６日	長崎奉行	御料私領津々浦々
安政３年(1856)２月17日	幕府勘定所	越後今町．寺泊．佐渡．越後．出羽酒田
安政３年(1856)２月29日	同上	同上
安政３年(1856)２月29日	同上	武蔵中島新田～下総．上総．安房．常陸．陸奥．出羽酒田
安政３年(1856)７月	同上	越後今町．寺泊．佐渡．越後．出羽酒田
安政４年(1857)１月20日	同上	武蔵越中島新田～下総．上総．安房．常陸．陸奥．出羽酒田

官池田仙九郎役所へ届け、御勘定所へ返却せよ。

寅五月六日　兵吾（勘定吟味役・柑本祐之）

（ほか吟味役四名、勘定奉行四名、略）

越前・加賀・能登・越中・越後・佐渡・出羽

右七ヵ国浦付き、御料・私領・寺社領村々　名主・組頭

②添状

右の通りの御触書が出たので、本紙は封印して油紙で包み写しを添えて廻す。浦役人は拝見の上で別紙帳面に請書をしたため印を捺すように。前書の国々を漏れなく昼夜

松平大膳太夫異国形船の通船予告

昇平丸の通船予告(年貢米輸送)

昇平丸の通船予告(年貢米輸送)

昇平丸の通船予告(年貢米輸送)

箱館へ人足輸送の通告

信濃材木江戸へ回漕予告

英国軍艦ヘジウスの通船予告

安政4年(1857)3月29日	幕府勘定所	越後今町．寺泊．佐渡．越後．出羽酒田
安政6年(1859)6月18日	同上	7ヵ国
安政6年(1859)5月25日	同上	武蔵深川～出羽酒田湊まで東海道
万延1年(1860)8月	同上	7ヵ国
文久3年(1863)10月10日	幕府勘定所	武蔵品川浦～浦賀～陸奥．出羽
慶応3年(1867)1月5日	同上	信濃秋和村～千曲川～越後．出羽．陸奥．常陸(中略)．武蔵本所石置き場
慶応3年(1867)9月12日	同上	武蔵横浜湊～下総．上総．安房．常陸．陸奥．出羽

表25　酒田湊の浦触（テーマ別通数）

年	全	年貢米	材木	瓦、銅	異国形船	その他
1731～1740	1		1			
1741～1750						
1751～1760						
1761～1770						
1771～1780	1					1
1781～1790	3	2				1
1791～1800						
1801～1810	3	2				1
1811～1820						
1821～1830	7	6		1		
1831～1840	3	2		1		
1841～1850	2	2				
1851～1860	11	4			7	
1861～1868	3		1		1	1
合計	34	18	2	2	8	4
%	100	52.9	5.9	5.9	23.5	11.8

を限らず刻付けをもって早々に廻し、触れ留まりより池田仙九郎役所へ返却せよ。

文政十三年六月十日　大　帯刀（大井永昌）

右浦付き、御料・私領・寺社領村々　名主・組頭

上総沖で遭難した江戸廻米積載船の捜索触れである。「御用帳」には七月六日と同二十二日の間に書き留められている。②の添状をしたためた大井帯刀は、飛驒の幕府領管理を本務とする高山代官所の飛驒郡代である。この触れは江戸から高山代官所に送られ、そこから越前を起点に北へ辿り酒田湊に到来したのだった。触れの返却先に指定された池田仙九郎役所は、出羽国村山郡柴橋（山形県寒河江《さがえ》市）に置かれた幕府代官の陣屋である。

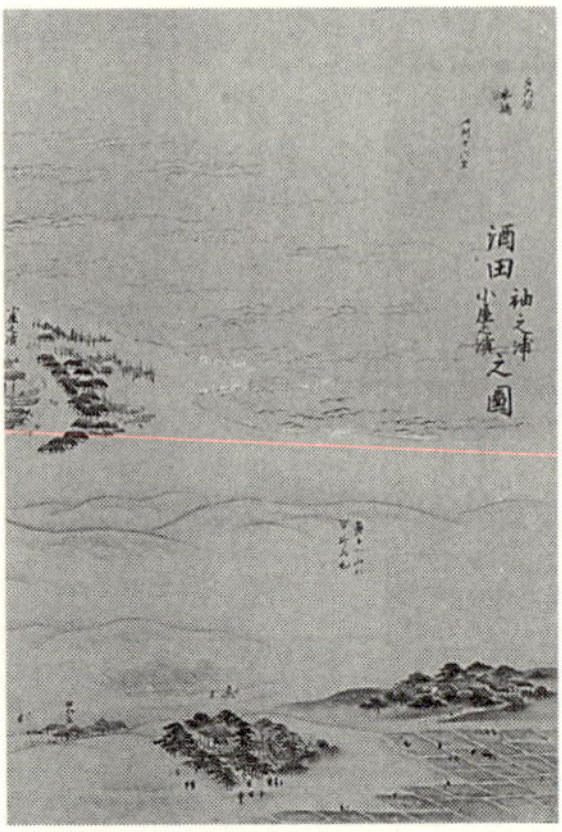

触れの内容

三四通のうち三二通が幕府勘定所触れで、半数の一七通が越前～出羽七ヵ国に宛てた幕府年貢廻米船の未着や漂着、あるいは回漕予告がテーマであった。一三通には年貢米の産出国が記されるが、うち四通は出羽米、五通は陸奥米である。

幕末にはこの地方でも異国形船の通船予告が目立つようになる。この場合は三陸ルート、日

図15　酒田袖之浦・小屋之浜之図　本間美術館所蔵

本海北上ルートともに酒田が触れ留まりに指定され、柴橋陣屋かあるいは幕府領を預かる庄内藩鶴岡の川端役所（山形県鶴岡市）まで返却するきまりとなっていた。ただし、日本海ルートは飛騨高山経由ではなく、越後川浦（新潟県上越市）の幕府代官所経由で、同国頸城《くびき》郡今町（直江津《なおえつ》。新潟県上越市）を始まりとして北上してきた。

二通だが、瓦や銅に関するものもあった。

・文政六年（一八二三）　佐竹領（秋田藩）からの御用銅二百個二万斤を積み、出羽土《つち》崎《ざき》湊（秋田市）から大坂に向け出帆した船が未着である。入津の有無を調査せよ。

・天保九年（一八三八）　佐竹氏が江戸城西の丸普請用に献上する鉦銅を、土崎湊・能代《のしろ》湊（秋田県能代市）から江戸品川湊へ廻す。難船などの時は援助せよ。

前者は宛所がやや変則的で、出羽・陸奥・松前・越後・佐渡五ヵ国をあげている。珍しく松前も宛名に見える。酒田湊へは文政七年二月二日に北方の吹浦《ふくら》村（山形県飽海《あくみ》郡遊佐《ゆざ》町）から廻り、すぐに南隣の宮野浦（酒田市）へ継ぎ送る。念のため「弘前日記」で探してみると、こちらは前年の十二月に通過していた。

・文政六年十二月十六日　公儀御用銅に関する触れが、今別宿より三厩に到る。
・十二月二十七日　順風につき、三厩より松前表へ継ぎ送り。
・文政七年正月十七日　触れが松前表より三厩に戻る。
・正月二十二日　黒崎村より大間越へ到来。秋田領岩館村へ送付。

触れ本紙では「出羽→陸奥→松前」の順だが、実際には陸奥国から廻り始めた模様で、弘前藩領通過の途中で松前へ送られ、再び弘前領に戻り出羽秋田領、そして酒田へのルートを辿ったことがわかる。

表24には材木回漕も二通あがっている。一通は、越中伏木湊《ふしきみなと》（富山県高岡市）から江戸へ回漕中の飛驒材木が陸奥北郡市川浦（青森県八戸市）で散乱した、という元文四年（一七三九）触れ、もう一通は、信濃佐久《さく》郡馬流《まながし》村（長野県南佐久郡小海《こうみ》町）付近で伐採の槻・梅・樅・杉・赤松など一万三千本を江戸へ回漕する、という慶応三年（一八六七）触

れである。前者は出羽一国の海辺村宛だが、後者は川筋も含んだ広域を対象にした。

信州秋和《あきわ》村（上田市）より千曲川・信濃川川筋、越後新潟まで。それより越後、出羽、陸奥、常陸、下総、上総、安房、伊豆、相模、武蔵本所一丁目の石置き場まで。スタートの秋和村は上田城下近く、千曲川縁に位置する。材木はここで筏に組まれて新潟湊まで川を下り、東廻りで江戸に向かうコースだった。日本海に搬出された飛騨材・信濃材の回漕コースがわかる事例である。

酒田湊の「御用帳」から出羽の浦触事情を瞥見した。港町として賑わいを見せた酒田にも、幕府年貢米回漕を中心テーマにした浦触が廻って来ていた。

越中・能登・加賀では

西廻り海運の整備

出羽酒田の「御用帳」は正徳六年（一七一六）の起筆であり、浦触記事は元文四年（一七三九）を初見としたが、日本海沿岸への廻達は十七世紀後半に始まっていた。加賀・能登・越中地方で収集した何点かの浦触史料から、この地方における江戸前期〜中期の浦触事情を探ってみたい。

この地方へ到来した最初の浦触は、これまでの調査では、西廻り海運の整備に伴う出羽国年貢米の江戸回漕関連の触れである。加賀藩の農政担当奉行の記録や能登国村々の村政史料に散見される。

①寛文十一年（一六七一）十二月　幕府老中発信、「江戸より羽州秋田まで、浦々湊中」宛。

本文……出羽延沢《のべさわ》（山形県尾花沢市《おばなざわ》）・大山（同県鶴岡市）・漆山《うるしやま》（山形市）領の米を城米として江戸へ廻すので、難風の際は援助せよ。破船・濡れ米などについては、浦辺の所々に配置する河村瑞賢《かわむらずいけん》の手代へ注進せよ。なお、勘定所から通達する（「浦方御定」『加賀藩農政経済史料』ほか）。

②右の添状　幕府勘定頭（勘定奉行）発信、「江戸より羽州秋田まで、浦々湊中」宛。

本文……老中から廻状が出されたので、これを守るように。破船・濡れ米に関しては、以下の湊に派遣する瑞賢の手代に届け出よ。

出羽坂田（酒田市）、佐渡小木《おぎ》（新潟県佐渡市）、能登福浦《ふくら》（石川県羽咋《はくい》郡志賀町）、但馬柴山（兵庫県美方《みかた》郡香美《かみ》町）、石見湯津《ゆのつ》（温泉津、島根県大田市）、長門下関、摂津大坂、紀伊大島（和歌山県東牟婁《むろ》郡串本《くしもと》町）、伊勢方座《ほうざ》（三重県度会《わたらい》郡南伊勢町）、志摩安乗《あのり》（同県志摩市阿児《あご》町）、武蔵江戸（『奥能登時国家文書』ほか）。

③寛文十三年（一六七三）二月　幕府勘定頭発信、「酒田より江戸まで、浦々御料・私領中」宛。

本文……出羽漆山・延沢・大山・丸岡（鶴岡市）・由利《ゆり》（秋田県由利本荘市《ゆりほんじょう》）の御料米を城米として廻すので風波の節は援助せよ、など五ヵ条。付属文書として「船中へあい渡し艫《とも》の間に張り置き候覚書」を付ける（「浦方御定」ほか）。

①②は出羽国の幕府領年貢米を初めて西廻り航路で江戸に回漕するに際して出された、老中の浦触と勘定頭の添状である。遭難した時の援助や破船・濡れ米の処理を浦々に命じ、届け先を通告している。また③は、右の二年後、新たに丸岡と由利を加えた五ヵ所からの回漕を知らせたものである。こちらは勘定頭単独の発信だが、文末に「右の通り、申し遣わすべきの旨、御老中の指図によりかくのごとくである」と注記し、老中の指示によることを強調している。

これらの触れは、じつは前章でみた三河の「田原藩日記」にも収録されており（表17、19）、③の触れに付記された覚書から、横断ルートで廻達されていたことがわかる。しかし、加賀藩領では藩庁からの下達だった。①について記した同藩能州（能登）郡奉行の記録からその様子が窺える。通達の経緯は次のようであった（「浦方御定」）。

・（寛文十二年正月）藩の「寄合所」（藩の最高意志決定機関）から算用場奉行（財政・民政を統括）に対して、①の浦触の領内への下達が命じられる。
・算用場から能州郡奉行の三島彦右衛門・田代弥右衛門に対して、「御支配中」（管轄区域）へ①を周知徹底するようにと通達される。
・三島・田代が支配下の羽咋郡・鹿島郡の十村《とむら》（大庄屋）に対して、各組中への周知を命じる。

「加賀藩寄合場→算用場奉行→郡奉行→十村→（海辺村々）」と下達されていった様子がよくわかる。

この触れに対して、村々からは請書が提出された。陸奥菊多《きくた》藩領（土方氏、外様、二万石）であった能登国鳳至《ふげし》郡時国《ときくに》村（石川県輪島市）・大野村（同市）・伏戸《ふせど》村（同市）が、奉行宛にしたためた請書の文面が残っている（『奥能登時国家文書』）。

御公儀御城米舟を羽州延沢・大山・漆山から江戸へ御廻しなさるという、御公儀よりの御触れ御書付の写しを確かに拝見し、承知しました。もしこの辺へ右の御城米舟が到来した時は油断なくお世話いたします（後略）。

寛文十二年子の閏六月十七日　　時国村肝煎　長左衛門
同村与頭　弥次兵衛
（ほか大野村、伏戸村肝煎・与頭五名、略）

宮沢半右衛門殿（菊多藩奉行）
羽石重兵衛殿（同）

自領主の奉行宛という点に、領主経由での触れ通達だったことがよく表れている。

飛騨材木の回漕

元禄八年（一六九五）五月に幕府勘定所が発信した、飛騨から江戸への御用材回漕触れの写しと関係記録が、加賀藩領の越中国礪波《となみ》郡小瀬《おぜ》村（富山県南砺《なんと》市）に残されている（『富山県史』史料編4）。宛先は省略されているが、次のような文面だった。

飛驒から江戸への御用木・運上木の回漕を、大岡屋治右衛門・岡村屋忠五郎・大文字屋新右衛門が請負った。もし海上で破船し材木が流れついた時は、その所に差し置くように。届け出先は以下の通りである。

越中より能登、加賀、越前、若狭、丹後、但馬、因幡、伯耆、出雲、石見、長門までの浦々は、越中岩瀬湊（富山市）の船問屋へ。

周防より安芸、備前、備中、備後、播磨、摂津、和泉、紀伊、筑前、豊前、豊後、伊予、讃岐、阿波、淡路までの浦々は大坂長堀の平野屋清右衛門へ。

伊勢より志摩までの浦々は三河国鷲塚《わしづか》湊（愛知県碧南《へきなん》市）の大岡屋治右衛門へ。

御用木・運上木に打った木印鑑を渡すので、これと引き合わせるようにせよ。右の通り心得るように領内の海辺村々へ申し付けよ。

小瀬村が庄川上流、五箇山近くの山間部に位置することや、届け出先の国名から見て、材木は飛驒山中から庄川を下し、富山湾から西廻りで日本海・瀬戸内を経て江戸に運ぶ手はずだったと見受けられる。

これも当地では下達ルートでの廻達だった。関係記録によれば、浦触と極印の写しは加賀藩江戸屋敷から国元に送られ、算用場から郡奉行へ、郡奉行から庄川筋担当の十村へ、そして十村から小瀬村へと通達されている。

なお、次の宝永七年（一七一〇）触れを参照すると、どうやらこの触れは、廻送を請負った大岡屋（三河鷲塚湊）、岡村屋（江戸本石《ほんごく》町）、大文字屋（同）の手代らが加賀藩江戸屋敷へ持参し、そこから国元藩庁へ伝達された商人介在型の可能性が高い。ちなみに「田原藩日記」には、手代たちが携行して田原城下まで訪れたとある。初期の勘定所浦触の商人介在型に、城下町訪問方式と大名江戸屋敷訪問方式の二タイプがあったことになる。

請負商人が持参　宝永七年（一七一〇）八月にも、飛騨材の江戸回漕を予告した幕府勘定所の浦触が「越中国・能登国・加賀国、御料・私領浦々海辺」へ廻ったが、この時は明らかに商人介在による廻達だった。加賀藩「改作所旧記」により金沢の藩庁までの伝達経路がよくわかる。（『富山県史』史料編4）。

①飛騨国御用木の江戸回漕を請負った久須見屋と三木屋に対して、幕府勘定奉行連名の浦触が渡される。

②久須見屋が浦触を加賀藩江戸上屋敷に持参し、加賀藩領内の川通り・海辺への通知を依頼する。久須見屋に対して了解の旨の覚え書きを渡す。

③加賀藩江戸家老衆より国元へ浦触の写しなどが送付される。国元家老から算用場の奉

行に対して領内への通達指示が申し渡される。

触れは、「幕府勘定奉行→久須見屋・三木屋→加賀藩江戸藩邸→国元→算用場→（領内村々）」と渡っている。残念ながらこの年の「田原藩日記」は欠本だが、恐らく田原へはこの時も久須見屋・三木屋の手代が来訪したことだろう。

加賀藩領村々では、藩に宛てて承知した旨の請書を提出した。能登国鳳至郡谷内《やち》村（輪島市）には、村役人五名を含む村民八九人が連印し、同郡十村の稲舟《いなぶね》村（同市）新助に提出した請書の写しが残されている（『輪島市史』資料編4）。

村継ぎを報告

加賀藩領でも享保期（一七一六〜三六）に入り、横断ルートでの廻達が見られるようになる。弘前藩領横断型の早い事例として注目した享保四年（一七一九）触れが、ここでも同方式で廻った。国文学研究資料館（もと国立史料館）の祭魚洞《さいぎょどう》文庫に収録された加賀藩郡奉行の記録に、受け渡しの様子が記録されている（『能州四郡郡方御用留』）。

（a）「公儀御年貢米を東浦海上から江戸御蔵へ廻すことについて、浦々宛の御勘定所の廻状（浦触）が安宅《あたか》浦（小松市）へ廻りました」と、伊藤彦兵衛（小松町奉行）から写しが提出された。（中略）各々（郡奉行）の浦々へはすでに廻ったと思うが、念のため写しを送るので承知せよ。廻状の通りきっと守るよう浦々へ申し渡し、請書を提出させよ。
（後略）
（享保五年）五月十二日
御算用場
山森多宮殿（能州郡奉行）
沢田十郎兵衛殿（同右）
（b）右の通り申して来たので写しを遣わす。浦方の者どもへ必ず申し渡し、請書を提出させるように（後略）。
子五月廿六日
山森多宮
沢田十郎兵衛
羽咋郡　鹿島郡　鳳至郡　珠洲郡　十村中
（浦触本紙、略）

（a）部分が加賀藩の算用場から同藩能登領を管理する能州郡奉行の山森・沢田へ宛てた通達、（b）が能州郡奉行から能登四郡の十村宛の達書である。注目したいのは（a）の傍線箇所「伊藤彦兵衛から写しが提出された」「各々の浦々へはすでに廻ったと思うが、念のため写しを送るので承知せよ」である。つまりこの触れは、藩庁を経由して領内へ下達されるルートではなく、海辺村を通貫する横断ルートでの廻達だった。領内の安宅浦を通過した時点で小松町奉行が写しを作成し、藩庁へ届けたのである。それを承けて、藩から(a)(b)の指示が出され、周知徹底が図られたのであった。

これまでの調査では、弘前藩領でも加賀藩領でも、この触れが横断型の初出事例である。

下達ルートも併用

しかし、この地方ではこの後も下達ルートでの廻達もあった。元文四年（一七三九）十一月、「加賀国・能登国　海辺村々」に宛てた幕府勘定所浦触は、加賀藩庁を通じて藩領内および預かり所村々へ触れられている。次のような内容であった。

長谷川庄五郎代官所（高山代官所）管轄の飛驒国北山の榑木《くれき》材木が海辺へ流出した。庄五郎手代が海辺を改めるので、榑木が流れ寄ったならばすぐに取り上げ置き、庄五郎手代へ渡すように（後略）。

当時、加賀藩預かりの幕府領だった能登国羽咋郡安部屋《あぶや》村（羽咋郡志賀町）と町村（同）ではこの触れを預かり役所から通達され、承知の請書を同役所に提出している（『志賀町史』資料編2）。この地方では横断型ルートの開始後も、両ルートは併用されたとみられる。

以上、本節では加賀藩領を中心に、日本海沿岸地方における江戸前期〜中期の浦触廻達の様子を観察した。この地方には西廻り海運の整備段階から、幕府老中や勘定所発信の浦触が廻っていた。それらは当初は、先の弘前藩領・陸奥国と同様に下達方式が採用されていたが、十八世紀前半期になると、これまた弘前藩領・陸奥国同様に横断型での廻達が見られるようになった。

山陰から山陽へ

石見国大浦湊

大浦湊の「御用留」

日本海沿岸地方に属する石見国で、江戸後期の浦触廻達の様子がわかる史料に出会った。石見大森銀山の近く、幕府大森代官所領であった石見国迩《に》摩《ま》郡磯竹《いそたけ》村大浦《おうら》湊（島根県大田市五十猛《いそたけ》町）の「御用留」である（島根大学附属図書館所蔵）。

磯竹村の枝郷だった大浦湊は、温泉津《ゆのつ》湊（大田市）とともに大森代官所年貢米の積み出し湊として栄え、文書を保存した林家は湊の年寄役を務めるとともに廻船問屋でもあった。一九九〇年、集中講義に島根大学へ招かれた折、松尾寿氏（現、島根大学名誉教授）に教えていただき閲覧したところ、正徳二年（一七一二）から断続的に残る「御用留」のなかに三一通を発見できた。発信者別に一覧化した表26で見ていこう。

ここでも最も多いのは幕府勘定所触れで半数近くの一五通にのぼり、ついで大坂町奉行ないしは町奉行・船手連名が七通、幕府大森代官所関係四通。ほかに長崎奉行一通、松江藩一通、その他三通であった。

幕府勘定所の一五通の内訳は、年貢米や御用材が六通、幕末期の異国形船通船が九通となっている。このうち、前者の触れは、江戸から大森代官所に送られてきて、代官の添状とともに「石見、出雲、隠岐、伯耆、因幡、但馬、丹後、若狭」の八ヵ国へ向かうルートを通例とした。大森代官の添状は、たとえばこんな文面だった。天保三年（一八三二）五月触れの場合である。

御勘定所から右の浦触一通が渡された。本紙に墨や汚れが付かないように写しを作成して一緒に遣わす。本紙を拝見したい者は、開封して拝見したうえで元の通りに封をし、開封した理由を別紙に記すこと。浦々は大切に取り扱い、案文の通りに請文を記して請印を捺し、昼夜を限らず刻付けをもって早々に順達せよ。触れ留まりより、最寄りの鈴木半十郎（幕府生野《いくの》代官）役所に届け出よ。

江戸→大森代官所→石見〜若狭→但馬生野代官所のルートである。ちなみに、出羽酒田湊へは同文の触れが、飛驒郡代の添状付きで「越前、加賀、能登、越中、越後、佐渡、出羽」を宛名にして廻っていた。日本海沿岸の国々を二分しての廻達だったことがよくわかる。

二ルートの終点

同じ幕府勘定所の浦触でも、幕末期を特徴づける君沢形、異国形船の通船に対しては別のルートが指定された。一つは越後国今町（新潟県上越市）を起点に日本海沿岸を西に降って大浦湊に至るルート、他は大坂に始まり山陽の国々を経て同じく大浦湊を終点とするルートである。

松平出羽守（松江藩）製造船の通船を予告した安政三年（一八五六）二月十七日触れや、同月二十九日付けの伊達遠江守（宇和島藩）製造船通船予告触れについては、それぞれ両ルートでの到来が記録されている。前者を例にとれば、大坂スタート・山陽経由の方は、

内　容
朝鮮通信使来聘，廻船雇い入れ令
流人船の回漕予告
流人船の回漕予告
佐渡金銀山水替人足の輸送予告
佐渡金銀山水替人足の輸送予告
流人船の回漕予告
佐渡金銀山水替人足の輸送予告
陸奥年貢江戸廻米積船の捜索
越後年貢廻米御用船の援助指示
出羽年貢江戸廻米積船の捜索
尾張殿献納江戸廻木の流失
城米備船の案内
松平出羽守異国形船の通船予告
松平出羽守異国形船の通船予告
伊達遠江守異国形船の通船予告
伊達遠江守異国形船の通船予告
君沢形船の通船予告
出羽年貢江戸廻米積船の捜索
藤堂和泉守異国形船の通船予告
松平大膳太夫異国形船の通船予告
昇平丸の通船予告
昇平丸の通船予告
江戸廻米積船の出帆予告
石見年貢江戸廻米船難船につき調査
越後年貢江戸廻米積船の捜索
石見年貢廻米積船航行の援助指示
昇平丸の通船予告
漂着異国船の長崎回漕予告
流人船の赤間関出帆予告
流人船の赤間関出帆予告
上記流人船への漕船・番船提供指示

表26　石見大浦湊の浦触（発信者別）

発信年月日	発信者	宛　所
文化7年(1810)8月28日	大坂町奉行	長門．石見．出雲．伯耆．因幡
天保2年(1831)5月	大坂船手・町奉行	大坂～隠岐
天保6年(1835)5月	同上	大坂～隠岐
天保12年(1841)4月	同上	大坂～佐渡
安政2年(1855)3月	同上	大坂～佐渡
安政3年(1856)5月	同上	大坂～隠岐
安政6年(1859)5月	同上	大坂～佐渡
天保3年(1832)5月12日	幕府勘定所	石見．出雲．隠岐．伯耆．因幡．但馬．丹後．若狭(以下8ヵ国と略)
天保4年(1833)5月	同上	8ヵ国
天保4年(1833)10月22日	同上	8ヵ国
天保9年(1838)8月4日	同上	8ヵ国
天保13年(1842)7月	同上	8ヵ国
安政3年(1856)2月17日	同上	大坂～播磨．備前．備中．備後．安芸．周防．長門～石見大浦(*)
安政3年(1856)2月17日	同上	越後今町～越後．能登．加賀．越前．若狭．丹後．但馬．因幡．伯耆．出雲～石見大浦(**)
安政3年(1856)2月29日	同上	(*)に同じ
安政3年(1856)2月29日	同上	(**)に同じ
安政3年(1856)7月	同上	(*)に同じ
安政3年(1856)12月	同上	8ヵ国
安政4年(1857)1月28日	同上	(*)に同じ
安政4年(1857)3月29日	同上	(*)に同じ
安政6年(1859)5月	同上	8ヵ国
安政6年(1859)5月24日	同上	越後新潟～長門下関～江戸
文政13年(1830)7月3日	大森代官手代	大浦～温泉津
天保10年(1839)3月14日	同上	宇竜浦～小浜村
天保12年(1841)6月5日	同上	石見飯野浦～出雲三保関
元治1年(1864)	大森代官	大浦～(中略)～戸之浦
安政2年(1855)11月	長崎奉行	津々浦々
文政13年(1830)12月13日	松平出羽守(松江藩)	長崎まで
天保2年(1831)6月11日	御用流人船	長門赤間関～出雲宇竜浦
天保6年(1835)6月15日	同上	赤間関～出雲宇竜浦
天保6年(1835)6月25日	温泉津船着詰	湯湊浦～波根東浦

注　大森代官発信の領内触れは掲載していない．

幕府大坂代官増田作右衛門の添状付きで、四月七日に南隣の宅野《たくの》浦（大田市）から送られてきた。他方、越後今町スタート・日本海ルートの方は、幕府川浦代官里見源左衛門の添状付きで一ヵ月ほど遅れの五月五日、北隣の魚津浦（大田市）から届いている。こちらは扱いが悪く、本紙は上紙が擦り切れ、写しも擦り切れ、かつ墨汚れもあった。

大坂船手・町奉行

大坂船手と大坂町奉行の浦触もしばしば廻ってきた。すでにあちこちで遭遇した馴染の触れだが、この地を通過したものは隠岐への流人送りと佐渡への水替え人足輸送を主要なテーマとしており、ほかに朝鮮通信使関係が一通あった。天保二年（一八三一）五月、「大坂より隠岐国まで、御料・私領浦々　庄屋・年寄」に宛てた流人送りをあげてみよう。

京都・奈良・大坂・堺の流人二十二人を隠岐島へ遣わす。大坂で今津屋亀次郎船・沖船頭定助の船へ乗せ、宰領の者が付き添って近日出船する。もし海上で難風に逢うか、または急用の場合は、浦々で迅速に対応せよ。この旨を記した折紙を宰領と船頭にも持たせる。この浦触状は浦継ぎで順々に遣わし、隠岐の松平出羽守家来から返却するように。

この時送られた流人は二二人。その後、天保六年（一八三五）には京都・大坂・堺の一八人、安政三年（一八五六）にも京都・奈良・大坂・堺の三四人が隠岐送りとなっている。

毎回多人数の島送りである。隠岐まで廻した触れは、松江藩の家来経由で大坂に戻すようにと指示されていた。これは隠岐が同藩の預かり地だったことによっている。なお、宰領と船頭に持たせた「この旨を記した折紙」とは、プロローグにも注記した船中携行用の「浦触」であろう。

流人船の宰領や沿岸湊の湊役人が、航行情報を発信することもあった。天保二年（一八三一）六月十一日、天保六年（一八三五）六月十五日、同年同月二十五日の三通がそれに当たる。天保二年六月十一日に、「長州赤間関《あかまがせき》（山口県下関市）より雲州宇竜《うりゅう》浦（島根県出雲市大社町）まで、浦々庄屋・年寄中」に向けて、流人船宰領の福井定助ほか二名が送った浦触はこんな文面であった。

昨日十日、長州赤間関に着船した。天気次第出帆する。流人が多人数なので五百石積みに乗船している。浦々では漕ぎ船を用意し出迎えるように。この触れ状は雲州宇竜浦に留め置き、我々が到着した際に差し戻すように。

このような流人送りと同じタイプに、佐渡水替え人足輸送が三通ある。佐渡水替え人足とは、金山の坑道排水作業に従事する無宿者のことである。天保十二年（一八四一）、安政二年（一八五五）、安政六年（一八五九）にそれぞれ一〇人、三〇人、二二人が送られた。こちらは、順達後は佐渡相川の幕府奉行所へ返却するルールだった。

大名発信は、肥前星賀《ほしか》村や肥後天草へも廻った漂着異国船の長崎回漕予告である。文政十三年（一八三〇）、松江藩から「長崎まで、浦々御役人中」宛のものがあげられる。

松平出羽守の預かり所である隠岐国の島前知夫里《ちぶり》郡別府村（島根県隠岐郡西ノ島町）耳浦に、当十一月六日、異国船が一艘漂着した。公儀から仰せ付けられ、引き船で同船および船具などを長崎へ送る。日和次第隠岐国を出帆するので、浦々への出入りの節、頼み次第漕ぎ船を差し出すように。

大名、大森代官

幕府浦触の中継役所である大森代官所が、独自に発信することもあった。代官ないし手代の名で四通が出されている。いずれも江戸廻米船の航行予告や捜索に関する内容で、石見国内ないしは出雲国に至る沿岸村を範囲とした比較的ローカルなものである。

天保十年（一八三九）三月、石見国幕府領の年貢米積載船が難破し出雲国鷺浦《さぎうら》（出雲市大社町）に漂着した時は、派遣された大森代官所の役人が、宇竜浦（出雲市）から小浜村（大田市）に至る出雲国神門《かんど》郡村々一四ヵ村（松江藩領）と、石見国迩摩郡村々一四ヵ村（大森代官所領）に宛てて廻している。また元治元年（一八六四）、石見年貢米を大浦・温泉津両湊から戸之浦湊（浜田市、浜田藩領）へ向けて回漕する際には、大森代官所領と浜田藩領を含む迩摩郡大浦から那賀《なか》郡戸之浦間の二四ヵ村に援助を命じている。

ところで表26には掲げなかったが、もちろん大森代官所は自分支配の領内に対して、海事や海辺管理に関する領内触れも発信していた。九州天草で紹介した島原藩の藩触れや、三河刈谷藩の藩触れに相当するものである。一例として、領内の尾浜浦（島根県江津《ごうつ》市）で越前敦賀の商船が破船した際、現地に派遣された代官手代が発した触れをあげてみよう。

越前国敦賀湊の組屋伝兵衛所持で沖船頭庄吉の船が、昨十日（文化十三年、一八一六、九月）昼九つ時（午後零時頃）に尾浜浦で破船した。乗員は上陸したが積み荷物は次々海に放擲した。浦々に船具・船滓の類が流れ寄ったならば取り上げ置き早々に届け出るように。（中略）この廻状の浦名の下に請印を捺し、刻付けをもってあい廻し、留まり浦より大森御役所へ返却せよ。

尾浜浦より東に位置する那賀郡（浜田市・江津市の一部など）、迩摩郡（大田市・江津市・邑智《おおち》郡川本町の一部）、安濃《あの》郡（出雲市、大田市の一部）の幕府領二二ヵ村に対して、漂流物の確保を命じる内容であるが、これは浦触研究にとってなかなか興味深い。というのも、この触れは、第一に越前敦賀の組屋の持ち船という民間船の海難を扱っている。しかし第二に、廻達範囲は代官所管理の幕府領に限定されているからである。同種のものでも幕府御用については、所領の範囲を超え松江藩領ないしは浜田藩領村々にまで送られていた。

しかし、こちらは同じ安濃郡内でも松江藩領村々は範囲外であった。

つまり、個々の領主（ここでは幕府代官）の領内触れは、民間船の海難をも対象にするが、その範囲は自領・他領の枠組みに制約されていた。他方、浦触は、御料・私領の別なく継ぎ送られる横断型だったが、内容はもっぱら幕府御用に関するものであった。大森代官所の浦触と領内触れは、それぞれが持つ特徴や役割をわかりやすく示しているといえよう。

以上、大浦湊の「御用帳」から、この地方を廻った江戸後期〜幕末期の浦触の様子を概観した。山陰地方への触れ内容や複数の廻達ルートの存在、浦触と領内触れとの相違など、いくつもの発見があった。私にとって縁の薄かった石見国や大浦湊は、林家文書を通じて親しい土地となった。

備前国岡山藩領

大浦湊に到来の浦触からも明らかなように、瀬戸内の山陽側を辿るルートが存在した。本節では、山陰から山陽へ回ってみる。最後のフィールド・ワークということになる。

備前国児島郡味野村

調査した史料は、備前国児島郡味野《あじの》村（岡山県倉敷市）の荻野家文書に含まれる十七世紀末から江戸後半期に及ぶ御用留帳類である（岡山大学附属図書館所蔵）。じつは、伊予中島の小浜村と同様に、この文書との遭遇も年貢徴収法の「土免」研究繋がりであった。プロローグで紹介したように「土免」（「春免《はるめん》」「春定《はるさだめ》」）史料の調査を進めていた頃、岡山藩領でも同じ徴租法が採用されていたと知り、岡山大学附属図書館を訪問したのである。閲覧した村方《むらかた》文書の一つに荻野家文書があり、そのなかに山陽地方を行き交った浦触史料も含まれていた。

備前国の西端、瀬戸内海に面した味野村の名主を代々勤めた荻野家は、善左衛門の時代の貞享四年（一六八七）から元禄十三年（一七〇〇）の間、近隣一〇ヵ村ほどを束ねる藩の下肝煎《きもいり》役（大庄屋）にも任じられていた。残存する御用留帳（「諸事廻文留帳」「諸廻文留帳」「御用留帳」）のうち元禄二（一六八九）、四、六、九、十、十三年分は、彼が下肝煎役時代に記した業務日誌である。まずはこのなかから拾い出した浦触を対象に、江戸中期、十七世紀末～十八世紀初頭における当地方の様子を観察してみる。

収集した一〇通の概要を表27に示した。西へ向かった六通はいずれも大坂船手・町奉行連名の浦触である。東に向かった四通は、幕府勘定所、石見温泉津の浦役人、豊後高松浦（大分市）庄屋の発信であった。

一〇通の内容を読み合わせ較べてみると、この時期はちょうど味野村・岡山藩領・山陽地方の廻達にとって転機であることがわかっ

内容
伊予宇摩郡用木江戸回漕の予告
大坂城納の年貢銀出船予告
漂着朝鮮人の対馬護送予告
流人船の回漕予告
流人船の回漕予告
流人船の回漕予告
大坂城納の年貢銀出船予告
赦免流人船の回漕予告　＊4
流人船の回漕予告
流人船の回漕予告

表27　備前味野村の浦触（1）

発信年月日	発　信　者	宛　　　所
元禄２年(1689)	(浦触記事なし)	
元禄４年(1691)３月	幕府勘定所	＊1
元禄６年(1693)11月16日	豊後高松浦庄屋	豊後三佐浦庄屋　＊2
元禄９年(1696)10月11日	大坂船手・町奉行	大坂〜対馬
元禄10年(1697)10月22日	大坂船手・町奉行	大坂〜隠岐
元禄13年(1700)――	(大坂船手・町奉行)	(大坂〜薩摩)
元禄13年(1700)３月14日	大坂船手・町奉行	大坂〜佐渡
元禄13年(1700)３月18日	豊後高松浦庄屋	豊後三佐浦庄屋　＊3
元禄13年(1700)８月19日	石見温泉津浦役人	石見〜大坂
元禄13年(1700)10月26日	大坂船手・町奉行	大坂〜隠岐
元禄13年(1700)11月６日	大坂船手・町奉行	大坂〜五島

注　＊1　伊予，讃岐，備前，播磨，摂津，和泉，阿波，紀伊，伊勢，尾張，三河，遠江，駿河，伊豆，相模，武蔵

＊2　「順々浦継ぎ摂津国尼ヶ崎まで御触れくださるべく候」

＊3　「順々浦継ぎ摂津国尼ヶ崎浦まで仰せ達し下さるべく候」

＊4　「浦継ぎあい廻し候様，武兵衛殿(大森代官所役人の田辺武兵衛)仰せ渡され候に付き」

た。要点を先に示せば、以下の三点にまとめられる。

①元禄九年（一六九六）までは、幕府勘定所や大坂役人の浦触は、藩庁からの下達ルートで海辺村に届いていた。

②この頃は他国の幕府代官所の地元庄屋から、海辺村同士のつながりを頼みに送達される廻文（浦触）もあった。

③元禄十年（一六九七）を画期として、横断ルートで廻達が始まった。

藩庁より下達　まず①の事例として、元禄四年（一六九一）三月触れおよび関係

史料をあげてみよう。荻原重秀ら三人の勘定奉行と勘定吟味役一人から、伊予～江戸間の一六ヵ国に宛てられた浦触である。じつはこれは「田原藩日記」の項で、請負商人介在型として紹介したものと同じ触れである。そこでは省略した本文と、岡山藩が領内村々に提出を命じた承諾書の雛形を示す。

（a）覚

後藤覚右衛門（五畿内代官）御代官所が管理する伊予国宇摩郡（四国中央市、新居浜市《にいはま》の一部）御林の御用木江戸回漕を、（江戸霊岸島《れいがんじま》の）伏見屋四郎兵衛が請負った。もし海辺・川辺で滞っている時は、御料・私領とも援助するように。大水、大波のために流れ寄った場合は揚げ置きすぐに注進せよ。

注進先は、讃岐国から摂津国までは伊予国川之江《かわのえ》（愛媛県四国中央市）の御用木置き場の番人。和泉国から紀伊国までは阿波国徳島の御用木置き場の番人。伊勢国から武蔵国までは江戸霊岸島伏見屋四郎兵衛方。

右の御用木に捺す木印鑑を一枚遣わす。（中略）この件は、御老中へ申し上げた上での申し渡しである。書面の趣に背くものは処罰する。

（b）（差し）上げ仕る書き物の事

後藤覚右衛門御代官所の伊予国宇摩郡御林から御用木を江戸へ回漕する件、証文の通り承知いたしました。（中略）後日の為、書き物を差し上げるものです。
元禄四年六月十日　　何郡名何村　名主誰　書判・印判
（略）
右の通り堅く守るように厳しく申し付けました。
同郡作奉行　何村誰　書判・印判
同郡下肝煎　何村誰　書判・印判
同郡肝煎　　何村誰　書判・印判
御郡奉行宛

（a）が伊予国幕領御用木の江戸回漕を予告した浦触本紙、（b）は承知した旨を名主や肝煎などから藩の郡奉行へ提出する承諾書の雛形である。省略したが、この後には、六月十五日に、味野村を含む粒江《つぶえ》組（岡山藩の地方行政単位）六七ヵ村の村役人が吹上村（倉敷市）に集められ木印鑑を渡された、と記している。明らかに藩の行政機構を通じての下達、周知徹底である。なお、この「留帳」では幕府から岡山藩までのルートはわからないが、「田原藩日記」に照らせば、ここでも請負商人を介しての廻達だったと推測される。また、「御老中へ申し上げた上での申し渡しである」と断る文面にも、初期の勘定所浦触の特色が垣間見られる。

藩庁からの下達は、元禄九年（一六九六）十月大坂船奉行・町奉行の漂着朝鮮人護送予告触れも同様だった。（a）が浦触本紙、（b）が岡山藩郡代の添状、（c）が郡奉行の添状、（d）が肝煎の添状である。

（a）この度、松前に漂着した朝鮮人八人を、江戸より対馬国まで送る。ついては海上で難風に逢うか、綱、碇、水、薪その他急用の時は、浦々で油断なく対応せよ。右について宰領の者にも折紙を遣わしておく。この触れ状を浦継ぎで順々に廻すように。

　　元禄九子ノ十月十一日　　小浜民部　　印（広隆・大坂船手）

　　　　　　　　　　　　　　保田美濃守　印（宗郷・大坂町奉行）

　　　　　　　　　　　　　　永見甲斐守　印（重直・同）

　　　　　　　　　　　大坂より対馬国まで、御料・私領浦々　庄屋・年寄

（b）別紙の通り書状が参った。浦々では不意に入用の綱・碇の用意をし、潮がかりの時は、水や薪その他の御用はないか名主が伺うようにせよ。小舟などを番船として出し、提灯なども用意しておくこと。通船に際して難風の時は特に心掛けるように。（後略）

　　十月十六日　　　　　　安田孫七郎（岡山藩郡代）

　　　　岩田十太夫様

（c）別紙二通（aとb）が送られてきた。念を入れ必ず浦々へ申し渡されるように。

十月十六日　岩田十太夫（郡奉行）

八郎左衛門殿、徳太夫殿

（d）右の通り浦々へ念を入れ、油断ないように申し聞かせよ。

十月十七日　粒江村八郎左衛門（児島郡の肝煎）

下肝煎中当て《（宛）》

朝鮮人漂流民の対馬への護送船援助を大坂船手と大坂町奉行が命じた浦触は、藩内の下達システムに従い、郡代から郡奉行へ、郡奉行から郡肝煎へ、郡肝煎から下肝煎へと通達されている。（a）～（d）の一式を受理した下肝煎の荻野善左衛門は、これを自村味野村など管轄村々へ知らせたわけである。この場合も、大坂役人から岡山藩庁までのルートは不明だが、郡代が「書状」で受け取ったと記すところから推すと、大坂の岡山藩留守居役を経て国元藩庁へ伝達される「留守居→国元」型だった可能性が考えられる。

庄屋の廻状

一七〇〇年を前後する時期、この地方には他の方式で到来する浦触もあった。幕府代官所の所在村庄屋が、代官の指示で作成・送信したと推測される廻状（浦触）である。浦々・海辺村を順達されるという点では横断型に含まれるが、宛所に隣浦をあげ、追伸に終点地名を付記するなど未完成の形態である。豊後大分郡高松浦（大分市）庄屋から、元禄六年（一六九三）と十三年（一七〇〇）の二回発信されている。

元禄六年のものをあげてみよう。（a）が豊後高松代官所から大坂城への納銀を予告する廻文（浦触）である。高松浦庄屋が隣浦の庄屋宛にしたため、追伸の形で摂津尼ヶ崎まで継ぎ送って欲しいと依頼している。備前味野村へは六日後の十一月二十二日、西隣の赤崎村（倉敷市児島）から到来した。善左衛門は添え手形を付けて東隣の下村（同）へ送っている（（b）（c））。

（a）覚

豊後国小長谷勘左衛門様御代官所（高松代官所）の当酉年の大坂御城への納銀を積んだ船が、十八日に高松浦を出帆します。浦々湊々においてはこのことをお心得下さい。まずもってお知らせします。

酉ノ十一月十六日

高松浦庄屋　五郎兵衛印

三佐浦《みさ》（大分市）御庄屋衆中

右の通り、順々に浦継ぎで摂津国尼ヶ崎まで御触れ下さい。以上。

（b）十一月二十二日申ノ下刻（午後五時頃）に、右の廻文と浦々庄屋の添え手形（送り状）を赤崎村から受け取った。早々に下村へ送った。自分も添え手形をしたためた。

（c）　覚（善左衛門の添え手形、略）

元禄十年（一六九七）に至り、大坂役人の浦触が下達ルートから横断ルートに変わった。詳しい記録が留帳に残されており、先の元禄九年触れとの違いがよくわかる。廻達の様子を要約して紹介してみよう

横断型と岡山藩

①浦触本紙は十月二十二日付け大坂船手と大坂町奉行の発信で、流人二九人の隠岐への回漕予告である。味野村へは十一月一日申の刻（午後四時頃）に届く。善左衛門はすぐに隣の赤崎村へ送っている。

②翌々十一月三日に、岡山藩郡奉行の森川助左衛門が前日二日にしたため、この日児島郡肝煎二名が添文を記した書状が下肝煎（味野村善左衛門ほか一名）に届いた。次のような文面だった。

「大坂流人の廻文が浦々へ廻っているようだが、いまだ、どこの村からも報告がない。そこで利生《おどう》村（岡山県玉野市和田）の次兵衛に様子を聞いたところ、すでに廻ったとのことである。難風などの時は差し支えないように対応せよ。諸事気を付けるように申し付けよ。（後略）」

藩庁が廻達の情報を取得していない様子がよくわかる。触れはすでに藩領西部の利生村を通過していたのであった。

③同じ三日、②の書状を追いかけて、郡奉行からの二通目の書状が肝煎経由で届いた。

ようやく藩庁に廻達情報が届いたという。文面は次のように記されていた。

「先書で申していた大坂流人の廻文が先ごろ廻った、と長浜村（岡山県瀬戸内市牛窓町）から写しを届け出てきた。難風に遭うか急用などに際して、支障のないように海辺村々へ申し付けよ。油断のないように。」

この一連の記事から、当地においてはこの時点で横断型の新しい方式が始まったことが判明する。藩は領内下達の主体から、村々継ぎ送りのサポート役へと転じていく。

元禄十年（一六九七）の画期を経て、次の到来は元禄十三年（一七〇〇）である。合わせて六通のうち、豊後高松浦庄屋と石州温泉津浦役人からの二通は先の庄屋廻状型で、残る四通が大坂船手・町奉行の発信であった。四通のなかで送達方法の判明する二通（「月日未詳触れ」と「三月十四日触れ」）を読むと、明らかに横断ルートである。「月日未詳触れ」に対して郡奉行は、「浦々へ御触れ（浦触）が廻るだろうが、念のため当方からも申し付ける」との通達を村々に出している。また「三月十四日触れ」に対しても、その内容を順守するようにとの郡奉行の通達が、改めて発せられている。

藩法に見る対応

廻達方法の横断ルートへの転換に関連して、岡山藩庁から領民への藩触れを一点あげておこう（『藩法集　岡山藩（上）』一）。年代は不明だが、藩の姿勢が如実に表われている。

浦継ぎ御触書は、至って大切に致すべきはずにもかかわらず、近来、児島郡内において度々粗雑な取り扱いがあった。この度も小串村（岡山市南区）で同様の不始末があったので、大坂御役所へお詫びしたところ、今回は許すが、今後このようなことがないよう厳しく申し付けよ、と仰せられた。浦方役人共はこの旨を深く心して、請け渡しに際して相互に念を入れ、重々大切に扱うように。もしまた粗雑に扱い、墨・手垢などを付けて汚すようなことがあれば、お詫びのしようもなく、どのような咎めを受けるか計り知れない。のみならず御国の不取り締まりということにもなる。手違いのないように十分大切に扱うこと。この趣を（郡奉行から）を浦々へ通達せよ。

「大坂御役所へお詫びした」とあるから、問題となった触れは大坂船手・町奉行の流人回漕予告だったと推測されるが、領内村間の継ぎ送りに対して、藩は神経をとがらせていた。浦触への不始末は領内統治の不備とみなされる重大事であった。

他地方調査のための覚書

ところで、表27にあげられた元禄年間の浦触は、岡山藩領や山陽地方のみならず、他地方についても貴重な情報を提供している。列挙しておこう。

①元禄六年（一六九三）、元禄十三年（一七〇〇）の豊後高松浦庄屋の廻状。この廻状から、少なくともこの時期、九州東部の一部地域に庄屋作成・隣村宛の横断型浦触が廻

ったことは確実である。

②元禄十三年（一七七〇）の流人触れにより、この時期に大坂から薩摩や五島に至る国々へ浦触が廻ったことがわかる。ちなみに先の「島原藩日記」は、元禄十三年分は欠本のため残念ながら照合できない。なお、元禄元年（一六八八）、同四年（一六九一）の同日記には、薩摩への流人触れ通過の記録がみられるが、こちらは藩継ぎ・藩内下達型で廻った模様である。

③元禄十年、十三年には隠岐への流人触れ、同十三年には大坂宛の石見温泉津浦役人触れ、また同年には佐渡への流人触れが山陰・北陸方面へ廻ったことがわかる。

これらは、いずれも四国・九州や日本海沿岸地方の浦触廻達に関わる基本情報ではあるが、史料収集の遅れから、今のところ現地での確認作業が果たせていない。今後の課題として記した上で、先へ進むことにする。

江戸中期から後期へ

さて、荻野善左衛門が作成した御用留帳は、彼が下肝煎役を退任した元禄十三年（一七〇〇）に終わり、その後は子の孫次郎（善左衛門）、および孫の善左衛門が味野村名主として作成した留帳類となる。

そこで、引き続きこちらの留帳で探してみると、元禄十五年（一七〇二）以降宝暦二年（一七五二）に至る五〇年の間では、わずか三通しか見出すことができなかった。いずれも享保三年（一七一八）の到来で、大坂船手・町奉行発信、内容は隠岐流人船回漕予告一通と、琉球使節渡海に関する注意書二通である。

五〇ヵ年といっても、この間に留帳が残存するのは享保三年を含め一八年分に留まるのだが、少なくともこの限りでは、十八世紀初頭に一定の割合で廻った浦触はいったん僅少・空白の時期に入ったと評せざるを得ない。

しかし、顧みればこうした動向は陸奥弘前藩領や出羽酒田湊においても共通するところであった。陸奥では享保十五年（一七三〇）を最後に宝暦元年（一七五一）までの間、二〇年ほどの空白期間があったし（一四三頁表21）、酒田でも元文四年（一七三九）触れの後に長い空白があった（一六六～一六七頁表24）。また、伊予でも享保飢饉時に廻った享保十七年（一七三二）以降、宝暦三年（一七五三）まで到来の形跡はない。

味野村・山陽地方で浦触が恒常的に廻り始めるのも、やはり一七五〇年代に入ってからである。サンプルとして宝暦～明和年間（一七五一～一七七二）の様子を表28に示した。宝暦五年（一七五五）からは毎年一～五通が途切れることなく廻り始めている。廻達方式はいずれも横断型で統一されており、「右御触れ御状、四月十五日亥上刻（午後九時頃）に下村より受け取り、即刻赤崎へ送り」などのメモ書きが付けられている。

発信者は他地方と同様に幕府勘定所と大坂役人が中心だが、最も多い大坂役人からの二九通のうち、過半一六通は隠岐、壱岐、薩摩への流人護送についてである。大坂〜江戸間の瓦・銅とは対照的である。

宛所に国名を連ねる勘定所触れは、この時期四通確認できる。国数の最も多いのは、和泉に始まり九州の豊前・筑前・壱岐・対馬まで含む一三ヵ国。ほかに和泉〜長門の九ヵ国型や播磨〜周防の四ヵ国型もあった。ただし、この時期には石見へ廻り込むルートは見られないから、前節の大浦湊終点ルートは、異国型船航行をテーマにした幕末期に特有の廻し方だったことになる。

全国へ一斉送付

以上、四国伊予の小島から出発し、列島を一巡りしてきた。ここで改めて収集した史料を並べ、全体を俯瞰してみよう。

一二八頁に示した表20を下敷きにして、時期的な変化を加えて表29を作成した。浦触廻

内容
流人船の回漕予告
流人船の回漕予告
流人船の回漕予告
江戸徒目付など渡海予告
美作囲籾積船通船予告
越前年貢廻米積船の捜索
流人船の回漕予告
流人船の回漕予告
流人船の回漕予告
遠江材木の流失
流人船の回漕予告
摂津年貢廻米積船の捜索
朝鮮人来朝用の継舟用意
長崎俵物請負人名の通告
流人船の回漕予告
流人船の回漕予告
琉球使節渡海の予告
琉球使節に不作法禁止
西国錫荷の江戸回漕予告
琉球使節渡海の予告
流人船の回漕予告
鱶売買について指示
流人船の回漕予告
流人船の回漕予告
流人船の回漕予告
流人船の回漕予告
流人船の回漕予告
出羽城米江戸回漕予告
流人船の回漕予告

表28　備前味野村の浦触（2）

発信年月日	発信者	宛所
宝暦1～4年(1751～54)	(記事なし)	
宝暦5年(1755)4月	大坂船手・町奉行	大坂～隠岐
宝暦5年(1755)12月	同上	(大坂～五島)
宝暦6年(1756)6月	同上	大坂～壱岐
宝暦6年(1756)8月19日	同上	(大坂～長門)
宝暦6年(1756)10月9日	幕府勘定所	＊1
宝暦6年(1756)12月20日	同上	＊2
宝暦7年(1757)4月	大坂船手・町奉行	(大坂～隠岐)
宝暦8年(1758)	(欠本)	
宝暦9年(1759)5月	大坂船手・町奉行	(大坂～隠岐)
宝暦10年(1760)8月	同上	(大坂～壱岐)
宝暦10年(1760)8月19日	幕府勘定所	＊2
宝暦11年(1761)4月	大坂船手・町奉行	(大坂～隠岐)
宝暦12年(1762)10月17日	幕府勘定所	——
宝暦13年(1763)7月5日	大坂船手・町奉行	(大坂～壱岐)
宝暦14年(1764)3月26日	幕府勘定所	播磨．備前．備後．周防
宝暦14年(1764)6月	大坂船手・町奉行	大坂～隠岐
明和1年(1764)7月	同上	大坂～壱岐
明和1年(1764)7月22日	同上	(大坂～薩摩)
明和1年(1764)7月22日	同上	(大坂～薩摩)
明和1年(1764)8月	幕府勘定所	(　　～豊後)
明和1年(1764)12月19日	大坂船手・町奉行	大坂～薩摩
明和2年(1765)	(欠本)	
明和3年(1766)4月	大坂船手・町奉行	大坂～隠岐
明和3年(1766)3月29日	幕府勘定所	——
明和4年(1767)——	(大坂船手・町奉行)	——
明和5年(1768)3月	大坂船手・町奉行	大坂～隠岐
明和6年(1769)4月	同上	大坂～隠岐
明和7年(1770)4月	同上	大坂～隠岐
明和8年(1771)4月	同上	大坂～隠岐
明和8年(1771)6月11日	幕府代官手代	酒田～東海道～品川
明和9年(1772)4月	大坂船手・町奉行	大坂～隠岐

＊1　和泉，摂津，播磨，備前，備中，備後，安芸，周防，長門，豊前，筑前，壱岐，対馬(13ヵ国)

＊2　和泉，摂津，播磨，備前，備中，備後，安芸，周防，長門(9ヵ国)

達という視点から見ると、列島は大きく二グループに分けることができた。①横断型が十七世紀前期から行き交っていた江戸～東海～大坂地方と、②十七世紀前半から十八世紀前半頃までは下達型のルートで廻り、その後横断型へと移行する四国・九州や東北・日本海沿岸などの地方である。横断型開始が少し早い岡山藩領・山陽地方もこちらに入るだろう。

そして、②のグループにあっては、その後しばらくの空白・僅少期を経た後、十八世紀後半の宝暦年間（一七五一～一七六四）を画期として、恒常的廻達の時代に入る。ここに至り数量的な差こそあれ、全国の浦々や海辺村は同じ方式のもとに置かれることになった

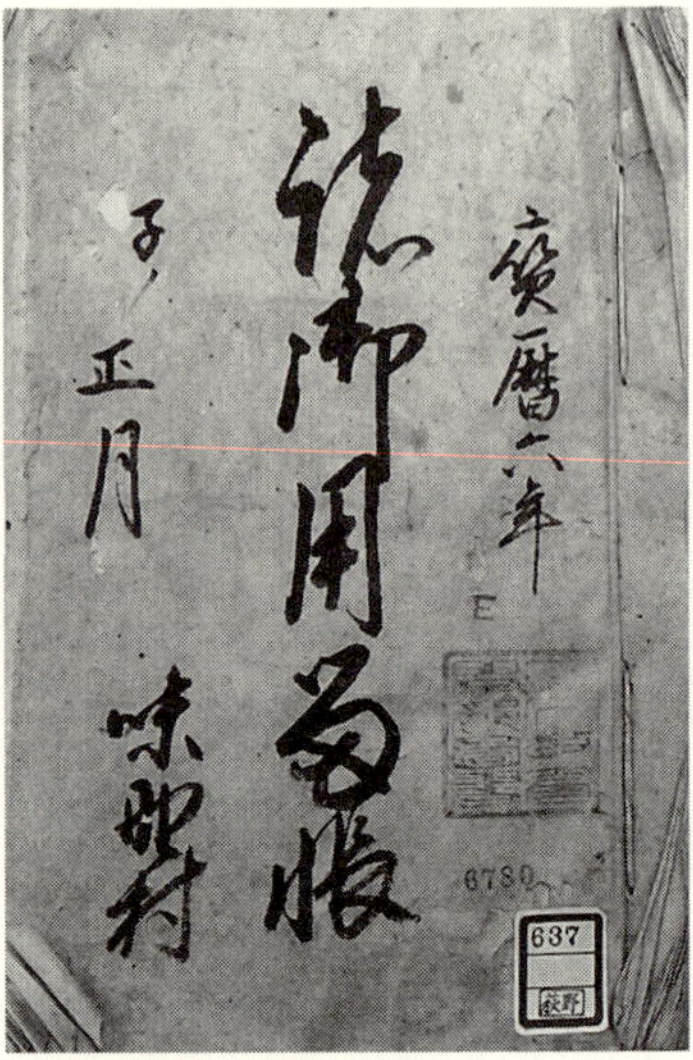

図16　宝暦６年　諸御用留帳（荻野家文書）　岡山大学附属図書館所蔵

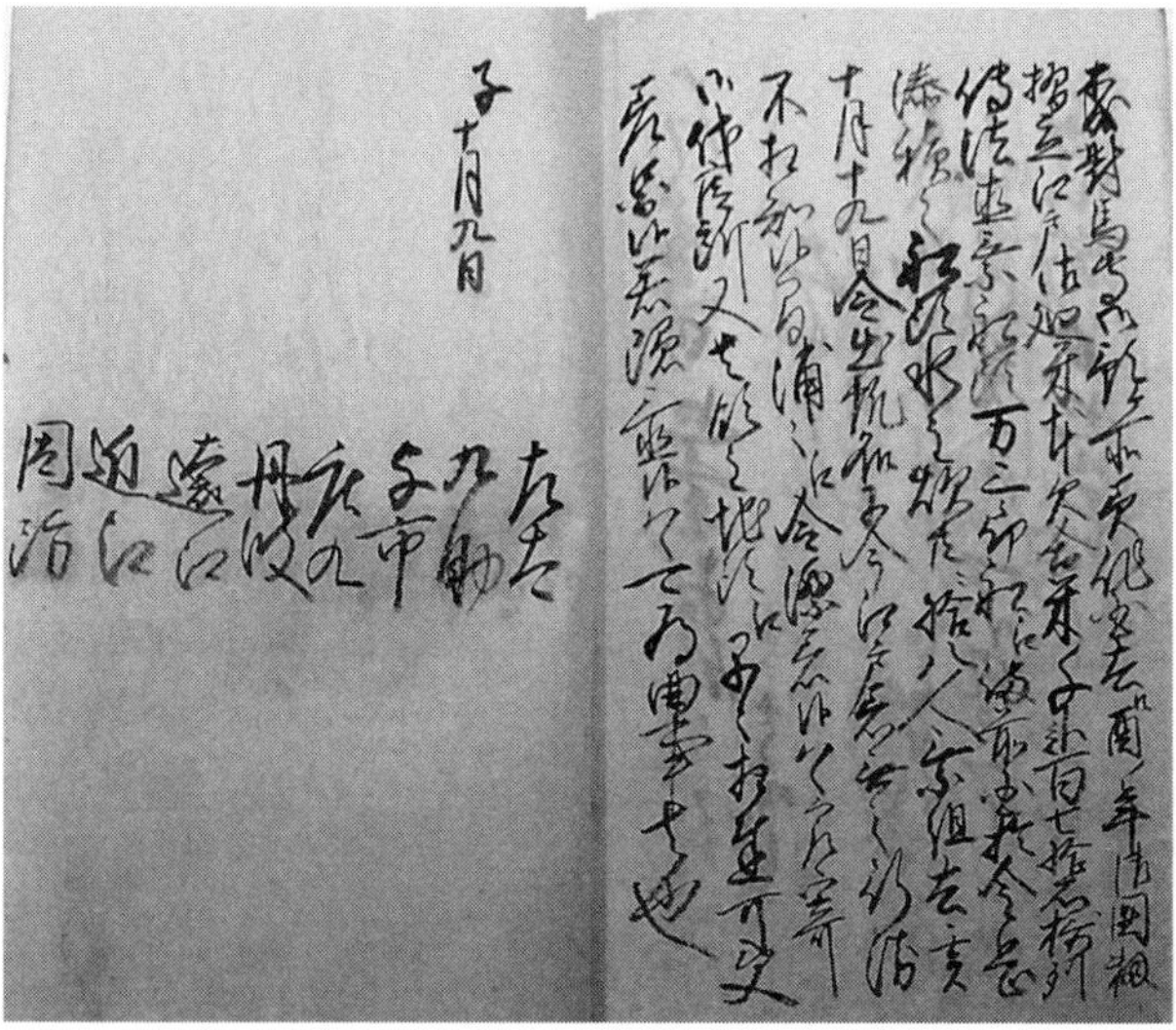

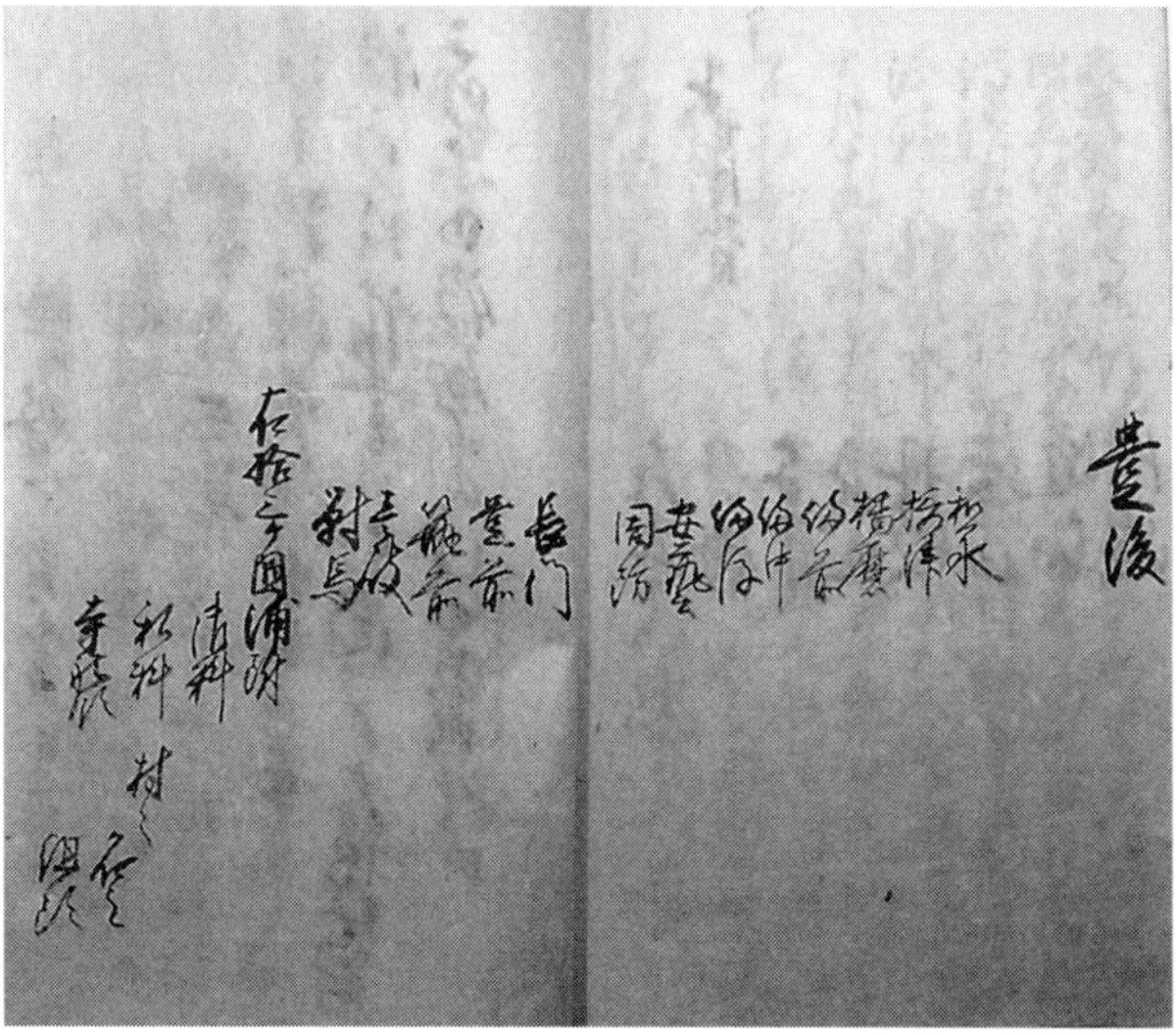

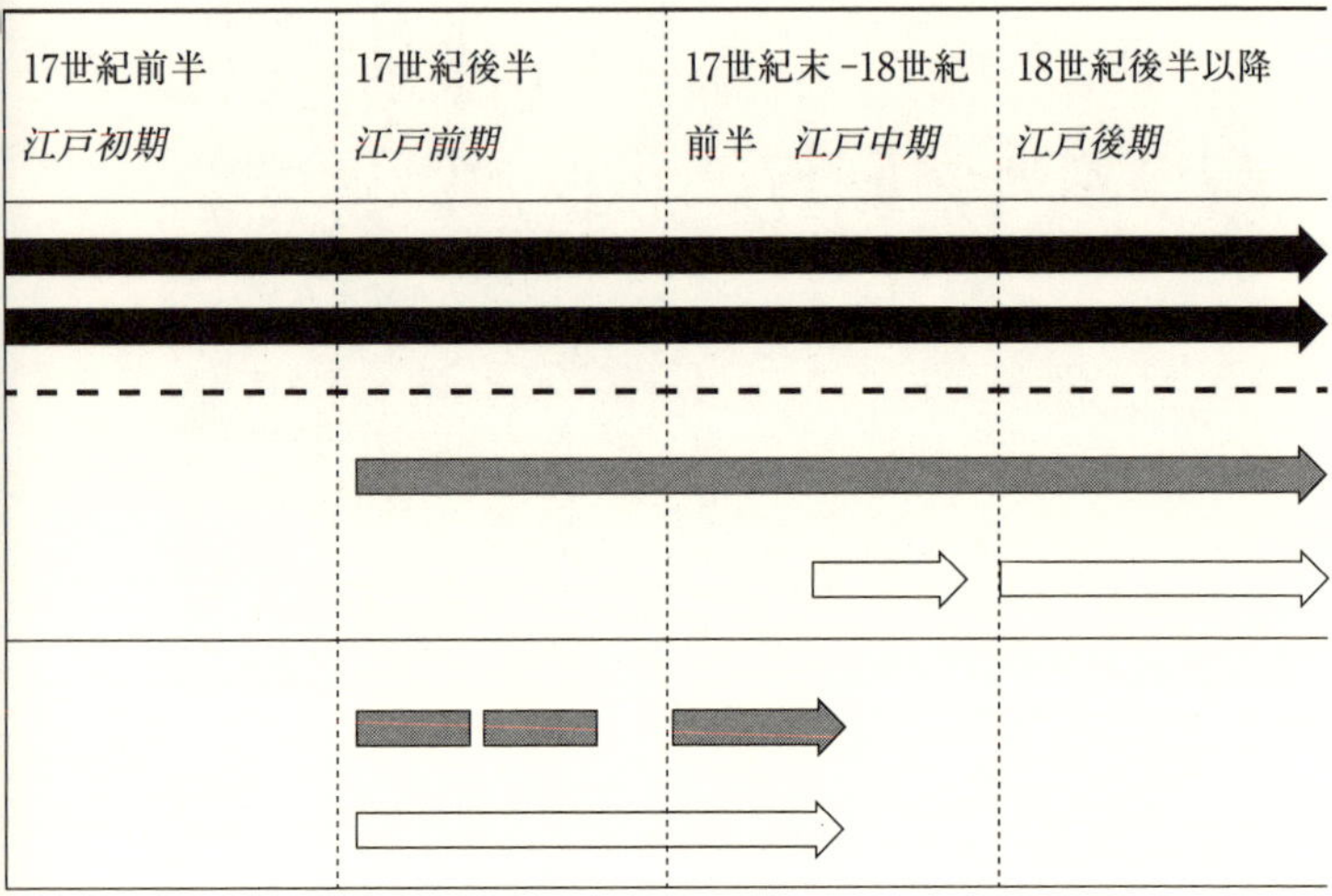
17世紀前半
江戸初期
17世紀後半
江戸前期
17世紀末 -18世紀前半　江戸中期
18世紀後半以降
江戸後期

表29　触れの分類

触れ分類	廻達方式	対象地方
幕府触れ	下達型	全　国*
領内触れ	下達型	各所領
浦　触	横断型	江戸～大坂 東北ほか
	下達型	江戸～大坂 東北ほか

注　*特定地方限定もあり

のである。

　後期の浦触のうち、幕府年貢廻米積船の捜索などをテーマに広域に廻される幕府勘定所触れは、全国をいくつかのブロックに分けて系統的に送信されていた。標準的なルートをあげてみよう（図17）。

①幕府勘定所→倉敷代官経由→四国、淡路
②同→日田代官（西国筋郡代）経由→九州一一ヵ国
③同→関東代官経由→武蔵～紀伊の一〇ヵ国

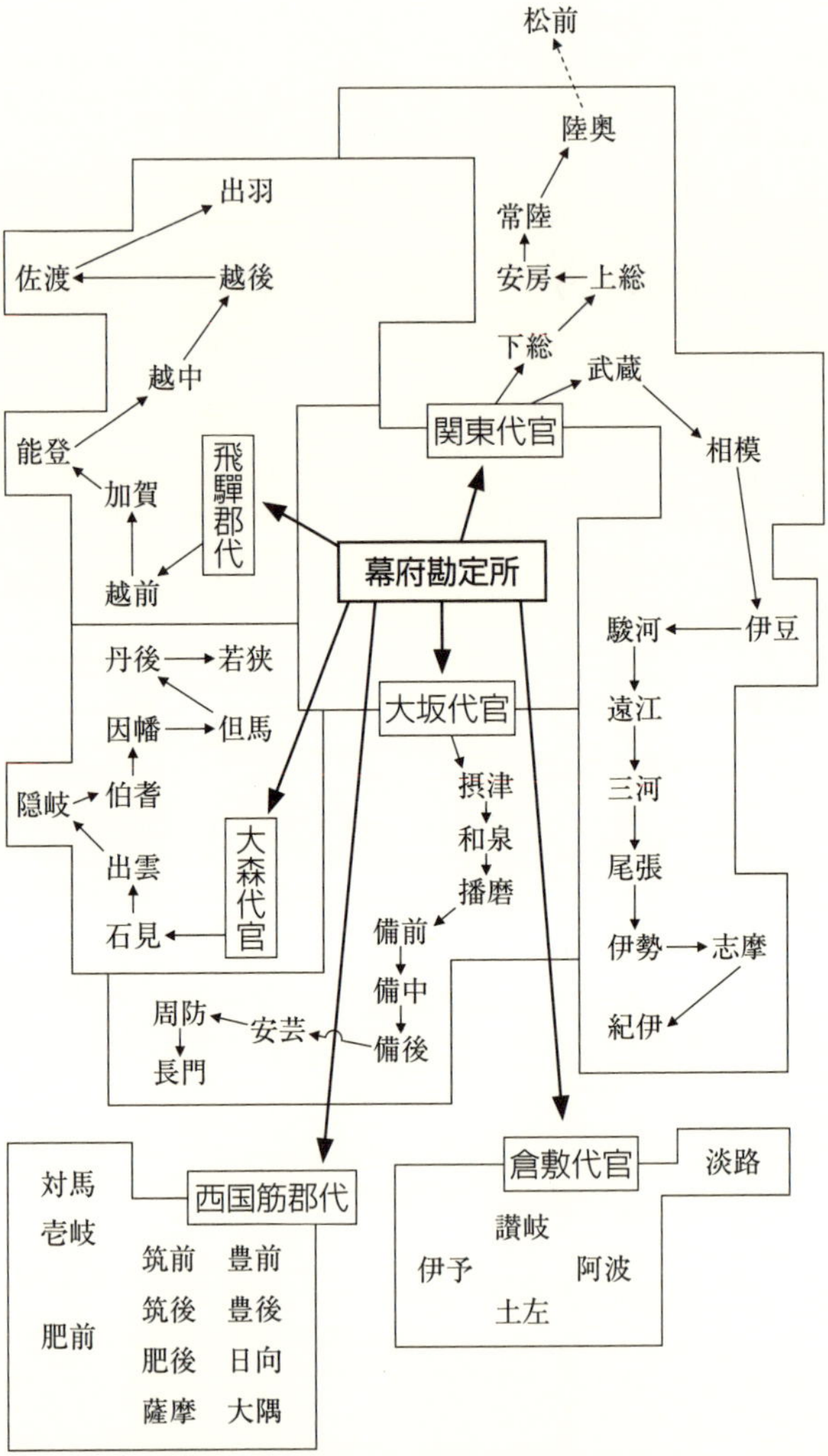

図17　幕府勘定所浦触の標準的ルート

④同↓関東代官経由↓下総、上総、安房、常陸、陸奥、（松前）
⑤同↓高山代官（飛騨郡代）経由↓越前、加賀、能登、越中、越後、佐渡、出羽
⑥同↓大森代官経由↓石見、出雲、隠岐、伯耆、因幡、但馬、丹後、若狭
⑦同↓大坂代官経由↓摂津、和泉、播磨、備前、備中、備後、安芸、周防、長門

古代の（五畿）七道にも匹敵する地域編成であり、昭和の初めから繰り返し提唱される道州制構想をも連想させるグルーピングである。

これが幕末期に頻繁に出された君沢形、異国形船航行の触れになると、日本海側のルートなどでやや異なる組み合わせになるが、全国の国々を網羅する点は共通している。

江戸後期〜幕末期、列島の津々浦々、海辺付き村々は、幕府領、藩領、寺社領などの区別なく、全国どこでも同じ方式で浦触が届く均質な空間になったといえるだろう。

仲間を探す

類似触れのいろいろ

浦触の仲間たち

全国各地を巡って浦触を収集し、内容や発信者・宛先、廻達方法などについて調査を進めてきた。伊予中島で出会ったこの触れは、じつは広く全国の海辺村で見出されるポピュラーなものであった。しかし、このような形の触れは、この社会にあって独り浦触だけだったのだろうか。海事以外に発せられることはなかったのだろうか。最終章の本章では、この問題に取り組んでみたい。

浦々や海辺村を直達の宛名に掲げ順達を命じる浦触。この特色に着目して江戸時代の触書類を見回してみると、じつはいろいろな分野で仲間を発見することができる。①宿場や街道・伝馬などの交通部門、②秤や分銅など度量衡関係、③広域土木行政、④多数領主の領地が混在する地域（いわゆる非領《ひりようごく》国地帯）の管理、などにおいてである。

①の事例から紹介していこう。

事例1　中山道の宿場宛の道中奉行触書（『御触書寛保集成』一二七九）

中山道筋で荷物付け替えの時、人馬が足りないといって問屋場に留め置き、駄賃銭の外に庭銭と称して臨時の賃銭を徴収するところがあるようだ。不届きである。（中略）庭銭の徴収は今後かたく禁止する。（後略）

正徳二辰（一七一二）四月十六日　大隅（大久保忠香・道中奉行）
石見（松平乗宗・同）
中仙道、下板橋より守山宿まで

武蔵下板橋（板橋宿、東京都板橋区）から近江守山宿（滋賀県守山市）までの中山道六九次の宿場に対して、庭銭《にわせん》（荷物の保管料）の徴収を禁じた幕府道中奉行（勘定奉行一名と大目付一名で構成）の触れである。五街道や主な脇街道の宿場は、それぞれの地域の領主支配とは別に、伝馬役《てんまやく》を負担するエリアとして幕府道中奉行の管轄下に置かれていた。ここには「〇〇宿より〇〇宿まで、問屋・年寄中」といった宛名の触れが宿継ぎで頻繁に廻されていた。幕府の奉行から宿場の町役人宛に発信され広域を継ぎ送られるという点で、これは浦触と同種の触れである。

次の事例は①と②を合わせたものである。

事例2　秤《はかり》改め伝馬証文（『松山藩丹生川《にゅうがわ》浦番所記録』）

覚

一、馬一匹

このたび京都秤師神《じん》善四郎の名代が、山城、大和、河内、和泉、摂津、播磨、美作、備前、備中、備後、安芸、周防、長門、紀伊、淡路、阿波、讃岐、伊予、土佐の国々を秤改めに廻る。ついては京都から右の十九ヵ国まで書面の伝馬を滞りなく提供せよ。

嘉永二（一八四九）酉年四月　　松平紀伊守　御印（松平信篤・寺社奉行）

（ほか寺社奉行三名、略）

山城、大和、河内、和泉、摂津、播磨、美作、備前、
備中、備後、安芸、周防、長門、紀伊、淡路、阿波、
讃岐、伊予、土佐

御料・私領・寺社領、宿々・村々　問屋・年寄

秤師の神善四郎配下の者が秤の検査のために山城以下一九ヵ国を廻るので、無賃の伝馬一匹を用意せよとの幕府寺社奉行の指示である。江戸時代の秤は、西国は神の秤、東国は守随《しゅずい》の秤と決められており、こうした伝馬証文の発行は、寛保三年（一七四三）以降は幕府寺社奉行が一括して行うことになっていた（林一九七三）。国名を列挙し御料・私領・

寺社領の宿場や村宛に出される形態は、幕府勘定所の国々宛浦触と瓜二つである。
この形は後藤家が担う分銅改めに際して幕府勘定所が発行する伝馬証文の場合も、まったく同じであった。たとえば、宝暦十三年（一七六三）九月発行の証文は、後藤四郎兵衛の名代が廻るので馬一匹を用意せよと、以下の一四ヵ国の「御料・私領・寺社領　宿々・村々　問屋・名主・年寄」に命じている（『松山市史料集』五）。

紀伊、淡路、阿波、讃岐、伊予、土佐、丹波、丹後、但馬、因幡、伯耆、出雲、石見、隠岐

ただし、浦触や道中奉行の触書などとは異なり、これらの伝馬証文は、神や守随、後藤配下の者が写しを出張先へ携行し、通行・検査予告と一緒に廻すという形をとった。たとえば事例2の秤改めが伊予小松～今治付近で行われた際には、神善四郎名代の住山良右衛門が予告の先触《さきぶ》れに添えて、伝馬証文の写しを「小松（愛媛県西条市）表より今治（同県今治市）表まで　宿々・村々　問屋衆中・年寄衆中」宛に送信している。壬生川村（西条市）では、嘉永七年（一八五四）二月二十八日に小松町から書類一式を受け取り、拝読後すぐに西隣の黒本村（西条市）へ送っている（『松山藩丹生川浦番所記録』）。先触れの文面には、「三十日に小松を発足して今治に向かう。伝馬一匹のほか検査用諸道具を運ぶ人足を用意してほしい。昼食は中村（西条市）で取るので七人分を頼む」とあった。

個々の領主の領域を越えて取り組まれる広域土木事業においても、各領主の所領を通貫して村継ぎで送られる横断ルートの触れが廻っていた。

事例3　幕府道奉行から上水浚《さら》いの通達（『武蔵国角筈《つのはず》村名主渡辺家文書』一）

上水浚いや堤防工事

この度の玉川より四谷天龍寺前までの上水堀筋惣浚いは、（中略）浚い方を記した書付の通りに心得、村単位で浚うようにせよ。

（六ヵ条、略）

右の通り心得、御料・私領ともに来たる十月までに浚い終え、出来次第村ごとに羽村（羽村市）の水番所まで注進せよ。

丑（享保六年、一七二一）八月五日　　　有田忠右衛門（光敦・道奉行）

進　喜太郎（成睦・同）

玉川上水堀筋、御料・私領村々　名主・五人組

村々はこの旨を承知し、自領主と名主の名前を書き捺印して廻すように。触れは留まり村から羽村水番所へ返却せよ。以上。

幕府の道奉行が武蔵国の玉川用水の川浚いを命じた触れである。万治二年（一六五九）、江戸の道路管理のために幕府内に設置された道奉行は、享保六年（一七二一）時点では江

戸の上水管理も業務としていた。上水路は多数の領主の領内を貫流しており、川浚いを命じた道奉行の触れは個々の領域を越え、流れに沿って村々を廻された。

次の事例は、京都町奉行が所管する木津川堤の普請人足の割当てに関してである。

事例4　山城国木津川堤の普請人足徴発触れ（『京都町触集成』別巻2）

木津川の堤普請を行うので、例年のごとく村高百石あたり人足二人を出し、鈴木伊兵衛手代の指図に従って普請するように。右の人足割当てに足りない場合は処罰する。

寛文九年（一六六九）酉二月二十五日　対馬（雨宮正種・京都町奉行）
若狭（宮崎重成・同）

平川村（城陽市）、綺田村（木津川市）、（ほか一二ヵ村、略）、右在々　庄屋・百姓中

宛所の村々の辺りは、幕府領、大名領、禁裏・公家・寺社領など多数の領主の所領が錯綜する地帯だったが、木津川を始めとする山城国内の大河川の管理は京都町奉行所（当初は京都所司代）が担っており、触れはこれらの村々を村継ぎで廻っていった。文中に見える鈴木伊兵衛は、幕府の京都代官鈴木重辰である。堤防工事現場の指揮・監督は京都代官が担当していた。

ただし、この触れについては、これとまったく同日付け・同内容のものが、伊勢の津藩

（藤堂氏、外様、三二万三千九百五十石）に送られていたことを補足しておかねばならない。こちらは「京都町奉行→藤堂大学頭代官衆→大学頭の山城国内の領地村々」の下達ルートを辿った。事例4の地域が所領入り組みだったのに対して、同藩の山城領村々は笠置《かさぎ》地域（京都府相楽《そうらく》郡笠置町）にまとまって存在していた。津藩宛の触れはそうした所領配置を考慮してのことと思われる。

浦触の仲間には、関東八ヵ国（関八州）の村々に宛てて発信された幕府勘定所触れもあった。たとえば、寛政四年（一七九二）、武蔵～上野八ヵ国の「御料・私領・寺社領村々　名主・与頭・百姓」に宛てられた、魚肥値段高騰対策・漁獲量向上のための施策触れはその好例である。

事例5　潰れ網収集に関する勘定所触れ（江沢家文書「諸要用留帳」国文学研究資料館所蔵）

近来浦々の不猟が続き、干鰯《ほしか》・魚粕が払底して値段が高いため、田畑の肥しが行き届かないという。そこで上総国武射《むさ》郡木戸村（千葉県山武《さんむ》市）九兵衛に仰せつけて、常陸・上総・下総・安房・陸奥国浦々の潰れ網を収集させることにした。それゆえ鉄碇、釘鉄物、船具、麻苧《あさお》の類の〆売りは勿論、高値にしないように。もし背く場合は、必ず処罰するので、そのように心得よ。

追伸、この触書を早々に廻し、留まりより最寄り御代官、私領は領主・地頭へ届け出て御勘定所へ返却せよ。

子六月晦日（寛政四年、一七九二）

内膳（大久保忠寅・勘定吟味役）

（ほか勘定吟味役三名、勘定奉行五名、略）

武蔵国・相模国・安房国・上総国・常陸国・下総国・下野国・上野国

御料・私領・寺社領村々　名主・与頭・百姓

上総国夷隅《いすみ》郡新官《しんかん》郷部原《へばら》村（千葉県勝浦市。武蔵岩槻《いわつき》藩領）の名主が書き留めた「諸要用留帳」に収録されたものである。幕府領、旗本領、大名領の入り混じった関八州の国々へは、このような物価や物資の流通をめぐり浦触と瓜二つの触れが廻っていた。浦触の特色に照らして見渡してみると、このように交通、度量衡、土木行政、物価問題をテーマにして、あるいは多領主の領地が錯綜した地帯において、類似の形を持った仲間たちをたくさん見出すことができる。

「領民」と「国民」

では、こうした一群の触れは、江戸時代の統治の仕組みの中でどのような位置を占めていたのだろうか。この問題を考えるために、住民（百姓・町人）統治の原理として「領民型」と「国民型」という二つのタイプを設定してみたい。

「領民型」統治とは、大名領や旗本領、幕府代官所領など、個々の領主の所領を枠組みとして住民を掌握し管理する方式である。この原理の下では住民は各領主の「領民」として把握され、諸施策も所領単位で執行される。また、全国統治のための幕府の広域諸行政も、この枠組み、支配機構を通じて適用され遂行される。幕府触れに即していえば、末尾に記される「御料は御代官、私領は領主・地頭より洩れざるよう触れ知らすべく候」の文言がそれを端的に示している。この原理を象徴する触れ通達のルートは、各領主の領地・領民支配に則った下達型である。

これに対して、「国民型」とは、全国の住民を直接の統治対象とみなす原理である。この下では、どの領主の「領民」であるかにかかわらず、海辺村の住民であれば海辺立地という地理的な属性において、宿場の住人であれば宿場居住、伝馬役負担という属性において等しく扱われ、対象とされる。「○○国、××国　御料・私領・寺社領村々」宛、あるいは「○○から××まで　御料・私領・寺社領村々」の宛所をもって横断的に継ぎ送られる触れがこの原理を象徴する。そして、これら横断型の発信者が、幕府勘定奉行を中心とした国政担当の奉行衆、ないしはそれに連なる奉行所や代官役所の役人衆であることに鑑みれば、この原理で結ばれる発信者と受け手の関係は、一国的次元での「国家―国民」関係と評するのがふさわしいだろう。「領主—領民」関係に基づく「領民型」統治に対応させて、「国民型」統治と表現する所以である。もちろん、ここにいう「国民」は、近代国家における権利主体としての「市民」ではなく、海辺村住民、伝馬役負担住民などの地理的・身分的な属性でグルーピングされた限定的な範囲の住民であり、触れの受信者、施策の対象という受動的な位置に留まるのであるが。

「領民型」と「国民型」の関係は、テーマにより、また地域や時期によってさまざまであった。浦触に即してみても、江戸〜大坂地方では早くから「国民型」を体現した横断型が適用されたのに対して、それ以外の地方では、「領民型」原理に基づく下達型の段階があり、両地方が均質化するのは一八世紀後期からであった。浦触やその仲間たちを手がかりにして、江戸時代社会の統治の仕組み、徳川の国制を立体的に捉える作業は、今後に取り組むべき楽しみな課題である。

大名浦触

ところで、海辺村の庄屋・名主らが書き留めた触留帳類を改めて読み直してみると、前項にあげた一連の仲間たちとは別の種類の仲間の存在に気付く。幕府御用以外をテーマにして、①大名が自領の枠を超えて他領の海辺村にまで直接送達する海事関係の触れ、②海辺村の名主などが自村・他村、自領主・他領主の別なく、近隣の海辺村に送る廻状である。これらは一見したところ、これまでの浦触に変わるところはないようだが、内容をよく吟味すると少し違っている。①を「大名浦触」、②を「名主浦触」としよう。

これらの事例を示す史料として、先の事例5の出典である上総国夷隅郡部原村の名主が書き綴った「諸要用留帳」を利用してみる。立川市の国文学研究資料館の祭魚洞文庫旧蔵水産史料「江沢家文書」に含まれるものである。

ちなみに、祭魚洞文庫とは財界人にして民俗学者だった渋沢敬三《しぶさわけいぞう》が、一九三四年（昭和九）に開設した水産・漁業関係資料の個人文庫で、その一部がこの資料館に移管されている。同資料館の歴史アーカイブズ部門がかつて国立史料館の名前で品川区豊町にあった頃にはよく訪問し、この文庫をはじめとしていろいろな史料を閲覧させていただいたものである。

さて、部原村は外房南東部に位置する同郡新官郷（新官村）のなかの小村である（村高三百石）。領主は岩槻藩（大岡氏、譜代、二万〜二万三千石）。江沢家文書の留帳類は「諸要用之帳」「要用帳」「要用紀録」などの題名で、天明六年（一七八六）から明治二年（一八六九）まで四七冊が残存している。内容は、幕府や自領主の岩槻藩から通達された幕・藩触れのみならず、藩への願書、近隣村の名主からの廻状、あるいは部原村名主の廻状等など、村行政に関わる各種の文書が網羅的に記録されている。もちろんこの中には、江戸から房総・三陸へと廻った浦触も含まれるが、房総・三陸ルートはすでに陸奥弘前藩領で見たので割愛し、ここでは浦触の仲間探しの史料として扱ってみたい。

まず、大名発信の浦触を二通あげる。

事例1　上総大多喜《おおたき》藩領浦の入れ網に関する浦触（江沢家文書）

大多喜領浦、入れ網浦触

廻状を以て申し達する。当子年の暮れに上総国大多喜領の浦へ入れ網を希望する者に対して、来たる十一月朔日に印札を渡す。上総国岩和田（千葉県夷隅郡御宿《おんじゆく》町）会所まで罷り出るよう浦々の網方へ通達されたい。無札で網入れをする者は、番船で監視し定法に従って処分するので、その旨を入念に申し渡すこと。以上。

子（元治元年、一八六四）十月二十日　松平弾正忠内　郡奉行所・代官所

御宿村（夷隅郡御宿町）より岡本村（南房総市）まで

右村々名主中

部原村から内陸に入った上総夷隅郡大多喜（千葉県夷隅郡大多喜町）を本拠とした大多喜藩（松平氏、譜代、二万石）の奉行・代官が、領内の海辺で網漁を希望する者に鑑札を発行する旨を知らせたものである。冒頭に「浦触」とあるが、内容をよく読むと、これは幕府の浦触とも、また大名や代官の領内触れとも異なっている。すなわち、内容は大多喜

藩領内の網漁管理という藩政問題だが、宛所は外房の岩槻藩領御宿村から内房の船形《ふなかた》藩（平岡氏、譜代、一万石）領岡本村まで、間に館山藩（稲葉氏、譜代、一万石）領や幕府領村々も含む広域である。つまり、ここでは藩領内の漁業管理について、他領の海辺村にまで広げて発信している。

もう一例あげよう。

事例2　仙台藩領江戸廻米船の遭難の浦触（江沢家文書）

米二千三百三十三俵。江戸茅場《かやば》町石橋弥兵衛舟、沖船頭市次郎、水主十五人乗り。当月十五日、右の米を仙台石巻湊で積み込み、同十八日に出帆した。二十七日上総岩和田沖まで走行したところ、（中略）二十八日明け方より辰巳（南東）の大風雨で大浪立ち、（中略）磯根へ打ち付けられて破船してしまった。積み荷はもちろん船具も散乱し、そのうえ乗り組みの水主が一人水死した。浦々に右の荷物・船具・死骸が流れ寄るか、漁船の網などに掛かったならば、その所へ取り上げ置き、早々に我らの旅宿である御宿郷の宿所まで注進されたし。

寅閏十一月晦日（寛政六年、一七九四）　仙台務め宿　卜部孫左衛門印

部原村、（一〇ヵ村、略）、大沢村（勝浦市）

右村々名主衆中

石巻湊を出航した仙台藩の江戸廻米商船が上総岩和田沖で遭難した、散乱した積み荷や船具・水主の死骸を探している、としている。卜部は仙台から現地に派遣された藩役人であり、宛所は遭難地点から南西に位置する他藩領の海辺村一二ヵ村である。ここでは仙台藩の藩役人が自藩の廻米船の海難事故について他領村々に宛てて発信している。

図18　安房小湊内浦（歌川広重「六十余州名所図会」，船橋市西図書館所蔵）

先に肥前国星賀浦などでみたように、これまでにも大名が広域宛に廻す浦触はあった。しかし、それらは異国船の長崎回漕など、あくまで幕府御用に関わるものであった。他方、島原藩や大森代官所の項で紹介したように、大名や幕府代官が所領内に発信する海事触れもあった。しかし、それらはそれぞれの領内を廻達の範囲としていた。大名が自藩・自領に関する海事問題を他藩領の海辺村にまで送付した事例1、2の触れは、幕府御用の浦触とも、個々の領主の領内触れとも似て非なるものである。

そこで、こうした触れを「大名浦触」と名付け、またこれと対比

宛　　所	内　　容
武蔵.相模.伊豆.駿河.遠江	尾州殿御廻材積船の遭難
遠州御前崎～尾張師崎	尾張御屋形米・材木など積船遭難
伊豆伊浜村～志摩鳥羽浦	領内漂着いさば舟の船主捜し
三河田原町～先々村々	尾州より買い上げ材の流出
御前崎～尾州師崎	尾州御屋形国産酒など積船遭難
伊豆安良里村～三河鷲塚	尾州用材・国産品の流失
伊豆中村～遠江荒井	同上
伊豆子浦～尾張師崎	尾州御屋形国産品積船の遭難
清水湊～志摩鳥羽	尾州殿国産品積船の遭難
遠江駒場村～志摩鳥羽	諸家荷物積船の領内破船
——	尾州御米・瀬戸物積船の遭難
遠江中田島～志摩鳥羽	材木など積船の領内遭難
遠江浜辺村～志摩鳥羽	国籍不明破船の領内漂着
遠江掛塚～三河大山	紀伊殿用材船の領内漂着

させて幕府御用触れを「公儀浦触」と概念規定してみよう。このように整理することで、これまでみてきた浦触が、じつはもっぱら幕府御用の海事を扱った「公儀（幕府）の浦触」であったことがよりクリアになる。

ただし、このように「大名浦触」という類型を設定してみると、今まで浦触（公儀浦触）として数えたなかに「大名浦触」も混じっていたと気付くことになった。たとえば「刈谷町庄屋留帳」である。改めて点検すると、少数ではあるものの、尾張藩発信が九通、浜松藩（井上河内守、譜代、六万石）一通、白河藩・棚倉藩（阿部播磨守・美作守、譜代、一〇万石）二通、旗本瓦林氏一通、幕府中泉代官一通、合わせて一

表30　大名の浦触（「刈谷町庄屋留帳」）

発信年月日	発　信　者
天保７年(1836)３月	尾州御勘定所
天保13年(1842)６月	尾州船手・出役
弘化３年(1846)４月20日	瓦林三郎兵衛家来(旗本)
弘化３年(1846)	同上
嘉永２年(1849)２月10日	尾州船手
嘉永２年(1849)５月21日	尾州殿出張
嘉永２年(1849)５月24日	尾州船手
嘉永３年(1850)４月３日	同上
嘉永３年(1850)７月	尾州殿出役
嘉永４年(1851)２月20日	阿部播磨守内(白河藩)
嘉永７年(1854)１月	尾張殿出役
安政４年(1857)７月24日	井上河内守内(浜松藩)
慶応３年(1867)５月12日	阿部美作守内(棚倉藩)
慶応３年(1867)10月27日	大竹庫三郎手付(中泉代官)

四通が見つかった（表30）。尾張藩から一通あげれば次のような内容である。

事例３　尾張藩物産など積載船遭難の浦触（「刈谷町庄屋留帳」）

尾州御用　御浦触

尾張国野間《のま》（愛知県知多《ちた》郡美浜《みはま》町）の直乗り兵三郎船が、国元の親方（尾張藩）の米や材木・瀬戸物、言付かり物、町人荷物を積んで（江戸に向けて）航行中、遠州掛塚の沖合で難風に逢った。米・瀬戸物・町人荷物を投げ捨てて凌ぎ、豆州下田湊へ入津した。米をはじめとする積み荷が浦々へ流れ寄るか、もしくは拾った者は、早速豆州下田町の高橋七右衛門まで届け出て欲しい。流れ寄りがなくても各浦はその旨を書面にしたため、この廻文とともに留まり浦から七左衛門まで早々に順達されたし。

（天保十三（一八四二）年六月）　尾州船手御用掛　高橋七左衛門
（出役三名、略）
遠州御前崎（静岡県御前崎市）より
尾州師崎（愛知県知多郡南知多町）まで、村々御庄屋中

尾張藩の船手役人による遭難船の捨て荷捜索である。広域村々を宛所に村継ぎで廻達されたことから、第二章では浦触の一点に数えていた。しかし、テーマが尾張藩および町人荷物であることからすれば、これは幕府御用を扱う「公儀浦触」ではなく大名御用の「大名浦触」である。

ただ、表30からも明らかなように、各種の触れを丁寧に記録する「刈谷町庄屋留帳」にあっても、「大名浦触」は一八三〇年代以降に、かつ御三家の尾張藩を中心にした十数通に留まっている。なお精査が必要だが、大名や旗本、幕府代官が自領の問題を「大名浦触」として広域に廻すことは、江戸後期の少ない事例と見るべきだろう。

名主浦触

海辺村の名主などの村役人が近隣の村々宛に海難・海運に関する廻状（浦触）を出すこともあった。前掲部原村名主の「諸要用留帳」にはこうしたものも記録されている。

事例1　部原村名主の廻状（江沢家文書）

廻状

一、三板船　壱艘

ただし、長さ七尋《ひろ》余、表船梁にのような印があります。ほかに小道具などは一切ありません。

右のてんま船が昨二十一日夕方、当浦方へ漂着したので陸へ引き上げ置きました。御浦で心当たりがあるか、持ち主からの問い合わせがあった場合、右の船の様子をお伝えください。この廻状をお読みいただき、心当たりの有無をお書き付けの上で、内浦浜まで順達され、その後は村継ぎでお返しください。以上。

戌（享和二年、一八〇二）四月二十二日　　部原村名主　縫殿丞

新官村（千葉県勝浦市）、（八ヵ村、略）内浦村（同県鴨川市）、

小湊村（同）、右村々御名主中様

部原村名主の縫殿丞がしたためた廻状である。「三板船」とは小型平底の小舟サンパン（舢板）であろう。漂着船の持ち主を探すべく、自村から南西部の沿岸村一一ヵ村に廻している。範囲は二二九〜二三〇頁でみた事例1の一部や事例2の宛所にほぼ重なる広域である。廻状の甲斐あって翌日には内浦村から連絡が入り、江戸の柄原角兵衛所持の「虎吉丸」であることが判明している。

名主の広域廻状をもう一点あげてみよう。

事例2　上総国興津村（勝浦市）名主の廻状（江沢家文書）

覚

江戸浅草の為之助船、沖船頭は松太郎。岩城久保田村（福島県いわき市勿来《なこそ》町か）の庄兵衛船、沖船頭は武助。

右の二艘とも空船で当湊に停泊中、昨日十五日夜九つ時頃（午前零時頃）に破船しました。船具や手道具などが潮に乗って貴浦々へ流れ寄るか、または漁業先で見つけた場合は取り上げ置き、私方に早々お知らせください。お願いまでにかくのごとくです。

以上。

（元治二年、一八六五）丑十月十六日　　上総興津村名主　日置又五郎

守谷村（勝浦市）より下総銚子湊まで、右村々御役人中

部原村南西部に位置する幕府領興津村名主が発信した、破船二艘の漂流物捜索依頼である。宛名範囲は興津村北隣の守谷村から北に向かい、九十九里浜を経て下総国銚子に至る広域村々である。

こうした名主の廻状を「名主浦触」と呼んでみたい。実際、内浦村からの手紙でも事例1の廻状を「浦触」と呼んでいる。村役人作成の廻状を領主の「触れ」と同列に扱うこと

は、古文書学では問題がありそうだが、浦触（公儀浦触）の仲間探しということで許してもらうことにしよう。むしろ、「公儀」「大名」「名主」と並べることによって、公儀浦触の持つ特色がより明確になる。海事はテーマによって幕府海事、藩の海事、庶民の海事と区分けされていたのであり、幕府ないしは幕府関係役所、あるいはその指示で発信された公儀浦触が、大名や庶民に関わる海事を対象にすることはなかった。身分によって人間を分類するこの時代の社会編成を投影して、浦触もまたその枠組みのもとにあったといえるだろう。

伊能忠敬の測量

浦触と伝馬証文を合体させた触れが、海辺村や街道を廻っていた。伊《い》能忠敬《のうただたか》の全国測量調査に際して幕府勘定所から発信された一連の触れである。

伊予中島へ帰る

伊能忠敬の測量は、寛政十二年（一八〇〇）の蝦夷地調査に始まり、文化十二（一八一五）～十三年の江戸調査まで十次に及ぶ。この間、測量先の地方・地域に対して事業に関する触れが出されており、なかには地元で浦触として扱われるものもあった。すでにあちこちの海辺村でこの触れには遭遇していたが、宛所に陸路も含むことから浦触には加えずに来たのである。しかし、浦触の仲間探しという視点からすると、伊能触れは立派な仲間である。というより、むしろ浦触をもその一部に含む横断ルートの典型と言えるものだった。

私にとってこの触れが至極身近になったのは、今から十年ほど以前、旧友松原弘宣氏（現、愛媛大学名誉教授）主催の公開講演会参加のために訪れた昔の職場、愛媛大学においてである。「最近収集した中島の大浦村文書（遠田家資料）のなかに浦触がたくさんある」と、同大学の内田九州男氏（現、同大学名誉教授）が見せてくださった浦触冊子に混じって、伊能関係触れもあった。

中島の大浦といえば、そもそも本書の発端となった合宿調査会場の「離島センター」の所在地であり、最初に出会った浦触は隣村小浜村の庄屋文書だった。全国を一巡りして、振り出しに戻ったというわけである。

先にこの浦触冊子全体の概要を記しておくと、点数は合わせて二一冊。年代は小浜村に残る数冊と重なり合う時期のもので、伊予（四国）のデータを補強する貴重な史料である（二四二〜二四三頁表31）。すべて幕府勘定所からで、宛所の組み合わせは四国四ヵ国が最も多い。主要なテーマは幕府年貢廻米積船の捜索である。

そして、これらに混じって文化二年（一八〇五）十月受理の「測量方御役人様御先触《さきぶれ》写」と、同年十二月受理の伊能測量触れ（表紙には「浦御触書写」と記す）の冊子があった。両者とも、本文中に浦触文言はないから、「浦御触書写」と記す後者の表書きは大洲領内の認識と思われるが、いずれにしても、二冊の伊能触れは全くもって公儀浦触の仲間であった。前者の「測量方御役人様御先触写」から示してみよう。本文は人馬の提供を命じた伝馬証文である。

一、人足一人、馬二疋　　伊能勘解由

一、馬一疋ずつ　　高橋善助、下役二人

右のほかに測量持ち運び

一、人足六人　一、馬一疋　一、長持ち一棹持ち人

この度、東海道、西国、中国筋海辺浦々の測量御用派遣のために、書面の通りの無賃人馬が許可されたので、宿々村々はその旨を心得、行き帰りともに滞りなく差し出すようにせよ。

丑二月二十四日　退出兵庫（松平信之・勘定奉行。ほか勘定奉行五名、略）

この本文の後に宛所が延々と並ぶ。江戸伝馬町に始まり、東海から紀伊半島を廻り、大坂、京都へ。そして以下、日本海から山陽へ。播磨舞子から淡路へ渡り、四国・九州を経由して再び讃岐、阿波、淡路から大坂へ。伏見、草津、名古屋、飯田を経て内藤新宿まで、と続く。省略せずに記せば、次のごとくである

（江戸）伝馬町、東海道品川より舞坂（静岡県浜松市）。それより今切《いまぎれ》。湖水あい廻り

新居《あらい》（同県湖西市）。熱田より佐屋通り大宝新田（愛知県海部郡飛島村《あまとびしまむら》）。右海手沿い桑名。伊勢。志摩。紀州熊野浦通り和ヶ浦（和歌山市）。和泉。堺。住吉。大坂西川口。それより天満川通り、淀より伏見。加茂川沿い京都。大津より越前敦賀・若狭。立石（福井県敦賀市）より海辺通り、小浜より丹後。但馬。因幡。伯耆米子。出雲湖水通り、隠岐。石見。長門、北海通り赤間（下関市）。周防。安芸。備後。備中。備前。播磨。すべて南海辺を通り舞子浜（神戸市）より淡路。阿波徳島へ向かい、南海辺通り土佐。伊予。豊後。日向。大隅、すべて東海沿い、薩摩鹿児島へ向かい、南西海辺より肥後。筑後。肥前、海辺沿い天草。長崎向かい海辺通り壱岐。対馬。筑前。豊前。讃岐より阿波へ立ち戻り、淡路へ渡り、海辺通り播州舞子浜へ渡り、大坂へ出る。それより伏見。宇治川沿い草津より桑名。木曽川づたい起《おこし》（愛知県一宮市）。名古屋通り、伊保《いぼ》（同県豊田市）へ向かい飯田。甲府より横山宿（東京都八王子市）。それより内藤新宿まで。

右宿々・村々　問屋・年寄・名主・組頭

当該ルート上の町・村・宿役人へ宛てた、まさに横断型・国民型の通達である。

冊子の後半には、例によって村々の請書が記されているが、これよれば伊予大洲藩領には同年十月に廻ってきた。この年は閏八月があったから発信日から九ヵ月近くを経過しての到来である。プロローグの南京商船漂着浦触と同じく、受け渡し時刻は机上の割り振りだろうが、中島の小浜村は十月十一日戌刻（午後八時頃）に受理、大浦村は同日亥刻（午後十時頃）に受理。そして、大浦村の次の伊予郡森村は翌十二日の卯刻（午前六時頃）に受理したと記す。

この伊能触れを「刈谷町庄屋留帳」で探してみると、同年三月二十六日に受け渡したと記されている。刈谷町は前頁の宛所でいえば、新居〜熱田間に位置するわけだが、同帳の

内　　容
陸奥年貢江戸廻米積船の捜索◎
幕府代官の伊豆付き島見分予告◎
陸奥へ漂着異国船長崎護送予告
遠江へ漂着南京商船積み荷など長崎回漕予告
出羽年貢江戸廻米積船の捜索
幕府支配勘定出役などの伊豆付き島見分予告
蝦夷地御用積船回漕予告
下総へ漂着南京商船積み荷など長崎回漕予告◎
幕府支配勘定出役の伊豆付き島見分予告◎
蝦夷地鮭江戸回漕船三艘の捜索
幕府徒目付の伊豆付き島見分予告◎
出羽年貢江戸廻米積船の捜索
朝鮮信使御用船雇い入れ
八丈島手当穀物の積み送りなど予告
播磨年貢江戸廻米積船の捜索
出羽年貢江戸廻米積船の捜索
越前年貢江戸廻米積船の捜索
遠江へ漂着唐商船乗員長崎護送予告
幕府代官などの伊豆付き島見分予告
美濃年貢江戸廻米積船の捜索
出羽年貢江戸廻米積船の捜索

表31　伊予大浦村の浦触（遠田家資料）

発信年月日	発信者	宛　　所
寛政７年(1795)11月６日	幕府勘定所	阿波．讃岐．伊予．土佐
寛政８年(1796)４月11日	同上	同上
寛政８年(1796)８月	同上	讃岐．伊予．土佐．阿波．紀伊．淡路
享和１年(1801)２月	同上	淡路．阿波．土佐．伊予．讃岐
享和２年(1802)５月10日	同上	阿波．讃岐．伊予．土佐
享和２年(1802)９月14日	同上	同上
享和３年(1803)５月	同上	同上
文化４年(1807)４月19日	同上	讃岐．伊予．土佐．阿波．淡路
文化５年(1808)３月25日	同上	阿波．讃岐．伊予．土佐
文化５年(1808)６月晦日	同上	同上
文化６年(1809)４月７日	同上	同上
文化７年(1810)４月21日	同上	同上
文化７年(1810)８月29日	同上	淡路．阿波．讃岐．伊予．土佐
文化８年(1811)５月	同上	阿波．讃岐．伊予．土佐
文政４年(1821)	同上	同上
文政５年(1822)１月12日	同上	同上
文政６年(1823)12月４日	同上	同上
文政９年(1826)２月８日	同上	讃岐．伊予．土佐．阿波．淡路
文政10年(1827)４月16日	同上	阿波．讃岐．伊予．土佐
文政10年(1827)６月２日	同上	同上
文政11年(1828)12月27日	同上	同上

注(1)　ほかに文化２年(1805)９月10日幕府勘定所発信，12月16日受理の「浦触」(陸路も含む)あり．内容は伊能忠敬測量メンバーの交代について．

注(2)　◎印は隣村の小浜村にも写しが残る．

翌々二十八日条に面白い関連記事がみられる。「三河国船町（豊橋市）庄屋からの急廻状が廻った。廻状の文面は『触れが海辺沿いに廻っているが、これは手違いである。拝読不要ゆえ早々に熱田宿へ送れ』という指示であった。」と記されている。東海地方の測量はすでに一昨年に終了しているので、この触れの海辺村への継ぎ送りは間違いで不要というのであった。

伊予大浦村史料に含まれるもう一冊の伊能測量触れ「浦御触書写」は、大浦村などへは右の二か月後の十二月に廻った。派遣下役人の病気による交代の知らせだった（市野金助から下河部政五郎へ）。発信月日は九月十日。発信者も宛所もすべて二月触れと同じである。ただし、こちらには日本橋大伝馬町の伝馬役兼名主馬込平八の添状が付けられていた。受け渡しの村順も全く同じで、大浦村堀内吉左衛門は小浜村仙之丞から十二月十六日子刻（午前零時頃）に受け取り、拝見したとしている。

幕府触れ・下達ルートが先行

伊能関係触れとして、もう一点興味深い史料を見つけた。四十年前の古文書合宿で撮影して帰った小浜村「触留帳」に収録された同年二月の幕府老中申し渡し（幕府触れ）である。右の二通に先行して大洲藩経由で通達された。（a）が本文で、（b）が道順である。

（a）　天文方高橋作左衛門手付伊能勘解由

作左衛門弟高橋善助　同下役二人、同内弟子四人

一、これらの者がこの度測量御用のために、東海道通り、中国筋、四国・九州・壱岐・対馬まで罷《まか》り越す。二月下旬頃に江戸を出立し、別紙の道順書の通り国々を廻り測量をするので、心得置くように。

一、測量に際して、他領や島々へ渡海の節は船を出し差し支えないようにせよ。測量道具の手入れのため宿泊することもあろうが、これまた差し支えないように取り計らえ。

一、廻国先から江戸の頒暦所《はんれきしょ》（幕府の浅草天文台）へ用状を差し出すことがあった場合は、御用便（領主便）を使い届けよ。また江戸から廻国先への用状は、見当を付けて送付するので、一行が到着以前ならば着き次第、出立後ならば行き先へ届けよ。この内容は万石以下の最寄りの知行所へも申し継ぎ、差し支えないよう取り計らうこと。

（b）

西国筋測量御用　伊能勘解由道順

江戸出立、芝高輪《しばたかなわ》より測量を始め、東海道通り、遠州舞坂へ懸かり、（中略）飯田へ赴き、高遠《たかとお》より甲府へあい越し、八王子通り測量いたし、江戸着。

右の順書きの通り国々を廻る。もっともその所の様子により、少しずつ前後すること

もありうる。

この触れは大洲藩領の中島村々へは、大洲藩庁経由で四月二十九日から廻達された。「刈谷町庄屋留帳」でこの触れを検索してみると、こちらには触れ本文に加えて刈谷藩が書き添えた覚書が付けられており、幕府から各藩への下達の様子がわかる。
①（二月二十一日もしくはそれ以前）老中戸田氏教から幕府留守居役に触れが渡される。
＊幕府留守居＝旗本から選任され、老中支配に属す。通行手形の管理や、将軍不在時の留守役を務める。文化二年（一八〇五）時点では、駒木根政永、松浦信程、亀井清容、永見為貞の四名。
②二月二十一日、各藩の江戸詰め役人（江戸留守居など）が江戸城大手の御番所に集められ、幕府留守居から触れが伝えられる。
③刈谷藩江戸屋敷から国元へ触れが送付される。
④三月六日、刈谷町に触れが廻る。
幕府↓各藩江戸屋敷↓国元藩庁↓領内へ、という典型的な幕府触れの下達であった。
以上の伊能関係触れ三通を発信順に並べると次のようになる。
①二月二十一日　江戸で幕府留守居から測量調査事業が大名に告知される。
⇩この触れが各藩国元の藩庁へ送られ、各領内の領民に下達される。

図19　浦島測量之図（部分，宮尾昌弘所蔵，呉市入船山記念館寄託）

②二月二十四日　勘定奉行から測量先の宿々村々に宛てた伝馬証文が出される。
③九月十日　勘定奉行から測量先の宿々村々宛に、下役交代の触れが出される。

この流れで興味深いのは、①と②③の関係である。まず初めに幕府触れにより事業の告知が行われ、しかる後に勘定奉行の伝馬証文や随行員に関する連絡が横断型ルートで廻達されている。この順番が重要である。すなわち、全国を横断するような新しい事業に関しては、やはり、まずもって幕府触れによる各藩領内への通告があり、その後に横断ルートで具体的指示がなされ事業が進行するという順序である。「領民型」原理を基本にしたうえで「国民型」原理が発動される序列だったといえよう。一連の伊能関係触れは、この時代の国制が内包した二つの原理の上下・前後関係をわかりやすく示す点でも示唆深いものである。

伊能測量に関して若干の補足をしておこう。じつはこの第五次調査は伊能の罹病などにより予定が変更になり、四国調査は割愛された。一行が四国に入るのは、これより三年後に行われた文化五年（一八〇八）の第六次調査においてである。

この四国調査について、『中島町誌史料集』は特別に「測量」の項を設けて数点の関係史料を掲載している。それによれば、一行が大洲領に入ったのはこの年の七月二十二日。八月一日に三津浜《みつはま》を出航して興居島《ごごしま》、二神島《ふたがみ》、津和地島《つわじ》、怒和島《ぬわ》、中島、睦月島《むづき》、野忽那島《のぐつな》と廻った。大浦村へは八月九日に到着。庄屋の堀内吉左衛門宅が伊能ほか七名の宿所に宛てられた。翌十日、小浜村の調査が行われ、立会人として庄屋仙之丞が働いている（役場文書）。

中島で私が出会った南京商船漂着一件浦触は、伊能調査団来島一年前の到来だった。

幕末から明治へ――エピローグ

出発地の伊予中島に戻ったことで、浦触行脚はひとまず終了した。最後に、幕末から明治初年の浦触事情について触れ、本書の結びとしたい。

長州藩領は通らず

幕末の興味深い事件として、慶応三年（一八六七）五月に幕府勘定所から発信された浦触が、長州藩領に廻らなかった一件を紹介しよう。

それは鳥取藩（池田氏、外様、三二万五千石）の農政担当役所の記録「在方諸事控」の同年十月十四日の条に、藩領内高草郡（鳥取市の一部）の郡役人からの届け出として書き留められていた（『鳥取県史』一三）。以下、（a）の部分が浦触本紙、（b）が関東代官の添状、そして（c）が松江藩（松平出羽守）から鳥取藩に宛てた連絡の書状である。

（a）　浦触写

亜国（アメリカ合衆国）公使が北海岸見分のため出向くので、外国奉行支配調べ役並み一人と御徒目付《おかちめつけ》一人が亜国軍艦に乗り組み、武州横浜を明十九日出帆する。北海岸を通り津々浦々へ碇泊、あるいは測量することもあるので、もし浦々にて御用を申し付けられた時は、所の役人が罷り出て、諸事差し支えない様に取り計らえ。この触書を刻付けをもって早々あい廻し、留まりより、最寄り御代官へ届け出、御勘定所へ返却せよ。

（五月十八日）

御用につき無印形

豊後（星野成美・勘定奉行）

（ほか五名、略）

武州横浜より越後新潟まで、それより陸奥国、

右海岸所国々、御料・私領・寺社領　名主・組頭

＊発信月日は「刈谷町庄屋留帳」で補った。

（b）この触書を武州横浜より相模国、それより南海岸浦々を安芸国まで順達し、もし差し支えがあったならば、出雲国西海岸を通り越後国新潟まで。それより陸奥国・北東海筋の海岸付き村々を安房国まで。順達が済み次第、留り村より我等の役所へ返却せよ。

卯五月廿日
大竹左馬太郎（関東代官）印
佐々井半十郎（同）印
右浦々役人

追伸、浦触本紙を拝見したい者は、開封の上で汚さないように拝見し、また元の通り封をして、先々へ順達するように。以上。

（c）　添書

この御触書は、防州（周防）領へ順達できないということで、芸州（安芸）から直接送られてきた。本来ならば国々浦々（出雲国内）を順達して浦役人承知の印形を取り揃え、三保関《みほのせき》（松江市美保関町）から伯州（伯耆）へ継ぎ送るべきだが、そのような仕方では手間取ってしまう。また隠岐国へは雲州（出雲）三保関から送るのが筋だが、これも渡海が不便で順達していては遅くなる。そこで出雲国内ならびに隠岐国へは触書の写しを作り、別に廻すことにした。このやり方については当方から公儀御勘定所へ届けておく。以上。

十月四日
松平出羽守（定安・松江藩主）内役所

アメリカ公使（ロバート・ヴァン・ヴォールクンバーグ）や外国奉行配下役人らの乗船した軍艦が北海岸の見分に廻るので、要請があれば援助せよとの通達である。（b）によれば、触れのルートは、横浜から東海、瀬戸内、山陰、北陸を経て陸奥から三陸へ廻し、最後は江戸に戻すようにと指示している。

一通の触書を本州の全沿岸宛に廻すという継ぎ送りルートの長大さもさることながら、それ以上に興味を引くのが、(b)(c)に記された長州藩エリアの問題である。(b)の関東代官の指示が注目される。「南海岸浦々を安芸国まで順達し、もし差し支えがあったならば、出雲国西海岸を通り越後国新潟」へとする。安芸(広島藩領)まで廻した後、場合によっては長州藩領は飛ばして出雲国へ送ってもよいというのである。

触書の出された慶応三年(一八六七)は、いうまでもなく幕末動乱のさなかにあった。前年六月から始まった第二次長州征伐(幕長戦争)の休戦が決まったのがこの年の一月。発信日の三日後には京都で板垣・中岡・西郷の間で討幕の密約が交わされていた。そして、松江藩の書状(c)作成の十日後には徳川慶喜が大政奉還を申し出ている。まさにそうした激動の情勢下、関東代官は添え状をしたためた五月二十日の時点で、長州藩領内へは廻らないことを予想していた。

そして、それは的中した。(c)には「防州領へ順達できないということで、芸州から直接(松江藩領へ)送られてきた」とある。やはり「防州領」(=長州藩エリア)へは入れず、芸州(広島藩領)から北上して直接松江藩領へと廻されてきたのである。(c)の書状の主旨は、迅速な受け渡しのため領内の出雲国内と預かり地の隠岐国へは写しを廻すことで済ませた、という点にあるのだが、ここでは浦触が長州藩領内に入れなかった事実に注目したい。

これまでの各章では、藩庁を通じた下達・周知や継ぎ送りに際してのサポートなど、浦触廻達に対する諸藩の積極的な姿勢が見られたが、対応によっては、このようにその所領内を継ぎ送れないという事態も生じたのであった。徳川の国制・国家秩序が、その崩壊期に至るまで、自領地・自領民支配、つまり領民型統治を基本的枠組みとして成り立っていたことを明瞭に語るエピソードとして興味深い。

幕末から明治期に関する二点目として、明治の浦触に言及しておきたい。幸い「刈谷町庄屋留帳」は明治九年（一八七六）九月まで書き継がれており、幕末～維新期の様子をうかがうことができる。

終わりと始まり

表32に慶応二年（一八六六）から明治九年（一八七六）の間の浦触の概要を示した。ここには長州藩領を廻らなかった前項の触れも含まれるが、一見して明らかなように、慶応四年（明治元、一八六八）を境に状況は一変している。幕府勘定所の広域浦触が盛んに廻っていた慶応三年以前と、散発的な明治期とは極めて対照的である。十七世紀前期に始まり、十八世紀後半に全国廻達網を確立した浦触は、徳川幕府の倒壊とともに終焉に向かっ

たと見てよいだろう。

通数はわずかだが、明治二〜七年の七通についてみてみよう。民部省など新政府の役所の登場が新鮮である。三河県役所の指示を受けての発信もある。七通のうちの二通が「尾州師崎村（知多郡南知多町）庄屋」や「三河大浜湊（碧南市）村役人」の民間船遭難触れであるなど、「名主浦触」の比率が高いことも注目される。

表32の最下段に位置する明治七年（一八七四）四月触れは、三河吉田藩の系譜を引く愛

内　　容
和蘭商船テシマ号の捜索
信濃材木回漕予告
国籍不明破船の領内漂着
亜国公使北海岸見分予告
京都清涼殿等普請用材廻木予告
同上
新島逃亡流人の捜索
紀伊殿用材船の領内漂着
大坂会計官より東京回漕米など積船遭難
三河県役所指示の海鼠漁業取締り
天朝御米積船の遭難
当村民の持ち船遭難
外国船と接触事故船の捜索
乗り捨て小舟の持ち主捜し
漂着船・水死人の身元捜索

表32　慶応～明治初年の浦触（「刈谷町庄屋留帳」）

発信年月日	発　信　者	宛　　所
慶応２年(1866)10月	幕府勘定所	江戸海～四国・九州
慶応３年(1867)２月	同上	信濃根羽山～江戸深川
慶応３年(1867)５月12日	阿部美作守内（棚倉藩）	遠江浜辺村～志摩鳥羽
慶応３年(1867)５月18日	幕府勘定所	横浜～新潟～陸奥
慶応３年(1867)５月	同上	品川～大坂
慶応３年(1867)８月27日	同上	同上
慶応３年(1867)９月13日	同上	江戸鉄砲洲～志摩鳥羽
慶応３年(1867)10月27日	大竹庫三郎手付	遠江掛塚～三河大山
慶応４年（明治１，1868）	(浦触記事なし)	
明治２年(1869)７月20日	志摩安乗浦庄屋	安乗浦～伊豆下田
明治２年(1869)９月	三河宝飯郡三谷村取締り人	三河一色村～刈谷村
明治２年(1869)９月16日	紀伊牟婁郡須賀利浦庄屋	須賀利浦～相模浦賀
明治３年(1870)４月８日	尾張師崎村庄屋	篠ノ島御庄屋衆中ほか
明治３年(1870)閏10月25日	民部省	神奈川港～摂津兵庫港
明治４年(1871)２月３日	三河大浜湊村役人	高浜村～知多郡海岸付き村
明治７年(1874)４月	豊橋支庁	尾張・三河海岸

注　明治８年，明治９年(９月迄)浦触記事なし

表33　漂着船と水死人（1874年）

魚猟船	帆１，鍋１，茶碗３，錠１，木綿縞の財布（39銭５毛入り） 木綿継ぎ継ぎ袋（８銭３厘５毛入り） 紙タバコ入れ（煙管つき），真鍮矢立１，木綿縞風呂敷１
水死　男	30歳くらい，人相常躰，乱髪，所々櫂キズあり． 衣類は木綿紺浅黄竪縞袷２，木綿紺浅黄竪縞襦袢筒袖，五良フク帯締め，紺足袋履き． 船の中で果ており．
水死　男	34～５歳くらい，人相常躰，所々櫂キズあり． 衣類は紺浅黄縞袷２，紺浅黄縞半纏，木綿縞継ぎ継ぎの襦袢，木綿竪嶋前掛け締め，紺足袋履き． 船の中で果ており．
水死　女	54～５歳くらい，人相常躰，歯鉄付け，乱髪，所々櫂キズあり． 衣類は木綿竪縞袷，唐木綿浅黄縞半纏，唐木綿浅黄竪縞前掛け，五良フク細帯締め，白足袋履き． 船で果ており．
水死　女	44～５歳くらい，人相常躰，所々櫂キズあり． 衣類は木綿浅黄紺縞綿入れ，木綿継ぎ継ぎ袷，継ぎ継ぎ絹の胴着，横竪縞木綿前掛け締め，白足袋履き． 船で果ており．

知県豊橋支庁の発信である。管轄内の渥美郡草間村（豊橋市）からの届け出を受け、広く尾張・三河海岸村々の戸長に宛てて「身寄りの者どもは早々に訴え出よ」と呼びかけている。漂着船と水死人四人の描写が詳細である（表33）。

江戸期において、大名が領内の民間遭難事件に関して領外にまで及ぶ「大名浦触」を出すことは、あったとしてもイレギュラーだった。それに鑑みれば、この触れは、新しい時代の動向を暗示しているともみられる。

海運・海難に対して、新政府・明治国家はどのような仕組みを作ったのか。江戸期における「公儀」「大名」「名主」といった身分序列的な対応は、新しい国制のもとでどのように再編されていったのか、など、大いに興味を惹かれるところだが、しかし、これらはもはや本書の範囲を超え、近代海事史研究の海域に属する問題群である。

あとがき

「海彦（海幸）・山彦（山幸）」の物語に因んでいえば、私は生まれも育ちも、そしてその後の暮しのほとんども、海辺から程遠い「山彦」の環境下にあった。「原風景は？」と問われれば、鋸山・仙丈ケ岳や、経ケ岳・木曽駒ケ岳に囲まれた子供時代の信州伊那谷の世界を挙げるだろう。長年住まいしているここ滋賀県の湖西地方も、琵琶湖に面してはいるものの、こちらは湖であり、背後には比良の山並みが迫っている。

そんな私が、少しだけ「海彦」まがいの生活を送った時期があった。一九七六年から八一年にかけて、愛媛松山で過ごした五年間である。街自体が明るく穏やかな瀬戸内の光と香りに包まれていたし、港から連絡船に乗れば、すぐにあちこちの島に渡ることができた。興居島、中島、岩城島、大島、大三島などいろいろな島へ行った。友人たちと連れ立って南予の日振島まで足を延ばしたこともある。大学の組合の親睦イベントは、決まって宇和海に乗り出しての船釣りだった。船上でのカワハギ料理はなかなかおいしかった。本書のテーマである「浦触」も、この短い「海彦」時代に遭遇した諸々のうちの一つである。

思い出の範囲を「御触書」全般にまで広げれば、出会いは松山以前、大学院在学中に参加していた京都町触研究会に遡る。同志社大学の秋山國三、仲村研の両先生と京都大学の朝尾直弘先生をリーダーとしたこの研究会は、三条衣棚町や町代の古久保家に保存されていた膨大な触留帳の翻刻を事業の大きな柱としていた。会運営の事務局を仰せつかり、自分よりはるかに良く読む後輩たちに恐れをなしながら作業に従事した日々であった。

史料翻刻の会は、隔週土曜日の午後に京大文学部陳列館の一室を会場にして開催されていた。「右の書き付け、江戸より到来候あいだ、きっとあい守るべきの旨、洛中洛外へ触れ知らすべきものなり」「風立ち候あいだ、裏借家に至るまで火の元いよいよ念を入るべき旨、洛中洛外へあい触るべきものなり」等など、幾組にも分かれて下原稿を読み合わせる声が今も耳に残っている。史料は必ず音読するという鉄則もこの時に体得した。

「山彦」のゆえか、町人（「町彦」）社会や町奉行所の行政に立ち向かう力はなく、ひたすら字面を追うばかりだったが、知らず知らずのうちに触書に対する関心は醸成されていたのであろう。「洛中洛外」宛と「浦々・海辺村」宛の違いこそあれ、ごく自然に「浦触」に目が向いたのは、前提にこの研究会での学びがあったからである。

浦触を研究テーマの一つに加えてからは、折に触れ機会を得て各地の図書館や史料館に出掛けて史料を閲覧し、また刊行された史料集や自治体史をめくって史料収集を続けた。膨大な史料群の中から浦触を捜し出す作業は、楽しくもあり骨の折れることでもあったが、そもそもそうした史料集めが可能だったのは、基になる史料の保存や史料集等の刊行に取り組んでこられた各地方・各機関関係者の努力あってのことである。本文中にお名前をあげた方々からのご支援とともに、そうした無数の先達の営為に対して満腔の謝意を表するものである。

そして、この度、一書として刊行するに当たっては、史料集の利用や草稿の点検など多方面にわたり、琉球大学の武井弘一さんと京都府立大学の東昇さんから援助を得た。

また、吉川弘文館の石津輝真さんには、『環境の日本史　四』（水本編、二〇一三年）以来のお付き合いの中で本書を企画していただき、同じく若山嘉秀さんには編集業務全般を担当していただいた。末尾ながら、合わせてお礼を申し上げたい。

二〇一九年七月

西江州の寓居にて

水本邦彦

引用・参考文献

著書・論文

安達裕之『異様の船―洋式船導入と鎖国体制』平凡社、一九九五年
石井謙治「西廻りによる出羽国江戸城米の廻送について―とくに航海関係を中心として―」福井県立図書館・福井県郷土誌懇談会共編『日本海海運史の研究』福井県郷土誌懇談会、一九六七年
糸川風太「紀州藩・鳥羽藩領における幕府広域支配実現の特質―近世中後期の公儀浦触廻達を素材として―」『ヒストリア』二六四、二〇一七年
井上拓巳「幕府直営方式城米輸送制度の成立―東廻り航路における城米輸送を中心に―」『法政史学』六七、二〇〇七年
今井修平「近世大坂における御用瓦生産の実態」『神戸女子大学紀要』九、一九八〇年
賀川隆行『江戸幕府御用金の研究』法政大学出版局、二〇〇二年
金指正三『近世海難救助制度の研究』吉川弘文館、一九六八年
神谷大介「波濤の洋式帆船『君沢型』」『本郷』一三四、二〇一八年
鴨頭俊宏『近世の公用交通路をめぐる情報―瀬戸内海を中心に―』清文堂、二〇一四年
京都町触研究会『京都町触の研究』岩波書店、一九九六年
倉地克直「琉球使節と岡山藩」岡山大学大学院社会文化科学研究科『文化共生学研究』一三、二〇一四

年
高木昭作『日本近世国家史の研究』岩波書店、一九九〇年
段木一行『近世海難史の研究』吉川弘文館、二〇一五年
林英夫『秤座』吉川弘文館、一九七三年
福井県立図書館・福井県郷土誌懇談会共編『日本海海運史の研究』福井県郷土誌懇談会、一九六七年
藤井譲治『江戸時代のお触れ』山川出版社、二〇一三年
藤井譲治『江戸幕府老中制形成過程の研究』校倉書房、一九九〇年
藤田覚『勘定奉行の江戸時代』筑摩書房、二〇一八年
増川宏一『伊予小松藩会所日記』集英社、二〇〇一年
三鬼清一郎『織豊期の国家と秩序』青史出版、二〇一二年
水本邦彦「「公儀浦触」について」『日本歴史』五〇一、一九九〇年
水本邦彦「〈公儀浦触〉と丹後の浦々」『京都府古文書調査報告書　丹後漁業関係古文書目録』一九九四年
水本邦彦「〈公儀浦触〉発給の諸段階」『日本国家の史的特質』近世・近代、思文閣出版、一九九五年
水本邦彦「浦触と房総の村々―上総国の名主文書から―」『立命館文学』五四二、一九九五年
水本邦彦「近世の国継浦触と海事―九州の場合―」『洛北史学』四、二〇〇二年
水本邦彦「「触書」伝達と近世社会」『日本史における情報伝達』創風社出版、二〇一二年
水本邦彦「海辺村からみた幕藩体制」『徳川社会論の視座』敬文舎、二〇一三年

村田路人『近世畿内近国支配論』塙書房、二〇一九年
安国良一「幕末期の銅需要と住友銅吹所」『住友史料館報』四九、二〇一八年
山下堅太郎「近世前期における公儀浦触について—寛文十一年幕府唐船廻漕令を中心に—」『土佐山内家宝物資料館研究紀要』一、二〇〇二年
山田洋一「公儀触伝達にみる徳川領国と国持外様領国の構造—京都、山城・丹波・丹後国と因幡・伯耆国の比較から—」『京都府立大学学術報告　人文』七〇、二〇一八年
山本秀夫『近世瀬戸内「浦」社会の研究』清文堂、二〇一一年

史料集

安藤精一監修・田辺市教育委員会『紀州田辺万代記』一〜一八、清文堂、一九九一〜一九九四年
刈谷市教育委員会『刈谷町庄屋留帳』一〜二〇・索引、刈谷市、一九七六〜一九八九年
京都町触研究会『京都町触集成』別巻二、岩波書店、一九八九年
斉藤正直『松山藩壬生川浦番所記録』愛媛県近世地方史料五、一九七八年
酒田市市史編纂委員会『酒田市史』史料篇一、二、酒田市市史編纂委員会、一九六三、一九六四年
渋沢敬三編『豆州内浦漁民史料』上、『アチックミューゼアム彙報』二〇、一九三七年
新宿区立新宿歴史博物館『武蔵国豊島郡角筈村名主　渡辺家文書』一、新宿区教育委員会、一九九二年
菅原憲二「史料　幕末期大洲藩郡奉行『覚帳』」『(千葉大学) 人文研究』二二、一九九三年
高瀬重雄監修『浦方御定』『加賀藩農政経済資料　第二期』礪波図書館協会・富山県図書館協会、一九

六五年
田原町（市）・田原町（市）教育委員会『田原藩日記』一～一一、田原町（市）、一九八七～二〇一五年
鳥取県『鳥取県史』一三、鳥取県、一九七八年
富山県『富山県史』史料編四、富山県、一九七八年
中島町誌編集委員会『中島町誌』中島町、一九六八年
中島町誌史料集編集委員『中島町誌史料集』中島町、一九七五年
日本常民文化研究所編『奥能登時国家文書』一『常民文化研究』六六、一九五四年
本渡市教育委員会『天領天草大庄屋木山家文書　御用触写帳』一～七、本渡市教育委員会、一九九五～二〇〇二年
藩法研究会『藩法集一　岡山藩（上）』創文社、一九五九年
本渡市教育委員会『天領天草大庄屋木山家文書　万覚』一、本渡市教育委員会、二〇〇三年
松尾司郎解読『島原藩日記』一～八、島原市教育委員会、二〇〇八～二〇一七年
松山市史料集編集委員会『松山市史料集』五、六、松山市、一九八三年、一九八五年
盛岡市教育委員会・盛岡市中央公民館『盛岡藩雑書』一～一五、熊谷印刷出版部、一九八六～二〇〇一年
輪島市編纂専門委員会『輪島市史』資料編四、一九七五年

著者紹介

一九四六年、群馬県に生まれる

一九七五年、京都大学大学院文学研究科博士課程修了

現在、京都府立大学・長浜バイオ大学名誉教授、文学博士

主要著書

『近世の村社会と国家』（東京大学出版会、一九八七年）

『草山の語る近世』（山川出版社、二〇〇三年）

『徳川の国家デザイン』（小学館、二〇〇八年）

『村―百姓たちの近世―』（岩波書店、二〇一五年）

歴史文化ライブラリー

486

海辺を行き交うお触れ書き

浦触の語る徳川情報網

二〇一九年（令和元）八月一日 第一刷発行

著者 水《みず》本《もと》邦《くに》彦《ひこ》

発行者 吉川道郎

発行所 株式会社 吉川弘文館

東京都文京区本郷七丁目二番八号

郵便番号一一三―〇〇三三

電話〇三―三八一三―九一五一〈代表〉

振替口座〇〇一〇〇―五―二四四

http://www.yoshikawa-k.co.jp/

印刷＝株式会社 平文社

製本＝ナショナル製本協同組合

装幀＝清水良洋・高橋奈々

ISBN978-4-642-05886-5

歴史文化ライブラリー

1996.10

刊行のことば

現今の日本および国際社会は、さまざまな面で大変動の時代を迎えておりますが、近づきつつある二十一世紀は人類史の到達点として、物質的な繁栄のみならず文化や自然・社会環境を謳歌できる平和な社会でなければなりません。しかしながら高度成長・技術革新にともなう急激な変貌は「自己本位な刹那主義」の風潮を生みだし、先人が築いてきた歴史や文化に学ぶ余裕もなく、いまだ明るい人類の将来が展望できていないようにも見えます。このような状況を踏まえ、よりよい二十一世紀社会を築くために、人類誕生から現在に至る「人類の遺産・教訓」としてのあらゆる分野の歴史と文化を「歴史文化ライブラリー」として刊行することといたしました。

小社は、安政四年（一八五七）の創業以来、一貫して歴史学を中心とした専門出版社として書籍を刊行しつづけてまいりました。その経験を生かし、学問成果にもとづいた本叢書を刊行し社会的要請に応えて行きたいと考えております。

現代は、マスメディアが発達した高度情報化社会といわれますが、私どもはあくまでも活字を主体とした出版こそ、ものの本質を考える基礎と信じ、本叢書をとおして社会に訴えてまいりたいと思います。これから生まれでる一冊一冊が、それぞれの読者を知的冒険の旅へと誘い、希望に満ちた人類の未来を構築する糧となれば幸いです。

吉川弘文館

歴史文化ライブラリー

近世史

細川忠利 ポスト戦国世代の国づくり――稲葉継陽
江戸の政権交代と武家屋敷――岩本 馨
江戸の町奉行――南 和男
江戸御留守居役 近世の外交官――笠谷和比古
検証 島原天草一揆――大橋幸泰
大名行列を解剖する 江戸の人材派遣――根岸茂夫
江戸大名の本家と分家――野口朋隆
〈甲賀忍者〉の実像――藤田和敏
江戸の武家名鑑 武鑑と出版競争――藤實久美子
江戸の出版統制 弾圧に翻弄された戯作者たち――佐藤至子
武士という身分 城下町萩の大名家臣団――森下 徹
旗本・御家人の就職事情――山本英貴
武士の奉公 本音と建前 江戸時代の出世と処世術――高野信治
宮中のシェフ、鶴をさばく 江戸時代の朝廷と庖丁道――西村慎太郎
馬と人の江戸時代――兼平賢治
犬と鷹の江戸時代 〈犬公方〉綱吉と〈鷹将軍〉吉宗――根崎光男
紀州藩主 徳川吉宗 明君伝説・宝永地震・隠密御用――藤本清二郎
近世の巨大地震――矢田俊文
江戸時代の孝行者 「孝義録」の世界――菅野則子
死者のはたらきと江戸時代 遺訓・家訓・辞世――深谷克己
近世の百姓世界――白川部達夫
闘いを記憶する百姓たち 江戸時代の裁判学習帳――八鍬友広
江戸の寺社めぐり 鎌倉・江ノ島・お伊勢さん――原 淳一郎
江戸のパスポート 旅の不安はどう解消されたか――柴田 純
〈身売り〉の日本史 人身売買から年季奉公へ――下重 清
江戸の捨て子たち その肖像――沢山美果子
江戸の乳と子ども いのちをつなぐ――沢山美果子
エトロフ島 つくられた国境――菊池勇夫
江戸時代の医師修業 学問・学統・遊学――海原 亮
江戸の流行り病 麻疹騒動はなぜ起こったのか――鈴木則子
江戸幕府の日本地図 国絵図・城絵図・日本図――川村博忠
江戸の地図屋さん 販売競争の舞台裏――俵 元昭
踏絵を踏んだキリシタン――安高啓明
墓石が語る江戸時代 大名・庶民の墓事情――関根達人
近世の仏教 華ひらく思想と文化――末木文美士
江戸時代の遊行聖――圭室文雄
松陰の本棚 幕末志士たちの読書ネットワーク――桐原健真

歴史文化ライブラリー

龍馬暗殺―――桐野作人
幕末の世直し　万人の戦争状態―――須田　努
幕末の海防戦略 異国船を隔離せよ―――上白石　実
幕末の海軍 明治維新への航跡―――神谷大介
海辺を行き交うお触れ書き 浦触の語る徳川情報網―――水本邦彦
江戸の海外情報ネットワーク―――岩下哲典

近・現代史

江戸無血開城 本当の功労者は誰か?―――岩下哲典
五稜郭の戦い 蝦夷地の終焉―――菊池勇夫
水戸学と明治維新―――吉田俊純
大久保利通と明治維新―――佐々木　克
旧幕臣の明治維新 沼津兵学校とその群像―――樋口雄彦
刀の明治維新 「帯刀」は武士の特権か?―――尾脇秀和
維新政府の密偵たち 御庭番と警察のあいだ―――大日方純夫
京都に残った公家たち 華族の近代―――刑部芳則
文明開化　失われた風俗―――百瀬　響
西南戦争 戦争の大義と動員される民衆―――猪飼隆明
大久保利通と東アジア 国家構想と外交戦略―――勝田政治
明治の政治家と信仰 クリスチャン民権家の肖像―――小川原正道
文明開化と差別―――今西　一
大元帥と皇族軍人 明治編―――小田部雄次
明治の皇室建築 国家が求めた〈和風〉像―――小沢朝江
皇居の近現代史 開かれた皇室像の誕生―――河西秀哉
明治神宮の出現―――山口輝臣
神都物語 伊勢神宮の近現代史―――ジョン・ブリーン
陸軍参謀　川上操六 日清戦争の作戦指導者―――大澤博明
日清・日露戦争と写真報道 戦場を駆ける写真師たち―――井上祐子
公園の誕生―――小野良平
啄木短歌に時代を読む―――近藤典彦
鉄道忌避伝説の謎 汽車が来た町、来なかった町―――青木栄一
軍隊を誘致せよ 陸海軍と都市形成―――松下孝昭
家庭料理の近代―――江原絢子
お米と食の近代史―――大豆生田　稔
日本酒の近現代史 酒造地の誕生―――鈴木芳行
失業と救済の近代史―――加瀬和俊
近代日本の就職難物語 「高等遊民」になるけれど―――町田祐一
選挙違反の歴史 ウラからみた日本の一〇〇年―――季武嘉也
海外観光旅行の誕生―――有山輝雄

歴史文化ライブラリー

関東大震災と戒厳令――松尾章一
昭和天皇とスポーツ 〈玉体〉の近代史――坂上康博
大元帥と皇族軍人 大正・昭和編――小田部雄次
海軍将校たちの太平洋戦争――手嶋泰伸
植民地建築紀行 満洲・朝鮮・台湾を歩く――西澤泰彦
稲の大東亜共栄圏 帝国日本の〈緑の革命〉――藤原辰史
地図から消えた島々 幻の日本領と南洋探検家たち――長谷川亮一
自由主義は戦争を止められるのか 芦田均・清沢洌・石橋湛山――上田美和
モダン・ライフと戦争 スクリーンのなかの女性たち――宜野座菜央見
彫刻と戦争の近代――平瀬礼太
軍用機の誕生 日本軍の航空戦略と技術開発――水沢 光
首都防空網と〈空都〉多摩――鈴木芳行
帝都防衛 戦争・災害・テロ――土田宏成
陸軍登戸研究所と謀略戦 科学者たちの戦争――渡辺賢二
帝国日本の技術者たち――沢井 実
〈いのち〉をめぐる近代史 堕胎から人工妊娠中絶へ――岩田重則
強制された健康 日本ファシズム下の生命と身体――藤野 豊
戦争とハンセン病――藤野 豊
「自由の国」の報道統制 大戦下の日系ジャーナリズム――水野剛也
海外戦没者の戦後史 遺骨帰還と慰霊――浜井和史
学徒出陣 戦争と青春――蜷川壽惠
特攻隊の〈故郷〉 霞ヶ浦・筑波山・北浦・鹿島灘――伊藤純郎
沖縄戦 強制された「集団自決」――林 博史
陸軍中野学校と沖縄戦 知られざる少年兵「護郷隊」――川満 彰
沖縄からの本土爆撃 米軍出撃基地の誕生――林 博史
原爆ドーム 物産陳列館から広島平和記念碑へ――頴原澄子
米軍基地の歴史 世界ネットワークの形成と展開――林 博史
沖縄 占領下を生き抜く 軍用地・通貨・毒ガス――川平成雄
考証 東京裁判 戦争と戦後を読み解く――宇田川幸大
昭和天皇退位論のゆくえ――冨永 望
ふたつの憲法と日本人 戦前・戦後の憲法観――川口暁弘
鯨を生きる 鯨人の個人史・鯨食の同時代史――赤嶺 淳
文化財報道と新聞記者――中村俊介

文化史・誌

落書きに歴史をよむ――三上喜孝
霊場の思想――佐藤弘夫
跋扈《ばっこ》する怨霊 祟りと鎮魂の日本史――山田雄司
将門伝説の歴史――樋口州男

歴史文化ライブラリー

藤原鎌足、時空をかける 変身と再生の日本史――黒田　智
変貌する清盛 『平家物語』を書きかえる――樋口大祐
空海の文字とことば――岸田知子
日本禅宗の伝説と歴史――中尾良信
水墨画にあそぶ 禅僧たちの風雅――高橋範子
殺生と往生のあいだ 中世仏教と民衆生活――苅米一志
浦島太郎の日本史――三舟隆之
〈ものまね〉の歴史 仏教・笑い・芸能――石井公成
戒名のはなし――藤井正雄
墓と葬送のゆくえ――森　謙二
運　慶 その人と芸術――副島弘道
ほとけを造った人びと 止利仏師から運慶・快慶まで――根立研介
祇園祭 祝祭の京都――川嶋將生
洛中洛外図屏風 つくられた〈京都〉を読み解く――小島道裕
化粧の日本史 美意識の移りかわり――山村博美
乱舞の中世 白拍子・乱拍子・猿楽――沖本幸子
神社の本殿 建築にみる神の空間――三浦正幸
古建築を復元する 過去と現在の架け橋――海野　聡
大工道具の文明史 日本・中国・ヨーロッパの建築技術――渡邉　晶
苗字と名前の歴史――坂田　聡
日本人の姓・苗字・名前 人名に刻まれた歴史――大藤　修
数え方の日本史――三保忠夫
大相撲行司の世界――根間弘海
日本料理の歴史――熊倉功夫
吉兆　湯木貞一 料理の道――末廣幸代
日本の味　醤油の歴史――林　玲子・天野雅敏編
中世の喫茶文化 儀礼の茶から「茶の湯」へ――橋本素子
天皇の音楽史 古代・中世の帝王学――豊永聡美
流行歌の誕生 「カチューシャの唄」とその時代――永嶺重敏
話し言葉の日本史――野村剛史
「国語」という呪縛 国語から日本語へ、そして〇〇語へ――川口　良・角田史幸
柳宗悦と民藝の現在――松井　健
遊牧という文化 移動の生活戦略――松井　健
マザーグースと日本人――鷲津名都江
たたら製鉄の歴史――角田徳幸
金属が語る日本史 銭貨・日本刀・鉄炮――齋藤　努
書物と権力 中世文化の政治学――前田雅之
書物に魅せられた英国人 フランク・ホーレーと日本文化――横山　學

歴史文化ライブラリー

- 災害復興の日本史 —— 安田政彦

民俗学・人類学

- 日本人の誕生 人類はるかなる旅 —— 埴原和郎
- 倭人への道 人骨の謎を追って —— 中橋孝博
- 神々の原像 祭祀の小宇宙 —— 新谷尚紀
- 役行者と修験道の歴史 —— 宮家 準
- 幽霊 近世都市が生み出した化物 —— 髙岡弘幸
- 雑穀を旅する —— 増田昭子
- 川は誰のものか 人と環境の民俗学 —— 菅 豊
- 名づけの民俗学 地名・人名はどう命名されてきたか —— 田中宣一
- 番と衆 日本社会の東と西 —— 福田アジオ
- 記憶すること・記録すること 聞き書き論ノート —— 香月洋一郎
- 番茶と日本人 —— 中村羊一郎
- 柳田国男 その生涯と思想 —— 川田 稔

世界史

- 中国古代の貨幣 お金をめぐる人びとと暮らし —— 柿沼陽平
- 渤海国とは何か —— 古畑 徹
- 古代の琉球弧と東アジア —— 山里純一
- アジアのなかの琉球王国 —— 高良倉吉
- 琉球国の滅亡とハワイ移民 —— 鳥越皓之
- フランスの中世社会 王と貴族たちの軌跡 —— 渡辺節夫
- ヒトラーのニュルンベルク 第三帝国の光と闇 —— 芝 健介
- 人権の思想史 —— 浜林正夫
- グローバル時代の世界史の読み方 —— 宮崎正勝

考古学

- タネをまく縄文人 最新科学が覆す農耕の起源 —— 小畑弘己
- 農耕の起源を探る イネの来た道 —— 宮本一夫
- 老人と子供の考古学 —— 山田康弘
- 〈新〉弥生時代 五〇〇年早かった水田稲作 —— 藤尾慎一郎
- 文明に抗した弥生の人びと —— 寺前直人
- 樹木と暮らす古代人 木製品が語る弥生・古墳時代 —— 樋上 昇
- 古 墳 —— 土生田純之
- 東国から読み解く古墳時代 —— 若狭 徹
- 埋葬からみた古墳時代 女性・親族・王権 —— 清家 章
- 神と死者の考古学 古代のまつりと信仰 —— 笹生 衛
- 土木技術の古代史 —— 青木 敬
- 国分寺の誕生 古代日本の国家プロジェクト —— 須田 勉
- 海底に眠る蒙古襲来 水中考古学の挑戦 —— 池田榮史

歴史文化ライブラリー

歴史文化ライブラリー

藤原摂関家の誕生 平安時代史の扉 ―― 米田雄介
安倍晴明 陰陽師たちの平安時代 ―― 繁田信一
平安時代の死刑 なぜ避けられたのか ―― 戸川 点
古代の神社と神職 神をまつる人びと ―― 加瀬直弥
時間の古代史 霊鬼の夜、秩序の昼 ―― 三宅和朗

中世史

列島を翔ける平安武士 九州・京都・東国 ―― 野口 実
源氏と坂東武士 ―― 野口 実
平氏が語る源平争乱 ―― 永井 晋
熊谷直実 中世武士の生き方 ―― 高橋 修
中世武士 畠山重忠 秩父平氏の嫡流 ―― 清水 亮
頼朝と街道 鎌倉政権の東国支配 ―― 木村茂光
大道 鎌倉時代の幹線道路 ―― 岡 陽一郎
鎌倉源氏三代記 一門・重臣と源家将軍 ―― 永井 晋
鎌倉北条氏の興亡 ―― 奥富敬之
三浦一族の中世 ―― 高橋秀樹
都市鎌倉の中世史 吾妻鏡の舞台と主役たち ―― 秋山哲雄
弓矢と刀剣 中世合戦の実像 ―― 近藤好和
その後の東国武士団 源平合戦以後 ―― 関 幸彦
荒ぶるスサノヲ、七変化 〈中世神話〉の世界 ―― 斎藤英喜
曽我物語の史実と虚構 ―― 坂井孝一
親 鸞 ―― 平松令三
親鸞と歎異抄 ―― 今井雅晴
畜生・餓鬼・地獄の中世仏教史 因果応報と悪道 ―― 生駒哲郎
神や仏に出会う時 中世びとの信仰と絆 ―― 大喜直彦
神風の武士像 蒙古合戦の真実 ―― 関 幸彦
鎌倉幕府の滅亡 ―― 細川重男
足利尊氏と直義 京の夢、鎌倉の夢 ―― 峰岸純夫
高 師直 室町新秩序の創造者 ―― 亀田俊和
新田一族の中世 「武家の棟梁」への道 ―― 田中大喜
皇位継承の中世史 血統をめぐる政治と内乱 ―― 佐伯智広
地獄を二度も見た天皇 光厳院 ―― 飯倉晴武
東国の南北朝動乱 北畠親房と国人 ―― 伊藤喜良
南朝の真実 忠臣という幻想 ―― 亀田俊和
中世の巨大地震 ―― 矢田俊文
大飢饉、室町社会を襲う! ―― 清水克行
贈答と宴会の中世 ―― 盛本昌広
出雲の中世 地域と国家のはざま ―― 佐伯徳哉

吉川弘文館

新刊ご案内　2019年4月

〒113-0033・東京都文京区本郷7丁目2番8号　振替 00100-5-244（表示価格は税別です）
電話 03-3813-9151（代表）　ＦＡＸ 03-3812-3544　http://www.yoshikawa-k.co.jp/

文字は何を語るのか？ 今に生きつづける列島の古代文化

新しい古代史へ

全3巻 刊行開始　平川　南著　各二五〇〇円　『内容案内』送呈

古代の人びとはそれぞれの地域でどのように生きていたのか。さまざまな文字資料からその実像に迫る。新発見のトピックを織り交ぜ、古代の東国、特に甲斐国を舞台に分かりやすく解説。地域から古代を考える新しい試み。

Ａ５判・平均二五〇頁／オールカラー

1 地域に生きる人びと
甲斐国と古代国家

〈第1回配本〉二四八頁

地域社会の支配拠点であった国府、税の徴収などの地方行政、氏族と渡来人の活動の実態―。古代の国家と地域の社会はいかなる関係にあったのか。甲斐国を舞台に全国各地の事例も含め、地域から古代を考える新しい試み。

〈続刊〉

2 文字文化のひろがり
東国・甲斐からよむ

※7月発売予定

3 交通・情報となりわい
甲斐がつないだ道と馬

日本人は、何を、何のために、どのように食べてきたか？

食材、調理法、食事の作法や歳事・儀礼など多彩な視点から、これまでの、そしてこれからの日本の〝食〟を考える。

日本の食文化 全6巻

小川直之・関沢まゆみ・藤井弘章・石垣　悟編

四六判・平均二五〇頁／各二七〇〇円　『内容案内』送呈

●最新刊の2冊

④魚と肉

藤井弘章編

列島に広く浸透した日本の豊かな魚食文化を、海の魚と淡水魚、すしの変化、クジラ・イルカ食などから考察。一方で長く忌避され地域限定的だった肉食文化を、明治以降の急速な拡大も含め概観する。近年話題の昆虫食にも注目。

⑤酒と調味料、保存食

石垣　悟編

発酵を利用した酒、酢・味噌・醤油、塩蔵や発酵による漬物、ダシの素材となる昆布などの乾物。これら食料保存の技術は独特の味をも生み出した。基本調味料の塩と砂糖、嗜好品の茶も加え、日本の味の文化的背景を探る。

●好評既刊

①食事と作法

小川直之編

人間関係や社会のあり方と密接に結びついた「食」を探る。

【続刊】

②米と餅……関沢まゆみ編

③麦・雑穀と芋……小川直之編

⑥菓子と果物……関沢まゆみ編

◉推薦します（敬称略、五十音順）

江原絢子（東京家政学院大学名誉教授）

平松洋子（エッセイスト）

歴史文化ライブラリー

●19年2月〜4月発売の3冊

四六判・平均二二〇頁　全冊書下ろし

人類誕生から現代まで／忘れられた歴史の発掘／常識への挑戦／学問の成果を誰にもわかりやすく／ハンディな造本と読みやすい活字／個性あふれる装幀

481 大道《だいどう》 鎌倉時代の幹線道路

岡　陽一郎著

鎌倉時代も今と変わらず、道路は社会を支える存在だった。しかし、道そのものの実態は資料が乏しくつかみにくい。中世の幹線道路＝〈大道〉の実像に迫り、「かまくらかいどう」に代表される従来の古道観の克服を試みる。

三〇四頁／一九〇〇円

482 徳川家康と武田氏

信玄・勝頼との十四年戦争

本多隆成著

信玄・勝頼二代にわたる武田氏との抗争は、家康最大の試練だった。今川領国への侵攻から武田氏滅亡まで、新説をふまえて描く。信長、将軍義昭との関係、松平信康事件にも注目。苦難の時代を乗り越えた家康の前半生。

〈僅少〉 二五六頁／一八〇〇円

483 皇位継承の中世史

血統をめぐる政治と内乱

佐伯智広著

現在では常識の皇位の父子継承は、いつからどのように行われたのか。天皇親政から院政、鎌倉幕府滅亡、南北朝内乱まで、目まぐるしく展開した中世政治史を、天皇と権力・親族との関係を軸にとらえ、明快に描き出す。

二一六頁／一七〇〇円

ここが変わる！日本の考古学
先史・古代史研究の最前線

藤尾慎一郎・松木武彦編

近年の考古学の研究成果を受けて、日本の古代史像が大きく変化してきている。旧石器・縄文・弥生・古墳・古代、各時代の最新のイメージと分析手法の進展を、第一線で活躍する考古学・古代史研究者が平易に解説する。　Ａ５判・二〇六頁・原色口絵四頁／二〇〇〇円

再考！縄文と弥生
日本先史文化の再構築

国立歴史民俗博物館・藤尾慎一郎編

炭素14年代測定法により、日本列島の先史文化の見方が大きく変わった。沖縄や朝鮮半島との関係、英国のベイズ編年モデル、旧石器文化と古墳文化などを取り上げ、縄文・弥生文化を再考。新たな学問の地平を切り開く。　Ａ５判・二二四頁／二四〇〇円

大嘗祭と古代の祭祀

岡田莊司著

天皇一代一度の皇位継承儀礼「大嘗祭」とはいかなるものか。「平成大嘗祭論争」の中心学説『大嘗の祭り』を再録、その後の研究成果を集成。天皇祭祀等と同様、自然災害への対応を組み込むという新たな大嘗祭論を提示。　四六判・三七二頁・原色口絵四頁／二八〇〇円

記憶の図像学
亡き人を想う美術の歴史

加須屋　誠著

魅惑的な仏教美術には死者への想いが込められていた。聖徳太子や源頼朝、藤原道長らの供養などをとりあげ、死と向き合うことの意味をさぐる。作品を生者と死者とのつながりとして捉え、果たしてきた社会的役割を描く。　四六判・二七〇頁・原色口絵四頁／二五〇〇円

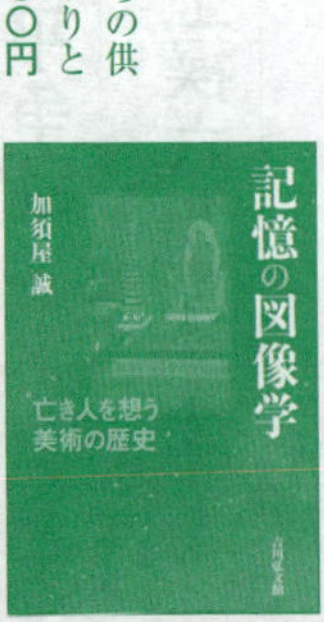

沖縄の名城を歩く

上里隆史・山本正昭編

沖縄諸島に遺るグスクは、曲線多用の城壁やアーチ式城門など独特の形態を持つ。沖縄本島だけでなく島嶼部からも精選したグスク四六を、図版を交えて紹介。最新の発掘成果に文献による裏付けを加えた、シリーズ沖縄編。　Ａ５判・一九二頁・原色口絵四頁／一九〇〇円

近世駆込寺と紛争解決

佐藤孝之著

江戸時代、日本各地の村人は離婚のための縁切寺以外にも、盛んに寺社へ駆け込んだ。日常的に発生する紛争において、お寺や神社は加害者と被害者を結ぶ巧みな調停役であった。暮らしの古文書から〈駆込〉を読み解く。　Ａ５判・一九〇頁／三五〇〇円

阪谷芳郎（人物叢書293）

西尾林太郎著

近代日本の大蔵官僚・政治家。日清・日露戦争で、戦時財政の中核を担う。明治神宮の造営に尽力、内外苑の基礎を作り、晩年は東京・横浜万博開催を目指した。大蔵大臣、東京市長、貴族院議員として活躍した生涯を描く。　四六判・三四四頁／二四〇〇円

基地と聖地の沖縄史 フェンスの内で祈る人びと

山内健治著

沖縄の米軍基地として接収された地域に含まれる、墓や信仰の対象となる聖地。人びとは現在も米軍の許可を得て、聖地で伝統行事を守り続ける。基地の内と外に存在する多くの神が、戦後いかに祀られてきたのかを描く。　四六判・二三八頁／二五〇〇円

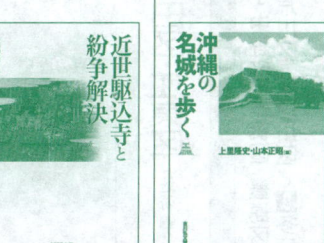

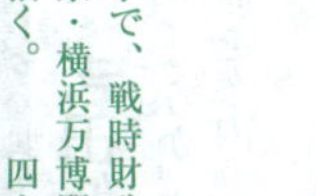
（本書より）

三つのコンセプトで読み解く、新たな〝東京〟ヒストリー

みる よむ あるく 東京の歴史

全10巻 刊行中

池　享・櫻井良樹・陣内秀信・西木浩一・吉田伸之編

B5判・平均一六〇頁／各二八〇〇円

巨大都市《メガロポリス》東京は、どんな歴史を歩み現在に至ったのでしょうか。史料を窓口に「**みる**」ことから始め、これを深く「**よむ**」ことで過去の事実に迫り、その痕跡を「**あるく**」道筋を案内。個性溢れる東京の歴史を描きます。『内容案内』送呈

6 品川区・大田区・目黒区・世田谷区

海に臨む品川・大森・羽田。江戸以来の大都市近郊行楽地・目黒。世田谷から大田へと、古墳や遺跡が連なる多摩川中下流域。早くベッドタウンが広がり、空港・リニア新幹線などと、変貌続ける二三区の南部をみつめます。（地帯編3）

既刊5冊

1 先史時代～戦国時代（通史編1）

2 江戸時代（通史編2）

3 明治時代～現代（通史編3）

4 千代田区・港区・新宿区・文京区（地帯編1）

5 中央区・台東区・墨田区・江東区（地帯編2）

●続刊（地帯編4～7）

7 渋谷区・杉並区・練馬区・中野区・板橋区・豊島区・北区／8 足立区・葛飾区・荒川区・江戸川区／9 多摩Ⅰ／10 多摩Ⅱ・島嶼

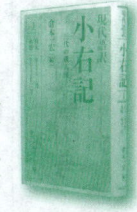

危機の都市史

災害・人口減少と都市・建築

「都市の危機と再生」研究会編

災害や人口減少など、危機を繰り返してきた都市の歴史を「日常のなかに潜む危機」という視座から捉え直す。建築史分野の研究者による一六論考を収録。空間の実態と人々の認識を解明し、その歴史的個性と経験知に迫る。

A５判・四〇六頁／一一〇〇〇円

日本中世の王朝・幕府と寺社

稲葉伸道著

中世国家は権門寺社に対してどのような関係を持ち、政策をとったのか。鎌倉期から建武政権期までを中心に、王朝や幕府が発した法令を検討。王朝と幕府の寺社保護・統制政策を追究した、著者長年の研究を集大成する。

A５判・三九八頁／一〇〇〇〇円

鎌倉幕府文書行政論

佐藤秀成著

武家政権として出発した鎌倉幕府は、武力行使のみでなく文書によって領域内を統治した。下文・下知状・御教書などを総覧し、幕府の文書行政を考察。地方統治の実態にも触れ、実証的な手法で幕府の全体像を再構築する。

A５判・三四四頁／一一〇〇〇円

幕末維新期の日本と世界

外交経験と相互認識

友田昌宏編

幕末、列強と日本は互いをどのようにとらえていたのか。東アジア情勢を踏まえつつ、相互認識の様相を思想や文化・風俗、条約理解や国内法の整備の視点から考察。明治維新を十九世紀の世界史的視野から多面的に描く。

A５判・二六二頁／八五〇〇円

朝河貫一と人文学の形成

海老澤　衷・近藤成一・甚野尚志編

イェール大学歴史学教授であった朝河貫一の日欧封建制研究の構想、日米両国へ発した戦後構想の提言、大学と図書館での活動、国際社会への問題関心などを考察。彼の多彩な業績に光を当て、人文学のあり方を問い直す。

A５判・二九六頁／九〇〇〇円

鎌倉遺文研究　第43号

鎌倉遺文研究会編集

――A５判・八〇頁／二〇〇〇円

戦国史研究　第77号

戦国史研究会編集

――A５判・四八頁／六四九円

交通史研究　第94号

交通史学会編集

――A５判・一〇〇頁／二五〇〇円

中・近世屈指の大名家に伝来する最大級の資料群
最新の調査結果に基づき、写真入り翻刻により公刊

永青文庫叢書
細川家文書 熊本藩役職編

待望の第二期 刊行開始！

熊本大学永青文庫研究センター編　A4判／二三〇〇〇円

近世中後期の熊本藩役職に関わる「職制」（職制機構図）および「条目」（服務規程）を図版編と翻刻編に分け収録。巻末に収録史料目録を付す。藩政機構の全体像を図示し、部局や諸役人が果たすべき職務内容を記した史料群。三四四頁・原色別刷図版一六頁

〈続刊〉島原・天草一揆編／地域行政編／意見書編
災害史料編　※毎年1冊刊行予定　『内容案内』送呈

オランダ別段風説書集成

風説書研究会編　A5判・七二八頁／一五〇〇〇円

アヘン戦争を契機に、江戸幕府は従来の風説書に加え「別段風説書」の呈上をオランダに要請した。全国の残存写本を厳選し、対外政策や政治判断の材料となった史料の全貌に迫る。『和蘭風説書集成』刊行後の渇望をいやす。『内容案内』送呈

待望の同時復刊

和蘭風説書集成 上・下巻【オンデマンド版】

日蘭学会・法政蘭学研究会編　鎖国下の江戸幕府がヨーロッパから入手できた唯一の海外情報〝オランダ風説書〟校註の決定版。
A5判・平均四九〇頁〈上巻〉一二五〇〇円〈下巻〉一五〇〇〇円

近代東京の地政学 青山・渋谷・表参道の開発と軍用地

武田尚子著　A5判・二〇八頁／一九〇〇円

新国立競技場の場所にはもともと幕府の火薬庫があり、渋谷には水車が点在し、表参道を兵隊が行進した。地形と軍事が地域社会に与えた影響を読み解き、東京西郊が近代都市空間に変容するプロセスを地政学の視点から辿る。

近代日本の思想をさぐる 研究のための15の視角

中野目 徹編　A5判・三三二頁／二四〇〇円

時の経過とともにある人々の意識や心理は、何によって形作られるのか。近代日本を思想史として研究する方法を、空間・媒体・手法の三つの視座から模索。素材史料を吟味し、思想史の方法をめぐる議論に一石を投じる。

幕末以降 帝国軍艦写真と史実（新装版）

海軍有終会編　B5横判・四六〇頁／六八〇〇円

幕末から戦前（昭和十）に日本が保有した軍艦の写真集を復刻。寸法・装備などの要目、艦名の由来、艦歴など、詳細なデータを付す。幕末以降の海戦や年表など、太平洋戦争以前の日本海軍を知る上で貴重な資料を多数掲載。

事典 古代の祭祀と年中行事

岡田莊司編　A5判・四四六頁・原色口絵四頁／三八〇〇円

古来、国家鎮護・安泰のための神祇祭祀と仏教法会が、天皇自身や社寺によって行われてきた。恒例祭祀・臨時祭祀・法会などを厳選して計六〇件を収載し、最新研究にもとづき平易に解説。豊富な図版、年表・索引も充実。

国史大辞典 全15巻（17冊）
国史大辞典編集委員会編 四六倍判・平均一一五〇頁
本文編（第1巻〜第14巻）＝各一八〇〇〇円
索引編（第15巻上中下）＝各一五〇〇〇円
全17冊揃価 二九七〇〇〇円

明治時代史大辞典 全4巻
宮地正人・佐藤能丸・櫻井良樹編 四六倍判・平均一〇一〇頁
第1巻〜第3巻＝各二八〇〇〇円
第4巻（補遺・付録・索引）＝二〇〇〇〇円
全4巻揃価 一〇四〇〇〇円

アジア・太平洋戦争辞典
吉田 裕・森 武麿・伊香俊哉・高岡裕之編
四六倍判 八五八頁 二七〇〇〇円

日本歴史災害事典
北原糸子・松浦律子・木村玲欧編
菊判・八九二頁 一五〇〇〇円

歴史考古学大辞典
小野正敏・佐藤 信・舘野和己・田辺征夫編
四六倍判 一三九二頁 三二〇〇〇円

花押・印章図典
瀬野精一郎監修・吉川弘文館編集部編
B5横判 二七〇頁 三三〇〇円

源平合戦事典
福田豊彦・関 幸彦編
菊判・三六二頁／七〇〇〇円

戦国人名辞典〈僅少〉
戦国人名辞典編集委員会編
菊判・一一八四頁／一八〇〇〇円

戦国武将・合戦事典
峰岸純夫・片桐昭彦編
菊判・一〇二八頁／八〇〇〇円

織田信長家臣人名辞典 第2版
谷口克広著
菊判・五六六頁／七五〇〇円

日本古代中世人名辞典
平野邦雄・瀬野精一郎編
四六倍判・一二二二頁／二〇〇〇〇円

日本近世人名辞典〈僅少〉
竹内 誠・深井雅海編
四六倍判・一三二八頁／二〇〇〇〇円

日本近現代人名辞典
臼井勝美・高村直助・鳥海 靖・由井正臣編
四六倍判 一三九二頁 二〇〇〇〇円

歴代内閣・首相事典
鳥海　靖編
菊判・八三二頁／九五〇〇円

日本女性史大辞典
金子幸子・黒田弘子・菅野則子・義江明子編
四六倍判
九六八頁
二八〇〇〇円

日本仏教史辞典
今泉淑夫編
四六倍判・一三〇六頁／二〇〇〇〇円

日本仏像事典
真鍋俊照編
四六判・四四八頁／二五〇〇円

神道史大辞典
薗田　稔・橋本政宣編
四六倍判・一四〇八頁／二八〇〇〇円

日本民俗大辞典　上・下（全2冊）
福田アジオ・神田より子・新谷尚紀・中込睦子・湯川洋司・渡邊欣雄編
四六倍判
上＝一〇八八頁・下＝一一九八頁／揃価四〇〇〇〇円（各二〇〇〇〇円）

精選　日本民俗辞典
菊判・七〇四頁
六〇〇〇円

沖縄民俗辞典
渡邊欣雄・岡野宣勝・佐藤壮広・塩月亮子・宮下克也編
菊判・六七二頁
八〇〇〇円

有識故実大辞典
鈴木敬三編
四六倍判・九一六頁／一八〇〇〇円

年中行事大辞典
加藤友康・高埜利彦・長沢利明・山田邦明編
四六倍判・八七二頁
二八〇〇〇円

日本生活史辞典
木村茂光・安田常雄・白川部達夫・宮瀧交二編
四六倍判・八六二頁
二七〇〇〇円

徳川歴代将軍事典
菊判・八八二頁／一三〇〇〇円

江戸幕府大事典
大石　学編
菊判・一一六八頁／一八〇〇〇円

近世藩制・藩校大事典
菊判・一一六八頁／一〇〇〇〇円

定評ある吉川弘文館の事典・図典・年表・地図

吉川弘文館編集部編

奈良古社寺辞典 四六判・三六〇頁・原色口絵八頁／二八〇〇円

京都古社寺辞典 四六判・四五六頁・原色口絵八頁／三〇〇〇円

鎌倉古社寺辞典 四六判・二九六頁・原色口絵八頁／二七〇〇円

飛鳥史跡事典 木下正史編 四六判・三三六頁／二七〇〇円

世界の文字の図典【普及版】 世界の文字研究会編 菊判・六四〇頁／四八〇〇円

日本メディア史年表 土屋礼子編 菊判・三六六頁・原色口絵四頁／六五〇〇円

年表部分が読みやすくなりました

日本史年表・地図 児玉幸多編 B5判・一三八頁／一三〇〇円

日本の食文化史年表 江原絢子・東四柳祥子編 菊判・四一八頁／五〇〇〇円

日本史総合年表 第二版 加藤友康・瀬野精一郎・鳥海 靖・丸山雍成編 四六倍判・一一八二頁／一四〇〇〇円

日本軍事史年表 昭和・平成 吉川弘文館編集部編 菊判・五一八頁／六〇〇〇円

誰でも読める【ふりがな付き】日本史年表 全5冊 吉川弘文館編集部編 菊判・平均五二〇頁

古代編 五七〇〇円　近代編 四二〇〇円
中世編 四八〇〇円　現代編 四二〇〇円
近世編 四六〇〇円　全5冊揃価＝二三五〇〇円

第11回学校図書館出版賞受賞

世界史年表・地図 亀井高孝・三上次男・林 健太郎・堀米庸三編 B5判 二〇六頁 一四〇〇円

●近刊

※書名は仮題のものもあります。

飛鳥宮跡出土木簡
奈良県立橿原考古学研究所編
A4判／三六〇〇〇円

橘　諸兄（人物叢書295）
中村順昭著
四六判／二一〇〇円

藤原彰子（人物叢書294）
服藤早苗著
四六判／二二〇〇円

蝦夷の古代史（読みなおす日本史）
工藤雅樹著
四六判／二二〇〇円

中世日本を生きる　遍歴漂浪の人びと
新井孝重著
四六判／二四〇〇円

予言文学の語る中世　聖徳太子未来記と野馬台詩
小峯和明著
A5判／四八〇〇円

たたら製鉄の歴史（歴史文化ライブラリー484）
角田徳幸著
四六判／一八〇〇円

近代日本の政治と地域
原田敬一編
A5判／一〇〇〇〇円

近代日本の軍隊と社会
原田敬一編
A5判／一〇〇〇〇円

沖縄戦を知る事典　非体験世代が語り継ぐ
吉浜　忍・林　博史・吉川由紀編
A5判／二四〇〇円

特攻隊の〈故郷〉　霞ヶ浦・筑波山・北浦・鹿島灘（歴史文化ライブラリー485）
伊藤純郎著
四六判／一七〇〇円

天皇の政治史　睦仁・嘉仁・裕仁の時代（読みなおす日本史）
安田　浩著
四六判／二五〇〇円

ロイヤルスタイル　英国王室ファッション史
中野香織著
四六判／二二〇〇円

鳥羽・志摩の海女　素潜り漁の歴史と現在
塚本　明著
A5判／二二〇〇円

日本考古学年報70（2017年度版）
日本考古学協会編集
B5判／四〇〇〇円

日本考古学　第48号
日本考古学協会編集
A4判／四〇〇〇円